中南大学"双一流"建设文科战略先导专项经费资助

中国法学会部级法学研究课题《职务发明奖酬法律问题研究》
（CLS（2016）D132）研究成果

中南大学 哲学社会科学学术专著文库

职务发明奖酬法律问题
——理论、制度与实践

刘强 著

中国社会科学出版社

图书在版编目(CIP)数据

职务发明奖酬法律问题：理论、制度与实践 / 刘强著 . —北京：中国社会科学出版社，2018.12

（中南大学哲学社会科学学术专著文库）

ISBN 978-7-5203-3935-3

Ⅰ.①职… Ⅱ.①刘… Ⅲ.①专利法—研究—中国 Ⅳ.①D923.424

中国版本图书馆 CIP 数据核字（2018）第 291199 号

出 版 人	赵剑英
责任编辑	孔继萍
责任校对	张依婧
责任印制	李寡寡

出　　版	中国社会科学出版社
社　　址	北京鼓楼西大街甲 158 号
邮　　编	100720
网　　址	http://www.csspw.cn
发 行 部	010-84083685
门 市 部	010-84029450
经　　销	新华书店及其他书店
印　　刷	北京明恒达印务有限公司
装　　订	廊坊市广阳区广增装订厂
版　　次	2018 年 12 月第 1 版
印　　次	2018 年 12 月第 1 次印刷
开　　本	710×1000　1/16
印　　张	19
插　　页	2
字　　数	234 千字
定　　价	80.00 元

凡购买中国社会科学出版社图书，如有质量问题请与本社营销中心联系调换
电话：010-84083683
版权所有　侵权必究

《中南大学哲学社会科学学术成果文库》和《中南大学哲学社会科学博士论文精品丛书》出版说明

在新世纪,中南大学哲学社会科学坚持"基础为本,应用为先,重视交叉,突出特色"的精优发展理念,涌现了一批又一批优秀学术成果和优秀人才。为进一步促进学校哲学社会科学一流学科的建设,充分发挥哲学社会科学优秀学术成果和优秀人才的示范带动作用,校哲学社会科学繁荣发展领导小组决定自2017年开始,设立《中南大学哲学社会科学学术成果文库》和《中南大学哲学社会科学博士论文精品丛书》,每年评审一次。入选成果经个人申报、二级学院推荐、校学术委员会同行专家严格评审,一定程度上体现了当前学校哲学社会科学学者的学术能力和学术水平。"散是满天星,聚是一团火",统一组织出版的目的在于进一步提升中南大学哲学社会科学的学术影响及学术声誉。

中南大学科学研究部
2017年9月

内容提要

职务发明奖酬制度是保障发明人经济收益、平衡单位与发明人之间的利益分配,并激发职务发明热情的重要制度。我国已经形成以《专利法》为基础,《专利法实施细则》《促进科技成果转化法》及地方性法规为组成部分的职务发明奖酬法律体系。职务发明奖酬属于企业知识产权薪酬,具有特定性、复杂性、多样性和继续性的特点。确定职务发明奖酬应当遵循保护企业职务发明利益、保护技术人员发明创造积极性、保护技术人员生存权和职业选择权、职务发明价值与奖酬相协调,以及法定性与约定性相统一等原则。目前,我国存在职务发明奖酬支付缺失、职务发明奖酬数额少、技术人员离职后奖酬发放缺失、未授予专利职务发明奖酬等问题,有必要从理论和制度上加以解决。

在理论基础方面,结合职务发明报酬的性质,对其进行法律规制的正当性在于保障发明人基于其在职务发明创造和运用中所做出的贡献而取得相应的收益分配,从而实现职务发明经济收益领域的分配正义。在职务发明领域,存在劳动合同和职务发明报酬两种交易结构并存、确认职务发明数额的交易成本较高、雇主与雇员间的风险偏好存在差异等问题。法律规制的目标在于降低职务发明报酬领域的交易成本。我国有关制度规范应当从扩张解释约定优先原则、允许企业设定贡献度门槛、谨慎动用行政机关主动干预、侧重报酬约定的程序性审查等方面加以改进。

基于职务发明奖酬的特殊属性，有必要借鉴公司法中股东抽象红利分配请求权规则，对发明人与单位就奖酬事项约定不明或没有约定时赋予其抽象职务发明奖酬请求权。以此能够有效克服职务发明奖酬支付主体不固定、数额标准不明确、举证责任分配不公平和诉讼时效认定标准不统一等司法困境。

在职务发明奖酬制度的法律原则方面，单位向发明人支付职务发明奖酬应当遵循合理性原则，从而实现两者之间利益的平衡。法院在适用该原则时，可以对当事人之间约定的奖酬进行事后审查，或者在没有约定及约定不合理时予以事前认定。事后审查偏重于程序性规制，而事前认定则偏重于实体性要求。我国应当借鉴日本经验，在《专利法》第四次修改时进一步明确"合理利益"要求。为完善对当事人约定奖酬的审查，应改进合理性原则的立法体例、充分尊重当事人约定奖酬的意思自治、明确约定奖酬合理性审查的程序性标准。为提升合理奖酬的司法裁判质量，不应将法定标准作为合理奖酬标准以及过度提高法定奖酬比例，应当明确认定合理奖酬数额的影响因素。

约定优先原则是私法领域中的一项重要原则，贯穿于民事立法整个领域。我国职务发明奖酬制度约定优先原则经过了从无到有的发展演变过程。为充分发挥约定优先原则的功能，有必要从形式与内容上阐释该原则的具体内涵，从程序审查和内容审查为主的合理性审查中明确对约定优先原则的限制，从原则体系上理顺约定优先原则与最低保障原则、合理性原则三者间的关系。应当从程序的协商民主与依法公示、内容的全面具体、审查的具体化与限缩化，以及企业内部救济机制四个方面进一步完善约定优先原则。

对价理论是现代英美合同法的核心理论之一，充分对价原则是在美国司法实践中形成的。在职务发明中，美国法院通常采用附和合同理论作为裁判雇主与雇员签订的提前转让发明协议效力的主要依据，充分对价原则成为重要法律原则。充分对价主要适用于执行雇主任务或者利用雇主物质技术条件完成职务发明等情形。根据相关司法实践，雇主给予雇员奖金、提升工资、晋升职位，以及对自由雇员允诺继续雇用等均符合充分对价的要求，而雇主已经承担的合同义务则不构成充分对价。借鉴美国司法经验，我国可以将职务发明"合理的报酬"修改为"充分的报酬"，并明确"充分的报酬"计算标准以及不符合"充分的报酬"的情形。

在职务发明奖酬的主体方面，目前职务发明奖酬制度规定的支付义务主体备受诟病，有必要在立法上将职务发明奖酬支付义务主体固定为发明人或者设计人的所属单位。应当明确"发明人所属单位"与"被授予专利权的单位"不一致情形下的主体适用规则，以避免企业之间的关联交易给发明人权利带来损害。

高校职务发明活动相对于企业而言具有相对的独立性，应当优先体现我国职务发明制度从"集体本位"到"个人本位"的理念转变。广义的高校职务发明奖酬包括给予发明人及技术转移人员两类主体的经济报酬。我国对职务发明奖酬的规定可以适用于高校，但需要在解决法律适用优先次序、拓展奖酬涉及的职务发明范围及提高奖酬标准等方面予以改进。高校技术转移服务人员的贡献应当得到肯定，并且赋予其获得奖酬的法定权利。

在职务发明报酬给付行为方面，我国专利法允许以股权作为职务发明报酬的形式。将职务发明投资入股可以大幅提高职务发明转化效益和发明人报酬权益。职务发明投资入股报酬认定过程中面临职务发明占股比例及发明人占股比例认定、发明人持股分散化、发明人股权报酬纳税以及发明人股权报酬较易涉诉等问题。可以在职务发明占股比例的认定标准、合理设定股权报酬法定比例、完善分散持股机制、税收优惠及诉讼预防机制等方面进行制度完善。

在职务发明关联交易中，发明人所应当取得的合理报酬极易受到一系列损害，存在责任主体的错位、报酬计算标准不合理等问题。因而有必要通过明确职务发明人优先受让权以及设置单位的通知义务对权利配置进行重构，并完善诉讼主体规则、分配举证责任、确定报酬数额计算标准、设置惩罚性责任等司法救济措施，切实保障关联交易中职务发明人获取合法报酬的权利。

我国专利法对于职务发明报酬数额的影响因素有初步规定，但是存在立法层级较低、内容不全面等问题。由此，我国应将报酬数额的影响因素类型化为客观因素和主观因素，并制订报酬计算公式。客观因素包括发明经济价值、发明人贡献度、单位贡献度及经济负担、发明人所处职位及薪酬、专利的总收益等。主观因素包括单位过错程度及发明人过错程度。有必要在立法规定中明确报酬计算的影响因素及其相互关系，从而促进职务发明报酬纠纷得到更为公平合理的解决。

职务发明报酬纠纷具有举证责任共性问题和个性问题兼备、举证能力不足问题和举证行为过错问题交织、影响举证责任的内部因素和外部因素共存的法律特征。当发明人面临举证困境时，可以借助外部证据弥补内部证据的不足，利用举证责任倒置规则平衡双方的举证能力，利用举证妨碍制度约束单位的拒不配合行为。由此，可以实现职务发明报酬纠纷举证责任的公平合理分配。

在我国职务发明奖酬纠纷司法实务方面，通过对我国法院审判的 60 个职务发明奖酬案件的分析，此类案件数量呈逐步增长趋势，案件数量与经济发展水平成正相关的关系，一审判决生效的案件占大多数，法院判决奖酬数额多数在 50 万元以下，与人类生活相关技术领域的奖酬判决数额较高。我国有关案件针对职务发明奖酬认定的法律依据、前提因素及奖酬标准等法律问题进行了司法实践与解释。应当以利益均衡、强化法定标准作为指导原则，以《专利法》为主导细化奖酬计算方式，确定"营业利润"的计算方式，并完善奖酬纠纷诉讼时效以及离职后奖酬的支付。

目 录

绪 论 ……………………………………………………………… 1

第一篇 理论篇

第一章 职务发明奖酬制度概述 ……………………………… 13
一 我国职务发明奖酬制度概况 ……………………………… 13
二 职务发明奖酬的法律特征 ………………………………… 19
三 职务发明奖酬的法律适用原则 …………………………… 21
四 职务发明奖酬存在的现实问题 …………………………… 25

第二章 职务发明报酬法律规制正当性问题 ………………… 30
一 职务发明报酬的法律性质与交易结构 …………………… 30
二 职务发明报酬的交易成本问题 …………………………… 36
三 职务发明报酬法律规制存在的问题 ……………………… 43
四 职务发明报酬正当性的制度体现 ………………………… 50

第三章　抽象职务发明奖酬请求权问题 ·················· 59
一　抽象职务发明奖酬请求权的提出 ·················· 59
二　抽象职务发明奖酬请求权与义务主体 ·············· 65
三　抽象职务发明奖酬请求权与计算标准 ·············· 68
四　抽象职务发明奖酬请求权与举证责任分配 ·········· 70
五　抽象职务发明奖酬请求权与诉讼时效 ·············· 73

第二篇　原则篇

第四章　职务发明奖酬合理性原则 ·················· 79
一　职务发明奖酬合理性原则的内涵与缘由 ············ 79
二　职务发明奖酬合理性原则的法律适用 ·············· 84
三　我国职务发明奖酬合理性原则的完善 ·············· 91

第五章　职务发明奖酬约定优先原则 ················ 98
一　职务发明奖酬约定优先原则的发展演变 ············ 98
二　职务发明奖酬约定优先原则的具体内涵 ··········· 102
三　职务发明奖酬约定优先原则与其他原则的关系 ····· 107
四　职务发明奖酬约定优先原则的完善 ··············· 109

第六章　职务发明报酬充分对价问题 ··············· 114
一　美国职务发明报酬充分对价缘由 ················· 114
二　美国职务发明报酬充分对价的法律适用 ··········· 120
三　充分对价对完善我国职务发明奖酬制度的启示 ····· 124

第三篇　主体篇

第七章　职务发明奖酬义务主体问题 ……………… 131
  一　我国职务发明奖酬义务主体立法解读 …………… 131
  二　职务发明奖酬义务主体认定的现实困境 ………… 134
  三　学界理论与司法实践中的选择路径 ……………… 137
  四　我国职务发明报酬义务主体规则的完善 ………… 141

第八章　高校职务发明奖酬法律问题 ……………… 145
  一　高校职务发明活动的特点及其理念转变 ………… 145
  二　高校职务发明人奖酬问题 ………………………… 149
  三　高校技术转移人员奖酬问题 ……………………… 156

第四篇　行为篇

第九章　职务发明股权报酬法律问题 ……………… 165
  一　职务发明股权投资对报酬的作用 ………………… 165
  二　职务发明股权报酬机制面临的困境 ……………… 170
  三　职务发明股权报酬机制的改进 …………………… 175

第十章　关联交易中职务发明报酬问题 …………… 180
  一　关联交易对职务发明合理报酬可能产生的危害 …… 180
  二　职务发明关联交易的规制路径 …………………… 185
  三　职务发明关联交易的权利配置重构 ……………… 190

四　职务发明关联交易的司法救济措施……………………193

第十一章　职务发明报酬数额影响因素问题……………………199
　　一　职务发明报酬影响因素概述……………………………199
　　二　影响职务发明报酬数额的客观因素……………………206
　　三　影响职务发明报酬数额的主观因素……………………217

第十二章　职务发明报酬纠纷举证责任问题……………………224
　　一　职务发明报酬举证责任法律特征………………………224
　　二　职务发明报酬的外部证据问题…………………………231
　　三　职务发明报酬的举证责任倒置问题……………………235
　　四　职务发明报酬举证妨碍问题……………………………240

第五篇　实践篇

第十三章　我国职务发明奖酬司法实证分析……………………247
　　一　我国职务发明奖酬司法裁判文书统计…………………247
　　二　我国职务发明奖酬司法实践涉及的主要法律问题……254
　　三　我国职务发明奖酬司法实践的改革路径………………266

结　论…………………………………………………………………275
参考文献………………………………………………………………277
作者已发表之相关论文………………………………………………290
后　记…………………………………………………………………292

绪 论

职务发明奖酬一直是国内外专利制度研究的热点问题。国外对职务发明奖酬制度的研究主要集中于英、美、日、法、德等国家。国内对职务发明奖酬制度的研究基本上紧扣《专利法》第四次修改与《职务发明条例》草案的立法背景，结合当下的职务发明奖酬纠纷司法实践，从理论、现状、原则、主体、行为、程序等方面进行研究。

一 职务发明奖酬理论问题

职务发明奖酬的理论研究主要集中在奖酬管制的正当性与发明人奖酬权利的保障上。美国学者罗伯特·墨杰斯认为，策略谈判理论、集体生产理论、委托代理理论和常规谈判分析理论均可以适用在职务发明及奖酬的法律经济分析中。[①] 蒋舸认为当分离单项发明贡献的难

[①] Robert P. Merges, "The Law and Economics of Employee Invention", *Harvard Journal of Law & Technology*, Vol. 13, No. 1, 1999: 1–54.

度增大时，创新机制应更多依赖单位优势，允许以笼统定价取代单次定价、以科层结构替代价格机制。①蒋满元认为目前我国的相关法规中对职务发明人的报酬规定尚有较多的非科学性与不合理性。②李友根认为职务发明制度是涉及多方利益协调与平衡的制度，为充分保护该制度的有效运行，必须将劳动合同理论作为该制度的理论基础。③张晓玲认为职务发明人与单位之间尽管存在雇佣关系，但这种雇佣关系并不是占有其全部智力劳动的理由，当职务发明归单位时，单位应该支付一定报酬给职务发明人。④肖冰认为日本与德国在职务发明制度的完善过程中，通过意思自治与平等协商的途径，实现职务发明成果利益公平合理的分配。⑤刘鑫认为日本职务发明权利归属的相关规则由"雇主优先"到"雇员优先"，再到"折衷主义"的转变，分别彰显了保障雇员发明人合法权益和促进发明成果转化运用的立法价值取向。⑥武彦等认为日本对职务发明者的利益补偿机制，在遵循"发明者主义"总原则的基础上，特别强调发明者对其职务发明拥有"相应对价请求权"。⑦王重远认为美国职务发明专利权经历了由个人的自然人身权利转为基于契约关系的法人财产权的演进。⑧此外，蒋舸还

---

① 蒋舸：《职务发明奖酬管制的理论困境与现实出路》，《中国法学》2016年第3期。
② 蒋满元：《职务发明收益权分配的最适边界问题探讨》，《科技管理研究》2007年第5期。
③ 李友根：《论职务发明制度的理论基础——一个初步探讨》，《南京大学法律评论》2000年第2期。
④ 张晓玲：《论职务发明人的报酬》，《科技与法律》2006年第3期。
⑤ 肖冰：《日本与德国职务发明报酬制度的立法比较及其借鉴》，《电子知识产权》2012年第4期。
⑥ 刘鑫：《日本职务发明权属规则转变的梳理与借鉴——兼评2015年日本〈特许法〉修订》，《电子知识产权》2017年第9期。
⑦ 武彦、李建军：《日本职务发明利益补偿机制的创新理念和保障机制》，《自然辩证法通讯》2009年第2期。
⑧ 王重远：《美国职务发明制度演进及其对我国的启示》，《安徽大学学报》（哲学社会科学版）2012年第1期。

认为德国职务发明奖酬通过细化管制，将发明人报酬与发明贡献挂钩的方式促进创新。①

二 职务发明奖酬制度问题

职务发明奖酬纠纷在我国呈现出急剧增加的趋势。立法的逐步完善，发明人权利保护意识的提高都一定程度上刺激了奖酬纠纷的增加。周路等认为《专利法》的"约定优先"原则在法律上为发明人与用人单位之间提供了平等协商的途径。但是基于部门利益、上位法有关规定的不确定性、职务发明的特殊性及其制度构建的复杂性等原因，地方性职务发明奖酬立法还存在很大的提升空间。②凌宗亮认为《专利法》及《专利法实施细则》等法律法规对职务发明报酬的数额和计算方式均进行了详细的规定，但总体上侧重于实体规范，缺乏对实现职务发明报酬的程序保障，导致在此类纠纷中发明人往往面临举证难的困境。鉴于发明人与单位之间特殊的合同关系，可以借鉴劳动法对劳动者"斜保护"的价值理念，适当降低发明人的举证保全门槛，适时适用举证责任倒置规则。③闫文军认为《专利法实施细则》规定的奖励报酬标准对非国有企事业单位具有适用空间；部分发明人起诉时的其他发明人应按照第三人诉讼地位列明；原告为多人且各自

---

① 蒋舸：《德国职务发明管制效果研究》，《清华知识产权评论》2017年第1期。
② 周路、肖冰：《职务发明奖酬制度的立法完善——以地方性专利法规为研究对象》，《北京理工大学学报》（社会科学版）2013年第2期。
③ 凌宗亮：《职务发明报酬实现的程序困境及司法应对》，国家知识产权局条法司《专利法研究（2013）》，知识产权出版社2014年版，第186—195页。

贡献度难以确定时，法院应将奖励报酬平均分配。① 在职务发明报酬制度的国际协调方面，萨娜·沃克认为欧洲各国尚未实现该领域的法律规则统一，并且尚无实现统一的前景。②

三 职务发明奖酬制度法律原则问题

职务发明奖酬制度的有效运行是发明人实现奖酬利益的制度保障。国内目前关于该制度运行原则的研究主要集中在合理性原则、约定优先原则以及充分对价原则。肖冰认为我国的职务发明奖酬制度主要是以"约定为主，法定为辅"的适用原则，公平合理地分配职务发明经济利益。③ 常喆认为《职务发明条例》《专利法》及《专利法实施细则》中都规定了发明人报酬的"合理性原则""约定优先原则"以及"最低保障原则"，但对这三个原则在适用时谁更优先的问题仍然没能做出明确回答。④ 万志前等认为合理的利益分配需尊重当事人的意思自治，遵循约定优先原则。但是基于雇佣双方地位不平等，应对约定优先原则加以限制，以平衡各方主体的利益诉求，促进职务科

---

① 闫文军：《我国职务发明奖励报酬纠纷分析研究》，国家知识产权局条法司《专利法研究（2009）》，知识产权出版社2009年版，第55—75页。

② Sanna Wolk, "Remuneration for employee inventors-is there a common European ground?: A Comparison of National Laws on Compensation of Inventors in Germany, France, Spain, Sweden and the United Kingdom", *International Review of Intellectual Property and Competition Law* (IIC), Vol. 42, No. 3, 2011: 272-298.

③ 肖冰：《职务发明奖酬制度公平的价值取向及立法完善》，《湖南工业大学学报》（社会科学版）2012年第3期。

④ 常喆：《约定优先原则、合理性原则与最低保障原则的关系——对〈职务发明条例〉草案发明人报酬有关规定的理解与思考》，《电子知识产权》2013年第6期。

技成果转化。① 徐涛认为职务发明制度是专利法的核心制度，而其中保障职务发明人的意思自治权的奖酬约定优先、法定为辅原则是职务发明奖酬原则的关键。② 王汇等认为职务发明约定奖酬低于法定标准时即为不合理的奖酬约定。③ 张颖露等认为日本自2005年《特许法》开始为激励雇员的创新积极性，实行职务发明权属界定上的精神激励和报酬分配中的物质激励相结合的职务发明奖酬制度。④

四 职务发明奖酬义务主体问题

现行专利法将职务发明奖酬支付主体规定为"专利被授权单位"，其忽视了专利流转、集团公司等经济行为的特殊性，容易导致发明人奖酬利益支付主体不固定的问题。陶鑫良等在跨国公司"中央集权"知识产权管理模式下，跨境共同完成并授予了中国专利权的职务发明报酬的支付责任主体，应当"揭开公司的面纱"由企业集团整体承担并由企业集团相关成员负连带责任。⑤ 唐素琴等认为大企业或者企业集团内部基于其强大的单位优势，规避法律以达到减少对职务发明人奖酬支付目的的行为时有发生。立法和司法应当对于不合理的约定或

---

① 万志前、朱照照：《论职务科技成果转化利益分配的约定优先原则》，《华中农业大学学报》（社会科学版）2017年第3期。
② 徐涛：《职务发明奖酬制度研究——从约定优先、法定为辅原则谈起》，《中国发明与专利》2017年第6期。
③ 王汇、王扬平：《关于职务发明约定奖酬制度中合理性的思考》，《中国发明与专利》2015年第12期。
④ 张颖露、刘华：《日本职务发明激励制度研究》，《中国科技论坛》2014年第7期。
⑤ 陶鑫良、张冬梅：《"中央集权"IP管理模式下职务发明报酬若干问题探讨 从张伟锋诉3M职务发明报酬诉讼案谈起》，《电子知识产权》2015年第7期。

单位内部规章制度加以必要的限制。① 范相玉认为职务发明奖励报酬制度是知识产权法律制度的重要组成部分，由于涉及创新主体的利益分配，必须严格固定奖酬支付主体。② 徐卓斌认为"中央集权"式的知识产权管理模式，并不能否定发明人依据法律规定而享有的合法权利。对于职务发明在申请专利之前即转移的情形，可认定为专利申请权的转移，类推适用《专利法》关于被授予专利权单位应向职务发明人支付合理报酬的规定。③ 刘鑫认为德国职务发明报告制度是协调法律冲突和保障雇主权益的立法选择。④

五 职务发明奖酬实施行为问题

有关职务发明奖酬的行为研究主要集中在股权报酬、报酬认定等方面。康华等认为股权报酬激励是公司实现有效治理的方式。⑤ 安迪言认为我国的职务发明奖酬制度缺乏科学性和可操作性。⑥ 陈静认为知识产权资本化包括知识产权证券化、融资质押、投资入股等多种形

---

① 唐素琴、刘昌恒：《职务发明奖酬给付义务单位及其相关问题探讨——从张伟锋诉3M中国有限公司案件谈起》，《电子知识产权》2015年第7期。
② 范相玉：《浅谈职务发明报酬奖励的支付义务人的确定》，《中国发明与专利》20116年第11期。
③ 徐卓斌：《职务发明报酬纠纷中的若干法律问题》，《电子知识产权》2015年第7期。
④ 刘鑫：《试析职务发明报告制度的废与立——德国〈雇员发明法〉与我国〈职务发明条例〉之比较》，《中国发明与专利》2017年第5期。
⑤ 康华、王鲁平、王娜：《股权集中度、CEO激励与企业研发战略——来自我国上市公司的证据》，《软科学》2011年第10期。
⑥ 安迪言：《我国职务发明奖酬制度缺乏科学性和可操作性》，《电子知识产权》2009年第11期。

式。① 袁晓东认为企业集团专利管理模式对职务发明人奖酬利益的实现具有重要影响。② 贾丽萍认为职务发明制度相关法律法规之间,存在奖酬计算基数、计算比例、限制约定优先等制度规定不一致,职务发明转化形式范围过窄,贡献度的规定过于原则抽象等问题。③ 徐盛辉等认为我国职务发明奖励报酬制度与单位经营存在冲突、奖励报酬制度分散、奖励报酬金额及分配不平衡的问题。除双方有约定外,必须结合中国实际,量化许可费率、发明比例、发明者贡献度、估计价值等相关参数,分不同情况对奖励报酬金额及分配进行量化。④ 美国学者布里恩·布伦认为,美国合同法对价原则对于合同效力具有重要影响⑤,这能够适用于职务发明及报酬合同。贾佳等认为英国职务发明奖励只有在发明有"突出的收益"或奖励是对雇主和雇员来说是"公平合适的"的情形下,由雇主的获益与雇员和雇主双方的"合理贡献"来决定。⑥ 艾里恩·琼斯也认为英国突出了"对于企业甚至整个产业获得革命性发展的开拓性发明的奖酬"。⑦ 日本学者田村善之认为,日本专利法关于职务发明报酬数额认定的标准中,发明人贡献度、单位贡献度和风险负担等均为重要因素。⑧ 俞风雷认为贡献度是

---

① 陈静:《知识产权资本化的条件与价值评估》,《学术界》2015年第8期。
② 袁晓东:《企业集团专利管理模式对职务发明报酬的影响》,《软科学》2009年第3期。
③ 贾丽萍:《浅议职务发明法律法规之协调及制度优化》,《中国发明与专利》2016年第2期。
④ 徐盛辉、陈响:《关于职务发明奖励报酬的建议》,《中国发明与专利》2016年第11期。
⑤ [美] Brian A. Blum:《合同法》,张新娟注,中国方正出版社2004年版,第166页。
⑥ 贾佳、赵兰香、万劲波:《职务发明制度促进科技成果转化中外比较研究》,《科学学与科学技术管理》2015年第7期。
⑦ Elwyn-Jones L., "Herbert Wechsler", *Columbia Law Review*, Vol. 78, No. 5, 1978: 952-952.
⑧ [日] 田村善之:《日本知识产权法》,周超、李雨峰等译,张玉敏审校,知识产权出版社2011年版,第330页。

日本计算职务发明奖酬时考虑的重要内容，以专利收入为基础的奖酬激励制度是以个别员工的研究成果产出比作为考量因素的。①

六　职务发明奖酬实现程序问题

职务发明奖酬的实现程序，是发明人通过司法途径维护自身法定权益的程序保障。目前有关程序的研究主要集中在举证责任分配与诉讼时效方面。陶鑫良等认为"中央集团"管理模式下，职务发明报酬金额计算与确定的举证责任应当在单位与发明人之间合理分配，加重更多掌握相关信息和资料的企业集团一方的举证责任。② 于凯旋认为职务发明报酬纠纷的举证责任，应从发明人和单位两方面分析。发明人需证明自己是该职务发明的发明人，该职务发明已经实施并产生了经济效益；鉴于发明人很难接触到单位的具体财务数据等资料，应由单位进行举证，如单位拒绝提供相应证据，则应承担举证不能的后果。③ 吴汉东认为职务发明奖酬侵权属于知识产权侵权的一部分，其举证责任规则及适用涵盖举证责任的一般规则、特殊规则和补充规则。④ 王凌红认为在认定职务发明奖酬纠纷的诉讼时效时，应该将发明人知道或应该知道权利被侵害之日与奖酬给付关系确立之日区别开来，根据发明人与其所在单位之间的约定或是单位的规章制度合理地

---

① 俞风雷：《日本职务发明的贡献度问题研究》，《知识产权》2015 年第 6 期。
② 陶鑫良、张冬梅：《"中央集权" IP 管理模式下职务发明报酬若干问题探讨——从张伟锋诉 3M 职务发明报酬诉讼案谈起》，《电子知识产权》2015 年第 7 期。
③ 于凯旋：《谁动了职务发明人的奶酪?》，《电子知识产权》2015 年第 7 期。
④ 吴汉东：《知识产权侵权诉讼中的过错责任推定与赔偿数额认定——以举证责任规则为视角》，《法学评论》2014 年第 5 期。

确定职务发明奖酬的支付期限，或者是类推适用"未约定履行期限"合同的诉讼时效规定。[①] 陈驰认为法国专利法对雇员的奖酬利益保护时，区分任务发明与非任务发明，重视信息交互与保密义务以及相关纠纷解决的程序规则。[②]

七 现有相关研究之不足

1. 职务发明奖酬的理论研究较少。现有的职务发明奖酬研究主要集中于规范法律层面，而对职务发明奖酬进行管制的正当性与合理性问题缺乏相应的研究。作为发明人的法定权益，专利法只是原则性地进行规定，并没有从理论性质上对其进行界定。当发生奖酬纠纷时，因为职务发明奖酬性质的不明确，发明人在行使权利时，也就缺乏更为精确的指导原则。

2. 对于职务发明主体问题和行为问题研究不足。在主体方面，对于职务发明权利主体发生转移时的发明人报酬权益保护问题缺乏研究，对于跨国公司、高等院校等单位及其研发人员的报酬问题研究不足。在行为方面，对于股权报酬激励制度和关联交易行为对于职务发明报酬的影响及其应对措施研究不充分。

3. 职务发明奖酬数额计算因素研究少，具体规则研究缺失。精细化的奖酬计算因素、可操作性的奖酬实现程序是职务发明人实现奖酬

---

① 王凌红：《职务发明奖酬纠纷的诉讼时效》，《知识产权》2015年第5期。
② 陈驰：《法国的雇员发明制度及其对我国的启示》，《江西社会科学》2008年第2期。

利益的重要保障而目前有关职务发明奖酬数额计算因素的研究，单位奖酬申报程序、法院解决奖酬纠纷的效率问题等方面的研究都较为缺乏。法院在发明人陷入举证不能时，只是笼统地适用法定奖酬标准。就某些专有性职务发明而言，仅仅依靠法定奖酬标准很难实现经济效益的合理分配。

4. 职务发明奖酬的举证责任等程序性研究少。发明人要实现奖酬利益，除了单位自觉地履行之外，可以说司法途径是其必然选择。但由于有关职务发明奖酬救济依然沿用民事一般侵权的程序，忽视了职务发明奖酬所具有的举证能力不平衡等问题，极易造成法定侵害发明人奖酬利益的问题。

本书将围绕以上问题进行研究，以期为完善我国职务发明奖酬制度提供支持。

第一篇 理论篇

第一章 职务发明奖酬制度概述

一 我国职务发明奖酬制度概况

我国职务发明报酬制度是专利法中的一项重要制度，其目标在于有效调节单位与发明人围绕职务发明所产生的经济利益分配问题。在单位依据职务发明获得专利授权或者经济利益的基础上给予发明人合理而充分的报酬，能够激发发明人投入智力资源从事发明创造，提高单位内部发明人与其他部门之间协同创新的效益，推动创新性国家的建设。为此，国家有关政策文件提出，"完善职务发明制度，推动修订专利法、公司法等相关内容，完善科技成果、知识产权归属和利益分享机制"，"完善奖励报酬制度，健全职务发明的争议仲裁和法律救济制度"。[1]

---

[1] 《中共中央、国务院关于深化体制机制改革加快实施创新驱动发展战略的若干意见》第三部分（http：//www.gov.cn/gongbao/content/2015/content_ 2843767.html）。

第一篇　理论篇

（一）形成了以《专利法》为核心的制度体系

在职务发明权利归属方面，《专利法》第6条规定："执行本单位的任务或者主要是利用本单位的物质技术条件所完成的发明创造为职务发明创造。职务发明创造申请专利的权利属于该单位；申请被批准后，该单位为专利权人。"该条体现了权利归属方面的雇主优先主义。在职务发明报酬方面，《专利法》第16条规定："被授予专利权的单位应当对职务发明创造的发明人或者设计人给予奖励；发明创造专利实施后，根据其推广应用的范围和取得的经济效益，对发明人或者设计人给予合理的报酬。"发明人在不享有职务发明专利权的同时，享有作为精神权利的署名权和作为经济权利的奖酬请求权。其中职务发明奖励是在职务发明专利权授予以后即产生的权利，而职务发明报酬权则产生于专利发明的转化实施以后。该条体现了职务发明报酬数额认定中最为核心的合理性原则，对于该原则的具体分析将在第四章中进行。

奖励和报酬的具体标准体现在《专利法实施细则》（以下简称《细则》）之中。首先，为了尊重单位和发明人之间的意思自治，该《细则》第76条规定："被授予专利权的单位可以与发明人、设计人约定或者在其依法制定的规章制度中规定专利法第十六条规定的奖励、报酬的方式和数额。"其次，考虑到由于交易成本所带来的障碍，当事人可能不会对职务发明报酬进行事先约定，法律规定了最低奖酬标准。对于奖励而言，该《细则》第77条规定："被授予专利权的单位未与发明人、设计人约定也未在其依法制定的规章制度中规定专利法第十六条规定的奖励的方式和数额的，应当自专利权公告之日起3个月内发给发明人或者设计人奖金。一项发明专利的奖金最低不少于

3000元;一项实用新型专利或者外观设计专利的奖金最低不少于1000元。"对于报酬而言,"被授予专利权的单位未与发明人、设计人约定也未在其依法制定的规章制度中规定专利法第六条规定的报酬的方式和数额的,在专利权有效期限内,实施发明创造专利后,每年应当从实施该项发明或者实用新型专利的营业利润中提取不低于2%或者从实施该项外观设计专利的营业利润中提取不低于0.2%,作为报酬给予发明人或者设计人,或者参照上述比例,给予发明人或者设计人一次性报酬;被授予专利权的单位许可其他单位或者个人实施其专利的,应当从收取的使用费中提取不低于10%,作为报酬给予发明人或者设计人。"综合该《细则》规定,体现了合理性原则框架下的另外两项重要原则:约定优先原则和法定保障原则,由此形成职务发明报酬认定的法律原则体系。对于约定优先原则及其与法定保障原则之间的关系将在第五章详细讨论。

在专利法第四次修改中,职务发明制度是重点内容之一。根据国务院法制办公布的《专利法修改(征求意见稿)》,在职务发明权属规定中,对于"利用本单位的物质技术条件所完成的发明创造"在当事人没有约定情况下的兜底条款由原来归属单位改为"属于发明人或者设计人"。[①] 该征求意见稿第6条第4款规定:"利用本单位的物质技术条件所完成的发明创造,单位与发明人或者设计人订有合同,对申请专利的权利和专利权的归属做出约定的,从其约定;没有约定的,申请专利的权利属于发明人或者设计人。"权属规则的调整也必然会影响单位与发明人在报酬数额协商和纠纷解决中的谈判地位。

---

① 国务院法制办公室:《专利法修改(征求意见稿)》(http://www.sipo.gov.cn/ztzl/ywzt/zlfjqssxzdscxg/xylzlfxg/201512/t20151202_1211994.html)。

（二）《促进科技成果转化法》提高了奖酬比例

1996年《促进科技成果转化法》第9条第5款规定："科技成果持有者可以采用下列方式进行科技成果转化：（五）以该科技成果作价投资，折算股份或者出资比例。"第29条规定："科技成果完成单位将其职务科技成果转让给他人的，单位应当从转让该项职务科技成果所取得的净收入中，提取不低于20%的比例，对完成该项科技成果及其转化做出重要贡献的人员给予奖励。"第30条规定："企业、事业单位独立研究开发或者与其他单位合作研究开发的科技成果实施转化成功投产后，单位应当连续3至5年从实施该科技成果新增留利中提取不低于5%的比例，对完成该项科技成果及其转化做出重要贡献的人员给予奖励。采用股份形式的企业，可以对在科技成果的研究开发、实施转化中做出重要贡献的有关人员的报酬或者奖励，按照国家有关规定将其折算为股份或者出资比例。该持股人依据其所持股份或者出资比例分享收益。"

根据2015年8月对该法的修改，新法第45条对于科技成果转化后所得收益的分配机制做了有利于科研人员的调整，在科技成果完成单位未规定、也未与科技人员约定奖励和报酬的方式和数额时，规定了三种情形：（1）将该项职务科技成果转让、许可给他人实施的，从该项科技成果转让净收入或者许可净收入中提取的比例从原不低于20%提高到不低于50%；（2）对于自行实施或者与他人合作实施，保持原有的不低于5%的提成比例[①]，将原有的"留利"明确为；（3）新增了单位利用该项职务科技成果作价投资的情

[①] 在对修改草案进行讨论时曾有专家提出不限于三到五年的时间，取消该期限限制，后来由于种种原因没有修改。

形，并且规定从该项科技成果形成的股份或者出资比例中提取不低于 50% 的比例。考虑到国家设立的研究开发机构、高等院校的公益性质，该法新增此类单位如果"规定或者与科技人员约定奖励和报酬的方式和数额"应当不低于前面三种情形所规定的提成比例。应当说，该法所制定的提成比例标准比《专利法实施细则》所规定的标准显著提高，而且所涵盖的情形也得到了拓展。考虑到法律适用中后法优于前法的原则①，使得对于职务发明专利转化实施过程中给予发明人、设计人的奖酬比例提高。对于实施专利收益非分配仍然有 3—5 年的限制，而国外对于科技人员离职以后所产生的收益都继续发放，可见不能在时间上进行不合理的限制，建议在法律进一步修改时予以取消。

（三）《职务发明条例》立法推动制度发展

在积极进行专利法第四次修改的同时，以《职务发明条例》为代表的专门规定也正在制定，从而完善现有的职务发明及其报酬制度。②2015 年，国务院法制办发布了《职务发明条例草案（送审稿）》（以下简称《条例送审稿》），总体上扩张了法律对于报酬问题介入的程度，体现在严格限制"约定优先"原则意思自治的范围，强化对企业职务发明报酬规章的审查力度（如规定职务发明报酬数额和比例），增强行政机关对于企业报酬规章的监督和执法职权等方面。这些调整

---

① 对于《促进科技成果转化法》与《专利法》《专利法实施细则》之间的相互关系问题，后法优于前法原则和特别法优于一般法原则在选择结果上存在冲突。具体如何使用有待司法实践加以解决。

② 2015 年 4 月 2 日，国务院法制办公室公布《职务发明条例草案（送审稿）》，征求社会各界意见（http://www.chinalaw.gov.cn/article/cazjgg/201504/20150400398828.shtml）。

在学界引发了较大争议。① 法律对于职务发明报酬问题进行规制的正当性及其方式的变化,反映出对职务发明报酬性质及其运行方式的不同认识②。

(四)地方性法规普遍高于国家规定

地方政府为促进科技成果的转化并调动科技人员的积极性,在地方性法规或者规章层面规定的奖酬比例普遍高于国家层面的规定。

在《促进科技成果转化法》修改以前,部分省市所规定的职务发明奖酬比例已普遍高于20%的比例。例如重庆市科委2012年《重庆市促进科技成果转化股权和分红激励的若干规定》规定,高等学校和科研机构以职务科技成果向企业作价入股或者以转让或许可职务科技成果等方式获得收益的,可将因该成果所获股权或者收益的不低于20%但不高于70%的比例奖励有关科技人员;由职务科技成果完成人依法创办企业自行转化或以技术入股进行转化的,科技成果完成人最高可以享有该科技成果在企业中股权的70%。对于收益分成比例进行了明确。武汉市也有类似规定。③ 而山东省和南京市的规定则更为激进,分别规定"允许和鼓励在鲁高等学校、科研院所职务发明成果的

---

① 有学者将其批评为:"有关部门更多地是希望通过左右职务发明上的利益分配,来介入企业经营管理事务",通过行政法规对奖酬数额和比例进行更具体、力度更大的行为,是"专利制度的异化"。李含:《刘春田:职务发明条例草案是"叠床架屋"》,(http://www.legalweekly.cn/article_show.jsp?f_article_id=11839)。也有学者《草案》表示肯定,认为其体现出对发明人经济利益的制度保障,奖酬制度的细节化、体系化体现出对创新激励与成果转化的重视。"如果在法律上不明确职务发明奖酬及其量化规范标准……可能使法律上职务发明创造奖酬的原则权益规定变成一纸空文……职务发明人的法定职务发明创造奖酬原则权益也就变成镜花水月。"参见陶鑫良:《职务发明性质之约定和职务发明报酬及奖励——我国专利法第四次修订中有关职务发明若干问题的讨论》,《知识产权》2016年第3期。

② 职务发明奖酬审查,在这里是指我国职务发明奖酬制度介入、干预企业奖酬事务的规范行为,具体表现为对"约定优先"原则的限制。

③ 2012年9月武汉市人民政府印发了《关于促进东湖国家自主创新示范区科技成果转化体制机制创新的若干意见》。

所得收益，按至少60%、最多95%的比例划归参与研发的科技人员及其团队拥有"等类似条款，① 将科技成果收益的大部分乃至绝大部分分配给发明人，这将有利于充分调动其积极性。

二　职务发明奖酬的法律特征

（一）职务发明奖酬具有特定性

职务发明奖酬在主体上和种类上均具有特定性。一方面，获得职务发明奖酬的主体是特定的。对于普通劳动薪酬而言，所有在企业从事劳动的职工都应当享有；但是对于职务发明奖酬而言，只有特定主体才能向企业主张获得，仅限于专利授权时的发明设计人员。另一方面，职务发明奖酬中只有特定种类才具有法律效力。企业在支付职务发明奖酬时，必须明确其性质才能视为对相应奖酬支付义务的履行，② 如果将职务发明奖酬与普通的薪酬混同支付，产生纠纷后很难由法院事后加以区分认定，③ 可能会造成企业职务发明权益由于对价支付缺

---

① 参见山东省人民政府2012年11月颁布的《关于加快科技成果转化提高企业自主创新能力的意见（试行）》第1条和江苏省科学技术厅、江苏省教育厅、中共南京市委和南京市人民政府于2012年1月颁布的《深化南京国家科技体制综合改革试点城市建设、打造中国人才与创业创新名城的若干政策措施》第2条。

② 2009年修订的《深圳经济特区企业技术秘密保护条例》第16条规定，企业采取发放保密费的方式保护技术秘密的，保密费应当在劳动合同或者工资单中明示。

③ 上海市第一中级人民法院审理的钱祝伟诉下海公司、朗地公司专利报酬纠纷案中，下海公司与朗地公司曾给予钱祝伟奖励及荣誉。该案代理律师认为不能将对职工的一般奖励与职务发明奖励报酬混同。上海一中院判决朗地公司支付钱祝伟专利报酬27万余元。参见朱妙春《狮口莫开——下海公司专利报酬纠纷案始末》，《中国发明与专利》2008年第4期。

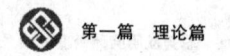

失而得不到保护。

（二）职务发明奖酬具有复杂性

确定职务发明奖酬水平的影响因素众多，有些因素还难以事先在企业规章制度或者劳动合同当中约定。职务发明奖酬数额的影响因素，主要包括所涉及的知识产权的价值以及技术人员对于该职务发明所做出的贡献。[①] 技术人员在其他领域已经获得薪酬待遇对职务发明奖酬数额的确定和支付方式也存在重要影响。多个技术人员共同参与职务发明的创造和维护时，不同技术人员分别所获得职务发明奖酬也存在差别，并且其所获职务发明奖酬的总额也必须与职务发明价值及其贡献相适应。相关影响因素将在第十一章详细分析。

（三）职务发明奖酬具有多样性

对于奖酬待遇支付的具体方式和数额，我国劳动法规定应当按月用货币的形式发放，而对于职务发明报酬数额来说，通常都允许用人单位和劳动者自行协商。但是，考虑到企业与劳动者在薪酬待遇谈判方面的谈判地位是严重不平等的，所以很多地方都采用最低工资制度来保障职工在企业工作所应获得的最低限度的薪酬。对于职务发明奖酬，法律允许在支付方式和数额上由当事人进行协商，企业可以用现金方式加以支付，也可以用股权、期权或者职称职务晋升等方式加以支付，形式上更为灵活多样。

[①] 刘效敬、朱友粉：《论我国职务发明的制度缺陷及其完善》，《中共青岛市委党校青岛行政学院学报》2006年第3期。

（四）职务发明奖酬具有继续性

普通薪酬通常只在技术人员在职期间进行支付，而职务发明奖酬则存在职工离职之后是否给予支付的问题。如果企业在职工离职之后不支付法律规定或者合同约定的职务发明奖酬，则可能构成对法定或者约定义务的违反。由此，对于职务发明奖酬的支付并不限于职工在职期间，对于职工在任职期间所完成的职务发明，在其离职后职务发明实施所产生的奖酬也必须给予支付。

三 职务发明奖酬的法律适用原则

薪酬待遇是劳动合同的重要内容，一般不允许没有薪酬的劳动合同存在，否则对于劳动者的利益将造成损害。但是考虑到职务发明奖酬的特殊性，法律制度应当促进经济效益的提升。职务发明奖酬对于鼓励企业在发明创造领域进行投资，并促进该投资产出最优化的知识产权效益非常重要。因此，对于职务发明奖酬的法律适用应当照顾到下列原则加以认定。

（一）保护企业职务发明利益的原则

企业为知识产权研究开发和实施投入了大量资金，因此也承担了知识产权研发失败和知识产权实施商业失败的双重风险。我们在考察职务发明收益的时候，不仅近看企业对于成功实施的职务发明所进行的投入，还必须要看到对于没有成功研发和商业化的职务发明的投人。日本东芝公司在处理与员工的职务发明奖酬纠纷时就提出,"半导体是技术革新迅速、风险系数甚高的技术领域,半导体带来的利益并不能被完全视为发明专利的贡献,企业承担的巨额设备投资风险不可不被认可"[1]。审理职务发明奖酬纠纷案件时,法院必须考虑到职务发明在企业获得经营利润中只是发挥了部分的作用,不能完全将风险留给企业,而将职务发明收益分配给发明人,否则,企业所承担的风险与所获得的收益是不相匹配的。《专利法实施细则》将职务发明实施后的报酬比例定为税后利润的2%或0.2%就说明了这个问题。技术人员能否获得职务发明奖酬也与企业经营收益密切相关,并且是附属于企业经营收益的。如果没有企业的发展和对职务发明的运用,单靠技术人员个人是无法完成职务发明创造并加以运用的。对于技术秘密保护而言,技术人员作为企业雇员应对企业承担忠诚义务,不能利用职务所获取技术秘密信息谋取个人利益,否则会造成对企业利益的损害,也违反了诚实信用的原则。[2]

(二) 保护技术人员发明创造积极性的原则

技术人员是企业职务发明创造和维护的主要主体。企业获得职务发明保护和收益是行使法律规定的权利,在职务发明领域对技术人员给予奖励并不是其能够享有职务发明的构成要件。即使其没有履行法定或者约定的奖酬义务,仍然不能剥夺其根据法律获取的职务发明权利及其收益。但是,并不意味着其可以不履行支付相应奖酬的义务。明确物质奖励作为激励技术人员进行发明创造和保守技术秘密的主要

---

[1] 夏佩娟:《东芝一发明者获巨额补偿——职务发明补偿问题引发更多关注》,《中国发明与专利》2006年第9期。

[2] 彭学龙:《竞业禁止与利益平衡》,《武汉大学学报》(社会科学版) 2006年第1期。

措施，而保密制度等手段主要作为消极的防御措施为企业所使用。如果对于技术人员仅有约束而没有激励或者激励不足，则技术人员很有可能丧失对企业的忠诚度，选择替代的收益方式，而很有可能做出损害企业职务发明权益的行为。根据外在报酬理论，以金钱作为刺激物能使生产率提高30%，在所有激励方式中，它的提高幅度最大。外在报酬主要是指组织提供的金钱、津贴、奖金、利润分享、股票期权、社会保险、员工服务、带薪休假及其他福利或服务。① 在对员工的激励过程中，不能忽视或低估外在报酬的激励效力。目前，企业在职务发明报酬领域现有的外在报酬尚不能达到激励技术人员的效果。如果不能保护技术人员的积极性，很可能不会将技术成果向企业报告，并留待离职以后自行申请职务发明保护或者加以实施利用，从而获得经济收益。最终会由于对员工的薪酬激励不足，而使得企业难以得到职务发明保护并获取经济利益。

（三）保护技术人员生存权和职业选择权的原则

在属于职务发明创造的领域，企业应当提供符合法律规定和劳动合同约定的职务发明奖酬。除了法定义务以外，技术人员应当仍然保有自主从事发明创造和选择职业的权利，② 此时支付职务发明奖酬成为企业获得职务发明效益的构成要件。对于利用单位物质技术条件所完成的发明，单位和技术人员可以约定职务发明的归属，包括申请专利的权利归属。作为合同的内容，如果约定职务发明归单位所有，应当给予技术人员相当于职务发明创造的奖励和报酬。若单位没有履行

---

① 吴绍棠、张三保：《内在报酬激励的有效性分析》，《人力资源》2006年第6期。
② 黎建飞、丁广宇：《竞业禁止义务规范研究——以英国法为比较视角》，《法学杂志》2006年第4期。

相应的对价，可以要求单位承担违约责任并将职务发明转让给技术人员个人所有。在此情况下单位支付奖酬成为获得职务发明权利的约定要件。企业职务发明与技术人员在生存权与职业选择权方面的冲突也将由职务发明奖酬加以解决。

（四）职务发明价值与奖酬相协调的原则

技术人员获得职务发明奖酬应当与其所创造或者维护的职务发明经济价值相匹配，否则不能认为企业已经适当履行了自己在支付职务发明奖酬方面的义务。发明设计人员所获得的实施专利技术的报酬，是与企业在实施该技术后所获得的税后利润相联系。税后利润的产生与职务发明应当密不可分，所以发明人所得到的报酬数额是企业所得利润的一定比例。美国《联邦技术转移法》规定国家实验室必须将发明收益的最初 2000 美元和超过部分的 15% 支付给发明人。美国企业一般通过约定给予发明人少量的奖金，而大学等非营利性研究机构通常制定政策，将大约 30% 的发明收益支付给发明人。[1] 日本专利法规定了向发明人支付报酬的考虑因素，但没有确定具体的比例。德国、法国和韩国都有职务发明报酬的计算公式，根据考虑因素在具体情况中予以确定发明人报酬。[2]

（五）法定性与约定性相统一的原则

企业在是否支付职务发明奖酬的问题上更多遵循法定性，较少有选择不支付相应奖酬的空间；但是在支付方式和数额上更多地尊重当

---

[1] 蒋满元：《职务发明收益权分配的最适边界问题探讨》，《科技管理研究》2007 年第 5 期。

[2] 万小丽、张传杰：《职务发明收益分配比例的经济学分析》，《科学学研究》2009 年第 4 期。

事人的意思自治与契约自由。在法定性方面,如果企业不单独支付薪酬,或者没有在技术人员整体薪酬中明确其中部分为特定种类的职务发明奖酬,可能在司法审判中难以得到法院认可。在约定性方面,更多地允许当事人对于支付方式和数额通过自愿协商而达成协议。在支付方式上,职务发明奖励应当在专利公告授权后以货币方式加以支付。[①] 对于职务发明报酬,由于涉及较大数额并且难以预先确定金额,可以由企业和技术人员根据具体经营状况,用奖金、晋升、股权或期权等方式加以支付,从而避免由于必须支付报酬而耗费企业大量运营资金。但通常应当明确所支付的报酬是针对企业的何项专利或者特定期间内企业所获得的专利权。

四 职务发明奖酬存在的现实问题

我国有关职务发明的法律规定明确"雇主优先原则",这一原则和雇主本身所具有的劳动合同谈判地位优势相结合,必然会使雇员职务发明利益补偿面临诸多挑战。因此,尽管国家和地方出台了众多有关技术人员职务发明的利益补偿措施,但实施情况不容乐观。

(一)职务发明奖酬支付缺失问题

很多企业没有根据约定或者法律规定发放职务发明奖酬。企业在制定有关职务发明奖酬的规章制度或者签订劳动合同时更多地从企业

---

① 胡菁:《保密协议与竞业禁止若干问题探析》,《金融与经济》2008年第6期。

自身利益考虑,对于技术人员更多地要求承担义务,而较少重视他们对企业职务发明做出贡献时所应当获得的报酬。① 企业在制定内部管理政策时,很容易将普通薪酬与职务发明奖酬混淆,或者笼统地规定总体薪酬中已经包含了职务发明奖酬,但是出现纠纷后又难以得到法院的认可,从而给企业带来较大的知识产权风险。中型企业所固有的级别和薪资机构也制约了某些做出较大贡献的技术人员获得较高数额的职务发明奖酬。对于交叉许可等没有直接经济收益的技术实施行为,由于企业尚未支付相应的报酬,对于职务发明专利侵权诉讼所获得赔偿金的收益也尚未纳入经济收益当中作为支付报酬的基础。

(二) 职务发明奖酬数额少问题

在实务中,职务发明奖酬标准不明确,通常低于合理的标准。多数企业实际给付创新者的奖酬远低于法定数额和比例,甚至有些企业仅"一次性"给付创新者一定薪酬,再无后续奖励。② 知识产权向企业现实收益转化的速度加快,企业的核心竞争力更多不是对于有形资产的占有,而对知识产权等无形资产的开发与实施。技术人员对于企业的人力资源价值更为凸显。由于企业知识产权意识不强,导致对于技术人员经济贡献的估值偏低,技术人员的技术贡献价值与其所获得的职务发明奖酬不相匹配,企业创造与维护知识产权创造力将遭到削弱。企业劳动用工制度的不完善从另一方面也妨碍了技术人员获得合理稳定的职务发明奖酬。不少企业常以专利实施尚未获得利润为借口拒发或迟发职务发明奖酬;或因追求所谓的"公平"、报酬数额过高

---

① 蒋小慧:《职务发明制度中利益分配机制的比较研究及借鉴》,《科技进步与对策》2008年第6期。
② 杨晨、董莹:《企业职务发明专利创新者的利益激励机制研究》,《科技管理研究》2006年第11期。

而拖欠兑现，损害了技术人员的工作积极性，亦不利于企业本身职务发明创造与实施的产业循环。国外企业职务发明奖酬支付标准要高得多，并且发放及时。2006年，东芝公司以支付8700万日元（约合592万元人民币），与其原雇员桀冈富士雄就闪存（flash memory）专利发明补偿金诉讼案达成和解。① 另一起日本于2005年判决的中村修二与日亚化学株式会社蓝光二极管职务发明补偿金纠纷案中，法院依据"不多于请求原则"判决作为原告的发明人中村修二获6700万元人民币报酬。② 由此，导致企业和技术人员对于职务发明奖酬的标准与机制设定产生有利于后者的变化。

（三）技术人员离职后奖酬发放缺失问题

技术人员离职以后，不能用自己的劳动继续为企业创造经济效益，但是由于知识产权属于客体化的智力成果，因此并不会因为技术人员的离职而丧失其为企业增加收益的作用。知识产权作为鼓励企业在技术研发领域进行投资的激励作用，在技术人员离职后显得尤为突出。但是，技术人员离职后虽然不能为企业创造积极的效益，但是其行为至少不会违反法定或者约定的义务，从而减损企业职务发明领域的收益。与此同时，技术人员离职后对于企业不再负有忠诚义务，并且其享有宪法所确认的基本权利之一的劳动权，因此其另行从事技术开发和实施活动可能损害企业的知识产权竞争优势。企业由于不能从技术人员的经营活动中获得积极收益，也不愿意支付更多的知识产权费用与成本，因此可能造成企业知识产权收益的流失。

---

① 武彦、李建军：《日本职务发明利益补偿机制的创新理念和保障机制》，《自然辩证法通讯》2009年第2期。
② 杨晨、董莹：《企业职务发明专利创新者的利益激励机制研究》，《科技管理研究》2006年第11期。

职务发明及其产生的专利权在职工离职以后仍然能够为企业带来经济效益。对于技术人员离职以后所产生的专利收益，企业仍然需要和技术人员在职时一样向其支付职务发明奖酬。1977年《英国专利法》第40条第8款规定，法院或者英国专利局局长在某次裁决中拒绝授予发明人经济奖励，不会必然导致此后发明人提出类似请求时必然被驳回。该条规定实际上体现了职务发明奖酬作为继续性合同的要求。前述英国钢铁股份有限公司专利案[1]中，法官认为作为计算职务发明奖酬的经营收益必须是企业已经实际取得的，而不是将要取得的，此类收益可能在职工离职以后才能够真正实现。基于这种情况，对于职务发明奖酬的支付并不限于技术人员在职期间。对于技术人员在职期间所完成的职务发明，如果在其离职后通过实施产生经济收益，则以此为基础的职务发明奖酬也必须给予支付。

（四）未授予专利职务发明奖酬问题

企业未就职务发明申请专利或者未获得专利授权不需要发放职务发明奖酬，导致发明人权益得不到保障。根据《英国专利法》2004年修改的内容，对在2005年以后所完成的职务发明，不仅对于职务发明已经获得专利并带来竞争优势的事实应当给予技术人员特别奖酬，而且对于职务发明本身所能够带来的经济效益，也是计算奖酬的基础。[2] 在2005年以后，雇员不仅对转让已经获得专利授权的职务发明能够要求职务发明奖酬，而且对于企业依赖尚未申请专利或者已经申请专利但是尚未授权的职务发明所获收益，也可以要求企业支付特

---

[1] "British Steel PLC's Patent", *Reports of Patent, Design and Trade Mark Cases*, Vol. 109, No. 6, 1992: 117-130.

[2] 参见1977年《英国专利法》第40条第1、第2款和第41条第1款。

别奖酬。《英国专利法》要求，企业即使不申请专利，也必须支付职务发明奖酬，否则会造成企业为回避支付奖酬的义务而怠于申请专利，转而利用商业秘密获得保护。这种情况可能在技术更新较快的电子信息领域更为突出。[①] 对于基于专利权所获得的收益，不仅可以包括专利转让或者许可中的金钱收益，而且包括交叉许可收益、专利侵权赔偿金或者作为职务发明的技术秘密遭侵权时所获得的赔偿金。因此，在2005年以后，《英国专利法》所规定的职务发明奖酬基础显著扩大了，也防止企业通过非正常的专利交易规避应当支付的奖酬。

---

① K. R. Wotherspoon, "Employee Inventions Revisited", *Industrial Law Journal*, Vol. 22, No. 2, 1993: 119-132.

第二章 职务发明报酬法律规制正当性问题

一 职务发明报酬的法律性质与交易结构

(一) 职务发明报酬性质的解读

目前解释职务发明报酬法律属性的几种主要学说存在不足。首先，知识产权说偏重于职务发明报酬的产生过程，但是对实现机制体现不足。该观点认为，职务发明报酬权属于以发明权为主要内容的知识产权。[①] 职务发明人除拥有署名权外，还享有经济层面的财产权。洛克认为，劳动行为是从自然状态的"社会消极共有物"中取得财产权的道德依据。类推之，在知识产权领域，凭借自身的努力付出，发

[①] 参见谷慧智、张冬梅《职务发明创造报酬权也是知识产权》，《中国知识产权报》2006年2月22日。

明人自然地应取得财产权利。① 作为发明人同意将整体权益让渡于更适合推广应用的雇主进行使用的对价，雇主应当支付给发明人职务发明报酬。② 然而，将职务发明报酬视为独立的财产权并不合理。与职务发明推广应用可能带来的经济效益相比，职务发明报酬数额较低，二者并不对等。此外，在现代社会，智力活动已经成为一种重要的劳动形式，劳动合同约定了雇员智力资源的报酬，智力活动的回报有一部分已经被计算在内，给予其额外报酬的合理性受到挑战。

其次，劳动报酬虽强调了单位与发明人在经济地位上的不平等性，但是未考虑职务发明报酬的额外性。该观点认为，雇主给予职务发明人的职务发明报酬从本质上来说是一种劳动报酬，并将发明人的创造活动同一般雇佣活动联系起来。在法律修辞上，两者均使用了"报酬"二字，在进行解释时会给人同义语的印象。③ 我国最高人民法院也曾主张这一观点："许多单位没有认识到因职务发明创造给单位带来的经济效益而给职务发明人或设计人的报酬事实上更应该是发明人或设计人的劳动报酬。"④ 职务发明产生的权利义务关系被视为劳动关系的组成部分。根据雇佣理论的一般原理，创造成果归属于雇主，因劳动关系形成的报酬是对智力活动的回报。⑤ 但是，把职务发明报酬等同于一般的劳动报酬不尽准确。两者本质差别在于，对于一

---

① ［澳］彼得·德霍斯：《知识产权法哲学》，周林译，商务印书馆2008年版，第55页。

② 有美国学者认为，由单位获取雇员的职务发明成果在道德上是错误的。因而他们反对剥夺发明人的智力成果权，由此可以推知它们更加反对剥夺发明人的经济权利。参见 Robert P. Merges, "The Law and Economics of Employee Invention", *Harvard Journal of Law & Technology*, Vol. 13, No. 1, 1999: 1–54。

③ Robert P. Merges, "The Law and Economics of Employee Invention", *Harvard Journal of Law & Technology*, Vol. 13, No. 1, 1999: 1–54。

④ 李友根：《论职务发明制度的理论基础》，《南京大学法律评论》2000年第2期。

⑤ 黄东东、李仪：《职务发明设计人报酬性质探析》，《法学杂志》2007年第6期。

般的劳动关系而言，法律允许雇主独占剩余价值，即在支付固定数额后，取得其劳动成果的后续利益；但对于职务发明而言，法律往往强制要求雇主出让部分剩余价值，雇员能按比例分享发明流通过程所形成的经济效益。① 有学者将其解释为，发明报酬与劳动报酬价值来源不同——报酬并非源自社会必要劳动时间，而是来源于职务发明成果的功能效果，抑或是社会公众、消费者对于职务发明成果的认可程度。②

本书认为，职务发明报酬从性质上来说，应当属于发明人依据职务发明所享有的收益分配请求权。单位在实施职务发明及其专利权后，发明人有权根据单位规章制度、合同约定或者法律规定请求其支付经济报酬。解读职务发明报酬性质应当注意以下几点：其一，该报酬产生的事实依据是该发明已经为单位带来了经济效益。英国专利法还要求发明必须带来显著效益（outstanding benefit）才能产生特别报酬。③ 其二，该报酬产生的法律依据是单位的规章制度、合同约定或者法律规定，并且以当事人约定为优先适用对象。在谈判报酬数额时，单位基于雇主地位拥有一定程度的谈判优势，但是这种优势会受到法律规定和当事人离职等方面的限制。其三，该报酬具有附加性。基于劳动关系，发明人已经从单位获得能够保证其基本生活、体现其基本贡献的普通报酬，职务发明报酬则是在此基础上所获取的额外报酬。④ 这是在职

---

① 陈敏莉：《劳动法视角下的职务发明制度考量——以〈职务发明条例草案〉为对象》，《科技进步与对策》2013 年第 20 期。
② 肖冰：《职务发明奖酬制度公平的价值取向及立法完善》，《湖南工业大学》（社会科学版）2012 年第 3 期。
③ 参见 1977 年《英国专利法》第 40 条第 1 款。
④ 职务发明报酬的附加性存在例外情况。《专利法实施细则》规定，发明人从单位离职以后一年内完成的与原单位任务有关的发明仍然属于职务发明，权利归属单位，但是此时单位已不再向发明人支付劳动报酬。如果发明人离职后并未到其他单位任职或者开办企业创业，则并无基本经济来源，获得职务发明报酬将成为其主要收入来源。当然，如果发明人能够依据与单位的竞业禁止协议获得经济补偿则可以弥补损失。

务发明报酬领域适用民法意思自治原则的经济基础,否则发明人的基本生存条件将得不到保障。

有鉴于此,对于职务发明报酬进行法律规制的正当性在于:保障发明人基于其在职务发明创造和运用中所做出的贡献而取得的相应收益分配,从而实现职务发明经济收益领域的分配正义,激励单位及发明人投入更多的资源并有效协同,完成更多的发明创造并加以实施。考虑到专利制度的核心价值在于减少和克服技术性智力成果领域的交易成本,职务发明报酬的法律规制也应当以此作为实现其正当性的理论基础和制度导向。

(二) 两种交易结构并存

根据新制度经济学理论,交易结构是当事人围绕着交易对象进行的安排,体现了双方当事人的谈判地位和协商结果。除信息不对称及经济实力等客观因素外,法律规范对于权利义务的配置也将显著影响当事人之间的交易结构。[①] 在职务发明权属领域,尽管最初由发明人掌握发明创造的技术信息,但是由于专利法采用单位优先原则,因此关于发明创造权利归属的谈判明显偏向于雇主;而职务发明报酬谈判的交易结构则相对复杂,并且都会影响报酬谈判的结果。

从建立劳动关系到发明成果完成和应用,发明人与企业至少发生了两层交易结构。一是劳动合同交易结构,二是职务发明报酬交易结构。就发明人的全部智力投资而言,回报将通过两种形式取得——劳动合同使职务发明人获取了一般劳动报酬,职务发明制度使其取得了除劳动报酬以外的额外报酬。更为重要的是,职务发明报酬不仅在金

---

① 刘强:《机会主义行为、交易成本与知识产权制度正当性研究》,陈云良主编《经济法论丛》,法律出版社2015年版,第151—170页。

额上附加于劳动报酬之上，而且在实现前提下也有赖于劳动关系的建立。单位和发明人为建立雇佣关系已经付出了相应的交易成本，并且以雇员的忠诚义务为基础形成了信任关系，这种努力应当在职务发明领域得到充分体现，以便发挥其价值。如果因职务发明报酬纠纷影响了双方的信赖关系，不仅将提高该纠纷解决的成本，而且必然危及劳动关系本身，造成已付出交易成本方面的损失。①

关于职务发明报酬的性质，知识产权说和劳动报酬说的局限在于只强调了两种结构的其中之一，未考虑二者共同作用的耦合关系。一方面，知识产权说强调了报酬的激励作用，容易使报酬给付异化为平等主体之间的一般性财产交易，忽视了报酬建立在劳动合同存续基础上的前提。事实上，职务发明与委托开发存在某种相通之处，均为受托方（发明人）接受委托方（单位）交付的任务完成相应的发明创造，并且获得体现其贡献的研发费用补偿（报酬）。② 单位则要么可以取得发明创造的所有权（包括申请专利的权利），要么取得免费使用发明创造的权利［类似美国法上雇主的工厂权（shop right）］。两者的区别就在于职务发明人已经取得了普通薪酬的基本保障，而委托发明则不存在。其二，劳动报酬说强调了其提供的社会保障功能，将职务发明报酬解释为某种形式的劳动报酬，但两者存在本质不同。职务发明报酬在主体上有特定性，并非所有劳动者都能享有；在性质上固

---

① 各国考虑到职务发明（报酬）纠纷的特殊性，为了使得此类纠纷得到迅速有效地解决，纷纷成立了专门的纠纷解决委员会。德国专利局职务发明委员会每年审理60~70件职务发明报酬案，法国国家工业产权局设立和解委员会每年也审理10~25件职务发明报酬案。参见 Sanna Wolk, "Remuneration for employee inventors-is there a common European ground?: A Comparison of National Laws on Compensation of Inventors in Germany, France, Spain, Sweden and the United Kingdom", *International Review of Intellectual Property and Competition Law* (*IIC*), Vol. 42, No. 3, 2011: 272-298.

② 刘强、刘忠优：《协同创新战略与专利制度互动研究》，《科技与法律》2018年第1期。

然属于雇员所获回报的重要部分,但是与普通劳动报酬的兜底保障功能存在明显差异。为了减少不必要的谈判成本,要求单位在已经支付劳动报酬的情况下向未做出超出劳动合同预期的显著贡献的发明者支付额外报酬正当性不足,并且会在报酬数额认定等方面徒增交易成本。

(三) 职务发明法律规制的域外经验

为了适应职务发明报酬的法律性质及双重交易结构,各国有关法律制度均展现了两个方面的发展趋势,一是允许当事人进行较为宽泛的意思自治,二是给予当事人在约定奖酬方面予以较为充分的指引,从而使得当事人可以较为明确地进行选择和适用。由此,可以尊重当事人在约定和履行职务发明报酬时已经付出的交易成本,同时尽可能避免司法直接介入当事人报酬数额的认定,节约以司法裁判成本形式体现的交易成本。

表 2-1 各国报酬制度审查内容对比

国别	审查内容	发放强制性	参考因素	计算上限	计算下限
美国		否	否	否	否
日本		是	是	是	否
法国		是	否	否	否
英国		是	是	是	否
德国		是	是	是	否
我国《职务发明条例(送审稿)》		是	是	否	是

在上述国家中,美国奉行较为彻底的"契约自决模式",给予雇主和雇员充分的议价权利,基本不介入私营企业的报酬分配。尽管在

立法史上，美国国会有多次议案企图加强审查，但仍因争议重重而束之高阁。从制度效果来看，美国并未因法律上的放任而失去科研创新的领头地位，而是在科技浪潮中占据了产业高地。德国对雇员发明报酬数额的审查体系最为繁密。1957 年德国颁布《雇员发明法》，对于报酬发放采取严密的贡献度计算标准，长期被指责为"粗暴的政府干预"。在 2009 年，德国国会对《雇员发明法》也向鼓励企业自主经营的方向进行修改。① 值得注意的是，各个国家都非常谨慎地考虑"约定优先"原则的适用例外，不轻易使用默认规则来代替契约合意，将审查条件限缩在对于一方极端不利的特殊情形（美国）或因程序性的重要失格而导致司法介入的情形（日本）。

二 职务发明报酬的交易成本问题

（一）将减少交易成本作为法律规制的目标

总体而言，职务发明报酬法律规制的价值目标在于节约和克服该领域的交易成本，从而实现制度的正当性。科斯定理声称：当交易费用为零的前提下，无论产权如何，市场机制都能够实现资源配置效率的最大化。然而，现实世界却遵循着"规范的霍布斯定理"（Normative Hobbes Theorem）。② 在交易费用不为零的客观条件下，无规则的

---

① 王清：《职务发明条例：必要之善抑或非必要之恶》，《政法论丛》2014 年第 4 期。
② 参见简资修《〈经济解释〉：法律的经济学教本》，《中国法律评论》2016 年第 3 期，以及 Robert Cooter & Thomas Ulen, *Law and Economics*, Boston: Addison-Wesley, 2012: 92。

竞争将损害交易各方的利益，公民仍然需要通过国家工具来建立法律结构，使私人协议难以达成的损失降到最低，这是因为"保护财产方面存在着规模经济，人们需要组建一个用于承认和履行各方产权的政府来进行谈判——并达成社会契约"[①]。国家通过法律对职务发明报酬问题进行规制的正当性主要体现于此。

由于职务发明活动具有协同性、集成性、复杂性特点，职务发明成果的完成和转化也受到多种因素复合叠加的影响。因此，在职务发明报酬领域当事人进行协商谈判和履行协议的交易成本较独立发明更高。该领域的交易成本主要分为主观因素和客观因素两个方面。在主观方面，双方当事人实施机会主义行为的威胁成为主要因素。当事人可能利用信息不对称或者谈判地位优势实施机会主义行为。雇员在"委托—代理"（principle-agent）关系中为实现自身利益最大化可能不惜牺牲雇主利益。在职务发明报酬协商中，单位与发明人在谈判地位上虽有差别，但是各有优势。雇主一方有能力亦有动力制定报酬制度并加以实施，雇员一方同样保留着"用脚投票"，决定自身报酬计划的权利。因此，双方均能在一定程度上制衡对方的机会主义行为。在客观因素方面，职务发明行为及其产生效益过程的复杂性使得认定职务发明报酬各项因素的难度客观存在且不易克服。其中，影响职务发明报酬数额的因素包括专利经济价值、发明人贡献度、发明人岗位及普通薪酬等，至少前两项因素的认定涉及不同性质资源之间的相互比较，客观上存在较大困难。不难看出，产权界定的明晰程度往往决定了双方交易合作的可能性和积极性。在此方面，"只有国家才既具有使各方面信息公开的权威，又能对各方的谈判和协议进行有效的监

---

① 冯玉军：《法经济学范式研究及其理论阐释》，《法制与社会发展》2004年第1期。

督和控制"①,从而构成了法律介入的正当性。

由此可知,在职务发明报酬方面,以国家强制力为后盾的法律工具对企业内部事务进行介入和规制有其必要性。总体而言,它有助于在如下方面消除职务发明报酬市场中的劳资双方合作谈判障碍,减少交易成本:其一,通过默认条款为雇主和雇员制定报酬规章提供一个示范性方案,减少谈判费用。考虑到不论是通过单位规章或者个别合同体现职务发明报酬协议均存在不完备性,使得认定和执行报酬数额的成本均较高,法律制度可以起到兜底和指引作用。其二,推动企业内部报酬信息的公开化和透明化,促进市场有效信息的流通。通过赋予职务发明人内部债权人地位以及对单位职务发明利润的知情权,可以克服信息不对称等交易成本因素。② 其三,通过限制"约定优先"原则和司法介入,合理控制职务发明报酬标准的谈判过程,并对报酬协议的执行情况进行强制监督,促进报酬市场结构正常化,防止市场结构扭曲,抑制处于优势地位的雇主做出不正当的机会主义行为。

另一方面,应当使得"市场在资源配置中起到决定性作用"。法律介入的作用应当限于明晰产权、降低交易成本层面,不可否定、代替由劳资双方主导的私人谈判机制在报酬分配中起到的基础功能。尽管如此,法律可以起到"惩罚性缺省"(penalty default)的作用。也许法律所设定条款针对特定职务发明而言并非当事人最为满意或者最

---

① 冯玉军:《法经济学范式的基础知识研究》,《中国人民大学学报》2005 年第 4 期。
② 值得注意的是,发明人知情权和单位保护经营秘密之间存在一定冲突。为了避免单位利润等经营信息被不合理地利用和披露,德国原来严格要求单位承担信息披露义务的立场进行了一定程度的缓和。德国最高法院在 2009 年审理的案件中就限制了发明人获得雇主营业利润信息的权利。参见 Sanna Wolk, "Remuneration for employee inventors-is there a common European ground?: A Comparison of National Laws on Compensation of Inventors in Germany, France, Spain, Sweden and the United Kingdom", *International Review of Intellectual Property and Competition Law (IIC)*, Vol. 42, 2011: 272 – 298。

有效率的，但是当事人为避免成为该条款的受害者，可以通过明示合同的方式排除相应条款的适用。① 职务发明报酬制度的核心精神要求坚持"企业约定优先为主，法律监督为辅"的立法取向。尽管为职务发明报酬的自主约定设定限制有一定的必要性，但更要重视因势利导，注重发挥企业经营的自主性，不可过度干预企业选择自身激励方案的自由。

（二）职务发明报酬激励的经济逻辑

劳动关系，尤其是因技术研发所形成的劳动关系，具有委托—代理的结构特性。② 与内部人控制问题相似，劳动关系面临着雇主—雇员的监管难题，即实现信息不对称约束条件下代理成本的最小化。③ 由于雇员在满足雇主需求外，仍然保留着谋求自身利益最大化的动机，容易诱发机会主义行为④，形成代理成本。一方面是雇员可能会消极怠工，未付出与报酬等价的努力水平，怠于增进雇主利益。另一方面是多任务委托—代理问题（Multi-task principal-agent），当从事研发的雇员从事多项任务时，如果法律仅将职务发明作为可以量化的指标加以考核或奖励，会使得其投入过多精力完成该项指标，而忽视其他能够使得单位整体效益最大化的活动。⑤ 雇主因而会采取纪律监督

---

① Ian Ayres & Robert Gertner, "Filling Gaps in Incomplete Contracts: An Economic Theory of Default Rules", *The Yale Law Journal*, Vol. 99, No. 1, 1989: 87 – 130.
② 可以理解为，雇主是委托人，雇员是代理人，雇员受雇主委托，管理科研设备等资源，进行科研活动产出创造成果。参见蒋满元《职务发明收益权分配的最适边界问题探讨》，《科技管理研究》2007 年第 5 期。
③ 蒋舸：《职务发明奖酬管理的理论困境与现实出路》，《中国法学》2016 年第 3 期。
④ 机会主义行为是为追求自身利益最大化而实施的偷懒、欺骗、误导等行为，参见 Oliver E. Williamson, *Markets and Hierarchies, Analysis and Antitrust Implications: A Study in the Economics of Internal Organization*, Free Press, 1975: 51.
⑤ Robert P. Merges, "The Law and Economics of Employee Invention", *Harvard Journal of Law & Technology*, Vol. 13, No. 1, 1999: 1 – 54.

等一系列手段加强管理。但即便如此,企业也很难实现雇员完全不偷懒或者为企业整体效益最大化努力的理想情形。机会主义行为的损耗不可避免,发生代理成本的可能性始终存在。

随着科技进步,从"重复性劳动"到"创造性劳动"的劳动形式演进大大推高了代理成本。代理成本同信息不对称的程度有相关性,信息越不对称,代理成本往往越高。[1] 重复性的流水线工作便于监管,因为雇主和雇员信息获取能力相对平等,雇主可有效监督雇员的工作效率。但创造性劳动和重复性劳动存在本质上的差别。[2] 随着社会分工细化,各工作领域技术准入壁垒显著提高,"隔行如隔山"的现象更为明显。况且发明创造的智力活动没有明确的物理形态,研发时间周期往往漫长,决定了雇主的监督越发困难。信息不对称的加剧提高了代理成本,迫使雇主转而寻求劳动报酬外的解决途径。

在克服代理成本的途径方面,除了完善监管约束,还包括赋予代理人剩余价值索取权。经济学家阿克洛夫(George A. Akerlof)认为,因信息不对称产生的道德风险可以由激励机制来加以克服。[3] 麦克林(William Meckling)与詹森(Michael C. Jensen)关于权利、激励与生产关系的研究也指出,生产函数的结果依赖于产权结构的调整。[4] 因此,对于知识生产而言,通过发明成果权利结构的调整,可以有效地提高生产效率。[5] 如同股权激励,职务发明报酬将知识产权的剩余价

---

[1] 李正图:《委托—代理关系:制度、信任与效率》,《学术月刊》2014年第5期。
[2] 刘春田:《知识产权法》,高等教育出版社2010年版,第5页。
[3] George A. Akerlof, "The Market for 'Lemons': Quality Uncertainty and the Market Mechanism", The Quarterly Journal of Economics, Vol. 84, No. 3, 1970: 488 – 500.
[4] 蒋满元:《职务发明收益权分配的最适边界问题探讨》,《科技管理研究》2007年第5期。
[5] 马健:《科研组织的委托—代理分析:现状及其问题》,《科技管理研究》2005年第3期。

值在雇主与雇员之间进行分享，实质是使作为代理人的雇员和作为委托人的雇主利益目标趋向于一致，克服研发活动中高企的交易成本。

(三) 职务发明报酬交易成本高企的客观原因

从劳动报酬转向职务发明报酬激励有自身逻辑，证明了报酬现象的合理性。但不可忽视，作为一种激励机制，运用职务发明报酬本身就不可避免地产生一定代价，形成较高的交易成本。事实上，不论是采用单独约定还是单位规章制度进行规定，职务发明报酬数额因素认定中的客观交易成本均存在，而机会主义行为等主观因素也有其生存的土壤。

一方面，确认职务发明数额的因素复杂。例如，认定职务发明中的个人贡献度存在困难，将整体贡献分解并对应联系到每个雇员的过程需要付出高昂成本。职务发明本身便涉及单位研发部门与其他部门之间进行协同创新的问题，并且研发部门各研发人员之间也需要进行协同。[1] 根据德国哈尔霍夫等学者的统计，职务发明中只有24%是由单个发明人完成的，其余均由多个发明人组成的研发团队共同完成，平均每个研发团队包含2.5名研发人员。[2] 明确界定每个研发人员及每项研发资源在完成发明创造中的贡献是相当困难的。当代科研活动进入"大兵团作战"阶段，在欧洲原子能研究组织（European Organi-

---

[1] 英国2009年Kelly案中，法官认为发明人在完成发明和转化实施发明中的贡献均要在报酬中得到体现。参见Morag Peberdy and Alain Strowel, "Employee's Rights to Compensation for Inventions: a European perspective", *Life Sciences*, No. 10, 2009: 63 - 70; 以及"Kelly and Chiu v GE Healthcare Limited, High Court of United Kingdom", *Reports of Patent, Design and Trade Mark Cases*, Vol. 126, No. 12, 2009: 363 - 406。

[2] Dietmar Harhoff, Karin Hoisl, "Institutionalized incentives for ingenuity—Patent value and the German Employees' Inventions Act", Research Policy, Vol. 36, No. 8, 2007: 1143 - 1162.

zation for Nuclear Research）发表的论文中，曾经出现了超过 3000 名作者署名的情况，文本排列长度超过正文。在一些著名的高科技公司，研发团队的规模与组织度相当庞大。要精确区分这些产品中每项职务发明的技术贡献程度，并将之对应到每位科研人员来"论功行赏"，需要付出高额的谈判成本和管理损耗。此外，随着职务发明带来经济利益的途径不断拓展，在企业管理或者司法实践中认定影响报酬数额的其他因素也会变得更为困难。[1]

另一方面，应考虑雇主与雇员间风险偏好的差异。职务发明报酬约定类似于射幸合同，根据自身需求，双方对于风险的态度存在差异[2]。一般来说，雇主是风险偏好型。对于雇主来说，愿意以"千金市马骨"的高报酬来激励研发活动。雇员则是风险回避型，收入的剧烈变化将会影响其稳定生活，在劳资谈判中，与其孤注一掷地相信自己必然完成发明创造来攫取职务发明报酬回报，还不如索性放弃不确定的报酬，获得对确定的劳动报酬的谈判优势。以此角度观察，雇员可能更愿意选择劳动报酬的形式来获得经济报偿。

因此，报酬机制有助于降低代理成本，但也存在相应的局限性。劳动报酬和职务发明报酬比例关系的最适边界应当依据公司行业的经营特点来单独衡量。是要侧重劳动合同结构，还是要侧重职务发明报酬结构？是尽量在劳动合同中给出高薪并一次性解决待遇问

---

[1] 在英国 1992 年的梅姆科—梅德公司案中，法官人员职务发明专利给雇主带来的竞争优势也应当作为发明所带来的贡献给予报酬。比如，虽然本公司并不生产某种专利产品，但是可以抑制竞争对手生产该产品与本公司其他产品竞争。"Memco-Med Limited's Patent"，Reports of Patent, Design and Trade Mark Cases, Vol. 109, No. 17, 1992: 403 – 420。另外，以色列专利补偿和许可费委员会审理的一起案件中，裁判者认为职务发明未来可能取得的收益也能够作为支付报酬的基础（http://www.techlaw.org/wp-content/uploads/2011/04/Meitar-Recent-Ruling-on-Employee-Claims-for-Royalties-for-Inventions – 2010.pdf）。

[2] 何敏：《职务发明财产权利归属正义》，《法学研究》2007 年第 5 期。

题，抑或是提高职务发明报酬的分配比例，实现后续的持续性激励？是要就个别职务发明单独计酬，还是综合考虑长期的技术贡献并一次性发放？这些问题的答案应当取决于不同时期的发展战略、不同行业的技术特点、不同公司的经营方针，难以一概而论。一个典型例子是，现实中已有某些制药领域和广告领域的公司采取了不同寻常的"反向激励"方案，即公司积极奖励虽然被证明失败，但有一定探索价值的方案，而不愿意奖励虽获成功，但创意平庸的成果。① 无疑，作为理性经济人的企业会主动调整激励策略，开发符合自身特点的报酬制度。

三 职务发明报酬法律规制存在的问题

探究职务发明报酬制度理论依据，将明确我国职务发明报酬法律审查的优选模式。然而，当前制度设计存在若干不适应之处，单凭法律理想主义进行立法和规制将使得实际的法律效果受到抑制，甚至可能造成职务发明报酬制度逾越其合理边界，并损害制度整体的正当性。

当事人报酬约定主要采用三种形式，包括订立个别协议、签订集体合同和单位指定规章，其中单位规章更为普遍。单位通过规章形式明确报酬标准，可以利用单位管理成本代替较高的协商成本，避免分别谈判而重复付出的交易成本。由于单位规章制定过程存在单向性，

---

① S. Shellenbarger, "Better Ideas Through Failure—Companies Reward Employee Mistakes to Spur Innovation, Get Back Their Edge", *Wall Street Journal*: 2011 - 9 - 27, D. 1.

也会产生其利用谈判地位优势损害发明者利益的风险。[①] 此外，主要存在两个方面因素推升管理成本，使得其节约交易成本的作用难以显现。

（一）获酬发明全面性问题

法律并未根据职务发明价值设定获得报酬的门槛。根据我国现行规定，所有实施的专利权均应当支付奖酬，显然扩大了职务发明奖酬纠纷发生的可能性，也不利于技术人员集中研发资源开发具有开拓性的重大技术创造。《条例送审稿》第17条第2款确立了针对所有职务发明发放报酬的强制性，[②] 第18条第1款赋予雇主与雇员按照"约定优先"的原则达成职务发明报酬协定的权利。[③] 但是，可能是出于防止单位利用规章剥夺发明人报酬利益的担心，该条第2款却转而对"约定优先"原则的适用做出严格的限制——企业的规章制度不得取消《条例送审稿》所明示的权利，不得为权利享有或行使附加"不合理条件"，且必须符合《条例送审稿》第19条和第22条的规定。要求对所有职务发明均给予报酬，将使单位和发明人需要付出的计算报酬成本提高，对于并未产生独立价值的职务发明也难以操作，不利于将报酬支付的重点集中在高价值职务发明上。

[①] 美国司法实践主要采用附和合同理论来加以适用。参见和育东、杨正宇《中美职务发明限制约定优先原则的比较及启示》，《苏州大学学报》（法学版）2014年第4期。

[②] 《条例送审稿》第17条（第一款）：单位就职务发明获得知识产权的，应当及时给予发明人奖励。（第二款）单位转让、许可他人实施或者自行实施获得知识产权的职务发明的，应当根据该发明取得的经济效益、发明人的贡献程度等及时给予发明人合理的报酬。

[③] 《条例送审稿》第18条（第一款）：单位可以在其依法制定的规章制度中规定或者与发明人约定给予奖励、报酬的程序、方式和数额。该规章制度或者约定应当明确发明人享有的权利、请求救济的途径，并符合本条例第19条和第22条的规定。（第二款）任何取消发明人依据本条例享有的权利或者对前述权利的享有或者行使附加不合理条件的约定或者规定无效。

(二) 单独计酬成本问题

在《条例送审稿》涉及报酬认定标准的规定中，关于程序性审查标准的第 19 条无太大争议①，关于实质性标准的第 22 条则有待商榷。《条例送审稿》第 22 条规定，雇主发放职务发明报酬时，"必须考虑到每项职务发明报酬对整体产品或者工艺经济效益的贡献，以及每位职务发明人对每项职务发明的贡献因素"，从而确立单独计酬标准，大大限制了企业报酬规章的自决性。该条如果作为指导性规定尚可以接受，也有利于明确发明人的合理预期；但如果属于强制性要求，特别是将其解释为需要对每位发明人单独发放报酬则会产生定价成本过高的问题，抬高了当事人的交易成本。实际上，在全球范围内，众多行业，尤其是智力密集型的大型高科技行业，针对激烈的人才竞争格局已经形成了多元化的内部奖励制度。有学者归纳为雇员长期职业生涯提升、固定数额现金奖励、基于产出的现金奖励，以及对发明创新进行个别行政评估确认报酬四种主要类型，现代企业的奖励制度表现出不同激励工具的组合运用。②《条例送审稿》将单独计酬模式强制性地推销到每个企业单位手中，代替多元化激励策略，这是否适合所有类型的企业值得怀疑。不同企业在长期实践中形成的、根据经营特质制定的各项奖励制度受到重重限制，甚至有可能为规避法律风险而予以摒弃。在促进我国企业治理多样性乃至市场环境的制度创新层面，这不得不说是过于保守了。

本质而言，这一规则是将一项完整的职务发明产权分解并赋予不

---

① 《条例送审稿》第 19 条：单位在确定给予职务发明人的奖励和报酬的方式和数额时，应当听取职务发明人的意见。

② Robert P. Merges, "The Law and Economics of Employee Invention", *Harvard Journal of Law & Technology*, Vol. 13, No. 1, 1999: 1–54.

同的市场主体，有导致"反公地悲剧"（The Tragedy of Anti-commons）的风险，即由于某项资源潜在的权利人过多，要完整且无风险地使用资源，就需要进行一系列权利再组合。① 如果谈判成本（例如说服潜在竞争者）的成本过高，乃至超出发明所产生的收益，就会导致雇主怠于开发、利用职务发明资源。

有人认为，单独计酬标准理想地保护了雇员的合法权益。然而，管理成本的增加从财务结构上会间接影响各种形式报酬的发放。雇员亦未必乐见单独计酬的推广——智力活动风险从雇主转移到雇员，雇主考虑到合同缔约后不得不额外计算的报酬，会在劳动缔约中寻求更低的雇佣价位。以确定的劳动报酬兑换不确定的发明报酬，牺牲稳定性博取高收益，以短期报酬代替长期劳动契约，不符合雇员的风险偏好。德国《雇员发明法》对雇员利益的保护未达到预期效果。不做实质审查的美国，激励发明创新的动力并未消逝，企业创新性地开发出各种类型的激励策略。这是企业的自发选择，亦是市场竞争的结果。

（三）报酬计算因素强制性问题

根据《条例送审稿》第 22 条要求，雇主订立的企业规章制度必须要为每种整体产品、每个职务发明以及每个雇员三者之间建立确定合理的经济联系，以此依据对职务发明报酬进行定价。有学者认为，这一要求将用于调节市场的价格机制引入企业内部，代替行政命令调节。② 但现代企业设置的初衷，本质上就是以行政管理克服价格机制

---

① Michael A. Heller, "The Tragedy of the Anticommons: Property in the Transition from Marx to Markets", *Harvard Law Review*, Vol. 111, No. 3, 1998: 621 – 688.
② 蒋舸：《职务发明奖酬管理的理论困境与现实出路》，《中国法学》2016 年第 3 期。

交易费用的替代物。①《条例送审稿》要求企业将本属于内部管理的报酬事项市场化，虚化企业组织的行政命令职能，直接后果是企业须支付冗余的管理成本——必须将产品的经济利润看作技术、销售、管理等多种因素的结合贡献，确认并提取其中的技术因素份额，将之分解对应到组成整体技术的每项发明创造之中。之后，还需计算在个别发明创造的研究开发过程中，每位雇员对此项发明创造的贡献度大小，以此为依据来确定每位雇员的职务发明报酬数额。对于技术集成度高、专利数量密集、研发组织度庞大的电信、媒体和科技（TMT）行业来说，这一过程烦琐复杂，可操作性有限。

德国《雇员发明法》强制企业使用贡献度计算报酬，使许多企业焦头烂额，业界亦普遍持批评态度。德国西门子公司专利办公室指出，专利律师不得不将每年10%的时间花在计算员工贡献度上。② 除了管理损耗外，它还带来心理层面的负面效应——由于贡献度标准面向雇员个人而非团队集体，发明人会选择对自身的研发进度采取保密措施，不利于企业研发团队内部之间的信息公开和交流。研发贡献度标准还忽视了对产品有所贡献的生产、营销领域的人员利益，损害了企业部门间的合作质量。③ 这一模式诱发一系列的诉争风险。在计算过程中，采用不同基准所得出的结果大相径庭，过程复杂性本身就伴随着操作风险和寻租空间，极易引起雇员与雇主的意见分歧，从而走向仲裁、诉讼等争端解决程序。

---

① Ronald Coase, "The Nature of the Firm", *Economica*, Vol. 4, No. 16, 1937: 386 – 405.

② Jesse Giummo, "German Employee Inventors' Compensation Records: A Window into the Returns to Patented Inventions", *Research Policy*, Vol. 39, No. 7, Sept. 2010: 969 – 984.

③ Robert P. Merges, "The Law and Economics of Employee Invention", *Harvard Journal of Law & Technology*, Vol. 13, No. 1, 1999: 1 – 54.

（四）不当激励诱发短期行为

对于"约定优先"原则的限制包括了《条例送审稿》的第20条①、第21条②，这两条设置了默认条件职务发明报酬的下限数额。这看似不限制企业自主制定的规章制度，但是结合第18条的内容来看，自主约定的职务发明报酬可能会因为遭遇第17条的合理性审查，从而违背第18条第2款的强制性规定而被宣告无效。③ 合理性原则、最低限度原则和约定优先原则的适用优位性问题引发了学界争议。④ 在订立规章制度时，雇员会以默认条件为依据，要求相应等级的报酬标准。为了规避潜在的法律风险，雇主的明智选择是参考默认条件下的报酬模式，甚至将其视为法律约束的报酬下限。

考虑国内专利授权门槛不高的整体环境，雇员有采取机会主义行为的诱因。雇员可能利用此项制度进行短期发明，重复获取奖酬。所

---

① 《条例送审稿》第20条：单位未与发明人约定也未在其依法制定的规章制度中规定对职务发明人的奖励的，对获得发明专利权或者植物新品种权的职务发明，给予全体发明人的奖金总额最低不少于该单位在岗职工月平均工资的两倍；对获得其他知识产权的职务发明，给予全体发明人的奖金总额最低不少于该单位在岗职工的月平均工资。

② 《条例送审稿》第21条：（第一款）单位未与发明人约定也未在其依法制定的规章制度中规定对职务发明人的报酬的，单位实施获得知识产权的职务发明后，应当向涉及的所有知识产权的全体发明人以下列方式之一支付报酬：（一）在知识产权有效期限内，每年从实施发明专利或者植物新品种的营业利润中提取不低于5%；实施其他知识产权的，从其营业利润中提取不低于3%；（二）在知识产权有效期限内，每年从实施发明专利或者植物新品种的销售收入中提取不低于0.5%；实施其他知识产权的，从其销售收入中提取不低于0.3%；（三）在知识产权有效期限内，参照前两项计算的数额，根据发明人个人月平均工资的合理倍数确定每年应提取的报酬数额；（四）参照第一、二项计算的数额的合理倍数，确定一次性给予发明人报酬的数额。（第二款）上述报酬累计不超过实施该知识产权的累计营业利润的50%。（第三款）单位未与发明人约定也未在其依法制定的规章制度中规定对职务发明人的报酬的，单位转让或者许可他人实施其知识产权后，应当从转让或者许可所得收入中提取不低于20%，作为报酬给予发明人。

③ 蒋舸：《职务发明奖酬管理的理论困境与现实出路》，《中国法学》2016年第3期。

④ 常喆：《约定优先原则、合理性原则与最低保障原则的关系——对〈职务发明条例〉草案发明人报酬有关规定的理解与思考》，《电子知识产权》2013年第6期。

谓的短期发明,指相对于具有重大效果的发明来说,在短期之内即可研发成功,但贡献甚微的技术成果。根据《条例送审稿》第17条、第20条、第21条,不允许企业设置支付报酬的技术贡献度门槛,而被要求对全部职务发明均予以支付。因此,相对于耗时耗力、风险大、预期效果不明的发明创造,雇员会优先开发风险小的产品,以获取可预期的发明报酬。

即使企业不吝于支付职务发明报酬,因此丧失的机会成本也值得重视。对于企业来说,一件具有突出性技术贡献的创造工作远胜过为数众多、但意义甚微的发明。雇员倾向于短期回馈而忽视重大创新,回避进行有风险的长期发明,将丧失积极进取、大胆创新的动力,产生前述的多任务委托—代理难题。即代理人存在多种委托任务时,如果奖励过度紧密地与仅用于评估单一任务的量化指标挂钩,难以测度的其余任务就会遭受不公平的歧视。[1] 为了规避此情况,应考虑采取固定工资奖励(Fixed wage)而非绩效计划(Performance-based incentive Scheme)。[2] 不难看出,若一味追求专利数量,雇员将不愿意从事具有长远意义,但风险较高的探索性项目。其余有价值的智力活动,如科学发现、组织管理、营销创新等不纳入专利授权范围,并非报酬对象,则更易成为这种不正当激励的牺牲品。总的来说,简单以专利授权为主导的评价体系会对企业长远利益产生消极影响。[3]

---

[1] 这一现象在生活中易观察。如教师过度倾向于以分数评估学生表现,可能就使学生怠于提升其他领域的能力素养。

[2] Bengt Holmström, Paul Milgrom, "Multitask Principal-Agent Analyses: Incentive Contracts, Asset Ownership, and Job Design", *Journal of Law, Economics, and Organization*, Vol. 7, Special Issue, 1991: 24 – 52.

[3] 有研究表明,在这一情形下,能容忍失败的激励方案在此方面优于基于绩效的激励方案,体现了纯粹绩效方案的局限性。参见 F. Ederer & G. Manso, "Is Pay for Performance Detrimental to Innovation?" *Management Science*, Vol. 59, No. 7, 2013: 1496 – 1513.

（五）法律规制的柔性化

对于职务发明报酬的过度管制会使得法律规范出现"越位"的嫌疑，并且使得企业节约交易成本的努力难以得到承认和实施。《条例送审稿》的出台，除了理论界反对之声四起外，工业界也是满腹狐疑。有学者通过调研数据指出："从目前调研的情况来看，超过50%的企业认为，制定《职务发明条例》完全没有必要。此外，另有接近20%的企业认为，国家有关部门明确职务发明有关的规定是可以的，但并不认同目前《职务发明条例（送审稿）》中所规定的内容。"在智力密集型产业，处于竞争激烈的人才市场的企业早已制订了多元化激励方案。"如阿里巴巴会给做出贡献的技术人员提供30万元无息贷款，链家会给有贡献的员工多2天休假，中信则是给予丰富奖励，华为还会通过股权激励的方式来奖励员工……类似于这样的奖酬方式，是不可能在法律上规定详尽的，进而会限制企业建立多元化的奖酬制度。"[①] 在自发形成的市场秩序中，《条例送审稿》以强势的面貌出现，一刀切地设置了多种审查框架，可能会扭曲报酬市场谈判体系，由此引起理论界和工业界的不同意见。

四　职务发明报酬正当性的制度体现

我国在构建职务发明报酬制度时，应当注重解决该领域交易成本

[①] 李含：《大多企业不认可〈职务发明条例〉送审稿》（http://tech.hexun.com/2016 - 05 - 18/183910867.html）。

较高的问题,通过约定优先原则将当事人解决交易成本的措施固定下来,扩张当事人意思的自治空间,公平对待单位规章和当事人个别约定,从而实现发明人报酬利益的有效实现。为了充分实现职务发明报酬制度的正当性,结合《专利法》新一轮修改的立法进程,针对《条例送审稿》的不足之处,提出以下建议。

(一) 扩张解释约定优先原则

在是否发放报酬问题上应当不允许当事人通过意思自治的方式予以放弃。① 考虑到保护处于弱势地位的雇员权益,借鉴各国通行立法,强调报酬发放的强制性有一定道理。但《条例送审稿》对于报酬内容审查的细节需要调整。在约定形式上,考虑到集体合同兼具制订过程的合意性和谈判次数的集约型,应当成为职务发明报酬领域的优选方式,在适用发明人范围上宽于单独约定,而在法律效力的认定上应当高于单位规章。

针对单位规章能否突破法定奖酬比例问题,应当给予当事人更为灵活的空间。《条例送审稿》第 18 条第 2 款是学界争论的焦点。在 2012 年 8 月和 11 月公布的《职务发明条例》草案版本中,第 19 条第 2 款的相应表述为:"任何取消或者限制发明人根据本条例享有的权利的约定和规定无效。"② 不难看出,"限制"一词语义相当含糊,在

---

① 以色列有关职务发明报酬案例认为发明人报酬权具有人身属性,不得通过协议方式予以放弃或者转让。Dan Shamgar, Adv. , David Mirchin, Adv. , Recent Development Concerning Possible Claim by an Employee to Royalties for Patented Inventions (http://www.techlaw.org/wp-content/uploads/2011/04/Meitar-Recent-Ruling-on-Employee-Claims-for-Royalties-for-Inventions – 2010. pdf)。

② 国家知识产权局:《职务发明条例草案(征求意见稿)》 (http://www.sipo.gov.cn/docs/pub/old/ztzl/ywzt/zwfmtlzl/tlcayj/201403/P020140331531960589489.pdf; http://www.sipo.gov.cn/docs/pub/old/ztzl/ywzt/zwfmtlzl/tlcayj/201403/P020140331532749644006.pdf)。

适用上非常容易造成对"约定优先"原则的架空,使企业对于职务发明报酬规章的制定束手束脚而墨守成规,受到激烈批评。因此,在《条例送审稿》中,该条第2款被修改为:"任何取消发明人根据本条例享有的权利或者对前述权利的享有或者行使附加不合理条件的约定或者规定无效",使约束"约定优先原则"的强制性规定更加具体化,这一进步值得肯定。然而,法律规制的风险并未完全消失,该条款中"不合理条件"的内涵外延还需进一步界定,适用的标准有赖于法律解释和指导性判例细化。

为了给予当事人更多意思自治空间,可以在两方面加以改进。一方面,应当允许单位依据整体性原则给付报酬,在性质上明确支付给特定发明人的报酬总额中包含普通劳动报酬和职务发明报酬的前提下,在两部分报酬数额认定时将其相加作为对于发明人贡献的经济回报,而不仅将专门的职务发明报酬作为其贡献度的体现。如此,可以使单位收益与其研发资源投入及风险(包括支付发明人劳动报酬和购买其他研发资源的费用)相适应。法院在裁量时,也应当考量发明人已经从单位取得的报酬和所处岗位的性质。

另一方面,考虑到单位内部多个发明人或者其他做出贡献者之间进行协同创新的现实状况,应当允许以团队形式获得报酬,而非必须由单位给予单个个人。前文述及,《条例送审稿》第18条第1款指向了第22条实质性标准适用,第22条要求的面向职务发明报酬单独计价、计算雇员贡献度的做法具有局限性,并不适合各类型企业个性化需求。结合《条例送审稿》第18条第2款,遵循第22条的实质性标准进行职务发明报酬审查会带来一系列消极影响。因此,可考虑将其表述改为"综合考虑贡献程度"的形式,不再要求雇主必须为"每项职务发明""整个产品或者工艺经济效益"以及"每位职务发明人对每项职务发明的贡献"三者之间建立具体、单一的经济联系,避免职务发明报酬计算标准的僵化。

(二) 允许企业设定贡献度门槛

应当提高对职务发明在技术升级和经营收益方面的贡献要求。英国判例法对于职务发明奖酬的态度有所转变,1991—1992年所做的数个裁决似乎强化了雇员在职务发明奖酬中的证明义务,特别是证明职务发明及其专利权对于企业经营收益必须具有显著贡献。[①] 1991年英国专利局审理的英国钢铁股份有限公司专利(British Steel PLC's Patent)案[②]中,雇员由于不能排除雇主与客户关系对于经营收益的决定性影响,因此未能获得职务发明奖酬;1992年英国专利局的通用电气航空电子有限公司(GEC Avionics Limited)专利案[③]中,法院对于在大型企业工作的技术雇员,认为由于单个专利所产生的经济效益占企业总体经营额的比例较小,因此倾向于不发给职务发明奖酬[④];同样在1992年审理孟科-梅德有限公司(Memco-Med Limited)专利案中,法院在原告不能证明职务发明对于特定产品利润有显著贡献时,不给予其特别奖酬。[⑤] 2009年由英国高等法院审判的凯利等诉通用电气医疗有限公司案(Kelly & Chiu v. GE Healthcare Limited)等则体现了英

[①] K. R. Wotherspoon, "Employee Inventions Revisited", *Industrial Law Journal*, Vol. 22, No. 2, 1993: 119-132.

[②] "British Steel PLC's Patent", *Reports of Patent, Design and Trade Mark Cases*, Vol. 109, No. 6, 1992: 117-130.

[③] "GEC Avionics Limited's Patent", *Reports of Patent, Design and Trade Mark Cases*, Vol. 109, No. 5, 1992: 107-116.

[④] 徐亮:《最新不列颠法律袖珍读本——知识产权法》,武汉大学出版社2003年版,第51页。

[⑤] "Memco-Med Limited's Patent", Reports of Patent, Design and Trade Mark Cases, Vol. 109, No. 17, 1992: 403-420.

国司法机关在处理职务发明奖酬方面的最新发展,给予了技术人员较高的奖酬。英国专利法规定研发人员所作出的发明必须对于企业商业利益有显著贡献,才能获得独立于其普通薪酬的额外奖励。由于考虑到进行技术开发本身就是技术人员的职务范围,因此如果其仅是执行自身职务范围内的发明创造,应当说其获得的普通薪酬本身就已经包括了发明创造贡献的对价。英国议会在审议发放法定奖酬的职务发明范围时,就突出"对于企业甚至整个产业获得革命性发展的开拓性发明的奖酬"①,从而减少了企业支付奖酬的人员范围,事实上也减少了产生纠纷的可能性,而将发放薪酬的范围集中在做出突出贡献的技术专家。

从职务发明奖酬占企业经营收益比例的裁判来说,法官应当享有更为广泛的裁量权,从而针对不同案件进行处理。目前我国职务发明留给法官的自由裁量空间很小,要么适用雇主有关制度规定或者与技术人员的劳动合同约定,要么在很窄的范围内对职务发明奖酬进行裁决,显然不能适应复杂的现状。需要改变《专利法实施细则》对于职务发明实施后的报酬比例统一为税后利润的2%或0.2%固定比例,而允许法院以根据职务发明技术或者专利对于经营收益的影响来确定。

在半导体工业等现代高科技行业中,由于智力活动的结构化和系统化,职务发明并非是偶发性的"横财",而成为一种可预期的劳动成果。在这种情况下,普通智力活动的回报在劳动合同缔约时已经实现,劳动报酬包含了一般发明创造的对价。职务发明报酬的功能不应被泛化、滥用,以免刺激雇员一味追求专利数量而忽视质量。

---

① "Lord Elwyn-Jones", *Public Bodies Bill* (*HL Debates*), Vol. 380, No. 411, 1977: 120.

许多国家的立法者认为，并非全部发明都能享有强制报酬发放待遇，法律应当考虑，发明是否对企业商业利益有显著性贡献，以至于超出劳动合同的缔约预期，否则企业可以发放象征性报酬，甚至可以不发放报酬。除英国允许企业对职务发明的技术进步和商业价值提出了贡献要求以外，荷兰最高法院也持类似观点。[①] 这是考虑到智力密集型行业的生产特性，也是为了适应不同专利商业价值差距悬殊的发展趋势。

然而，《条例送审稿》坚持认为，企业不得对职务发明人提出技术贡献门槛要求。根据《条例送审稿》第17条、第18条，企业必须对所有职务发明人发放一定数额的报酬，不得在规章制度中添加技术贡献要求等附加条件，否则将会触犯第17条第2款而被宣告无效。考虑到我国发明创造的质量以及授权门槛还有待提高的事实，结合《条例送审稿》22条推广的单独计酬要求，否定企业技术贡献要求的做法既增加了管理成本，也不利于雇员专心从事具有开拓意义的研发项目。

对此，可以考虑通过以下途径进行修改：在《条例送审稿》第17条增加限定性表述，使职务发明报酬的法定条件限于有一定商业价值和技术贡献的职务发明；或者通过司法解释等方式严格排除《条例送审稿》第18条第2款中"不合理条件"涵盖的技术贡献要求，承认企业对于职务发明技术贡献要求的有效性。

[①] 《荷兰专利法》第12条第6款规定："如果发明人在没有获得专利权的情况下，其取得的工资、奖金或者其他形式的报酬不足以对其进行补偿，根据第1款、第2款和第3款的规定有权获得专利的人，有义务根据发明在金钱上的重要性以及做出发明的情形给予发明人公正合理的补偿。"荷兰最高法院在 TNO v. Ter Meulen 一案中认为：通常情况下，员工工资已经是其所完成职务发明的足够补偿，而给予其额外补偿仅仅限于非常例外的情况。参见彭耀进《荷兰职务发明奖酬制度及其借鉴意义》，《福建江夏学院学报》2017年第4期。

（三）谨慎动用行政机关主动干预

《条例送审稿》第六章赋予国家机关对于涉及职务发明的企业规章制度的审查职权，允许其进行主动干预。根据该条例，监督管理机关有权依申请或者依职权随时进入企业，监督检查其职务发明制度落实情况。关于职务发明报酬制度方面，《条例送审稿》第38条还规定，若在监督检查中发现单位的规章制度因违反第18条而被确认无效，给发明人造成损失的，单位应当承担赔偿责任。[①]

从《条例送审稿》不难看出，监督检查权启动条件十分宽泛，基本不需要实质的前置程序要件，这令不少企业如鲠在喉。[②] 行政机关对该项职权的行使应慎重对待，对职务发明报酬的合理性审查应当慎之又慎。《条例送审稿》第18条规定相当模糊，"不合理"的标准尚未形成执法共识和司法共识，适用过程中的随意性问题不容忽视。在不同的经济周期和不同地域内，不同行业以及不同生产环节的企业的合理性标准千差万别。行政机关监督检查权的滥用会给企业经营带来法律风险和经济损失，并严重挫伤企业自主约定规章制度的积极性，进一步导致职务发明报酬制度的僵化。对于《条例送审稿》第38条的适用，可以通过法律解释或指导性判例等方式进行一定限制，重点是谨慎进行实体性审查，转而强调程序性审查的作用。

（四）侧重报酬约定的程序性审查

在法律审查的适用条件尚未统一，实体审查操作性不足的情形

[①] 《条例送审稿》第38条：单位的规章制度或者与发明人的约定不符合本条例第十八条第一款的规定或者依照本条例第18条第2款的规定被确认无效，给发明人造成损失的，单位应当承担赔偿责任。

[②] 左玉茹、罗丹：《职务发明条例帮了谁的忙，添了谁的乱》，《电子知识产权》2013年第1期。

下，不妨加强程序性审查的功能，以此来代替报酬具体数额的实体审查。行政机关及司法机关可以在处理职务发明报酬纠纷时，注重审查职务发明报酬订立过程中，雇员与雇主是否经过充分协商，是否达成合意，雇主在决定过程中是否充分听取雇员意见，企业规章制度中的职务发明报酬内容是否充分公开等程序性要件。针对该问题，《日本特许法》2004年和2015年修改时明确区分了对当事人报酬约定的事后审查和事前审查。① 事后审查主要针对当事人约定程序是否合法，主要从三个方面加以认定，即"制定决定报酬之基准时候雇主等于从业人员等双方的协商情况，所制定基准的公开情况，就报酬听取从业人员等意见的状况"。对此，日本知识产权协会解释为"根据反映了从业人员意见的合理合同和工作规章等规定进行的合理处置，法律就应该尊重"②。而事前审查则主要从实体上对于报酬数额加以认定。"未对合理利益予以规定，或者根据规定所赋予的相当利益……被认定为不合理时，该条……合理利益的内容应当通过考虑单位利用该发明取得的收益，单位与该发明相关的负担、贡献以及发明者获得的待遇以及其他事项而决定之。"③ 为了确保事后审查的优先效力，只有涉及职务发明报酬的合同规章订立程序经审查而被确认"不合理"或者当事人没有约定时，法院才能以司法判断代替企业标准，计算报酬的具体数额。④《条例送审稿》并未严格区分事前和事后审查，对于报酬约定笼统地从程序上和实体上提出要求，混淆了两种不同性质的审

---

① 分别规定在《日本特许法》2004年版第35条第4款、第5款和2015年版第35条第5款、第7款。
② 钱孟珊：《日本〈特许法〉职务发明规定的讨论与修改——对我国专利制度完善带来的启示》，《知识产权》2004年第5期。
③ 参见2015年《日本专利法》第35条第7款。
④ 王丽：《〈职务发明条例（送审稿）〉评析及完善建议》，《邵阳学院学报》（社会科学版）2015年第6期。

查。这不利于尊重当事人已经达成的报酬约定，会损耗为此已经付出的交易成本。[1] 因此，《条例送审稿》应进一步完善第 19 条，进一步细化程序合理性的审查标准，使之更具备可行性与可操作性，并置于优先于实体性审查的地位。

---

[1] 参见本书第四章。

第三章 抽象职务发明奖酬请求权问题

一 抽象职务发明奖酬请求权的提出

职务发明奖酬是单位对有特殊贡献的职务发明人所给予的一种物质或者其他方面的激励。[①] 发明人在劳动合同范围内完成单位的工作任务并获取薪酬。企业可以制定单位内部的职务发明奖酬管理办法,以激发员工的创造积极性,提高研发效率。[②] 然而,制度设计的缺陷及发明人谈判地位不平等会成为单位实施机会主义行为侵害发明人奖酬利益的诱因。[③] 在经济新常态形势下,企业单位更加注重私权的自我保护,在内部知识产权管理方面也追求更多的自主空间。《专利法》

[①] "职务发明奖酬"包括奖励和报酬,文中如无特别说明直接用"奖酬"来表述。"职务发明人"包括发明人与设计人,文中为表述方便采用"发明人"表述。

[②] 参见强志强《我国企业职务发明奖酬制度实施情况调查研究》,国家知识产权局条法司《专利法研究(2011)》,知识产权出版社2012年版,第61—78页。

[③] 参见刘强《机会主义行为规制与知识产权制度完善》,《知识产权》2013年第5期。

及其实施细则允许企业单位与发明人就奖酬问题实行意思自治,但过度自由又会导致奖酬支付义务主体不固定、数额计算标准要素缺失、举证责任分配失衡、诉讼时效适用标准不统一等问题。发明人以职务发明为依据所产生的期待利益,与公司股东红利分配请求权利益在法律性质上具有相似性。[①] 而股东红利分配请求权中,又以抽象红利分配请求权最为接近发明人与单位没有约定或约定不明时的奖酬请求权。有鉴于此,可以对相应制度加以移植,并对职务发明奖酬请求权进行类型化处理,以期对抽象职务发明奖酬权益提供有效保护。

(一) 概念辨析

发明人奖酬请求权的主要内容是在符合法定情形时请求单位支付奖励及报酬。根据双方就奖酬事项有无约定及约定内容的确定程度,可以将其分为抽象请求权与具体请求权两种类型。其中,抽象职务发明奖酬请求权是指职务发明人在与单位就奖酬事项没有约定或约定不明时获得奖酬的固有权能。此时,发明人与单位在职务发明奖酬的支付主体、支付时间、支付方式、数额计算等方面没有得到明确,单位仍有可能以发明产品未获得利润等为理由拒绝给予报酬。对于抽象请求权进行独立保护主要是针对奖酬要素模糊不确定的情形,旨在赋予发明人一种最大范围期待利益的保障机制。与此相对应,具体职务发明奖酬请求权是奖酬数额与方式等均已明确的情形,比如双方事先已约定具体数额或事后认定了具体数额,发明人的请求能得到法院强制执行,而无须再就数额进行协商或裁判。抽象请求权是发明人在所完

[①] 职务发明报酬请求权和股东红利分配请求权的义务主体均为所在公司或者其他类型组织,权利主体均为作为公司内部债权人的发明人和股东,请求权内容均为具有法定性、不确定性、继续性等特点的金钱利益,因此在制度设计与适用上可以进行类比。

成的发明创造被授权后就具有的一种法定期待权利，不被单位的内部规定或者其他程序所剥夺，它是具体职务发明奖酬请求权的先期准备，待职务发明数额确定、奖酬支付条件成就而变成具体的奖酬权利。对于抽象请求权而言，只有在确定其数额及方式以后，才能转化成具体请求权，并最终适用诉讼程序或者其他方式实现对发明人的救济。

赋予发明人抽象奖酬请求权能较为有效地解决发明人在奖酬约定不明或没有约定时的权益保护问题。在现有法律制度框架内，发明人的奖酬利益如若没有具体且明确的约定，仅凭借单位的自觉履行很难兑现。因为在有限理性和信息不对称的影响下，单位拒绝履行奖酬义务的制度诱因会增加，发明人维护自身奖酬利益的机会成本也会显著提高。公司法关于股东抽象红利分配请求权的制度值得借鉴，① 以便在职务发明领域建立相应的抽象奖酬请求权机制，使发明人的奖酬利益具有自益权、期待权和法定权利的属性，可以避免约定缺失导致奖酬利益无法实现的问题。在发明人做出贡献以后，一旦法律规定的奖酬期待利益程序性条件成就，具有依赖性的抽象期待权将转化为具体的可单独存在的债权。在发生奖酬纠纷时，发明人只要证明存在劳动合同关系、职务发明合法有效存在，以及单位对职务发明进行了实施

---

① 基于公司股东地位的不平等，控股股东损害中小股东股利的问题大量存在。为了应对此问题，公司法赋予了中小股东基于其股东地位的红利抽象分配请求权。抽象红利分配请求权表征着团体法上的法律地位，属股东的固有权利，不能任意转让处分，非因法定事由和程序，公司章程或公司机关不得剥夺或限制。基于抽象红利分配请求权、期待权、法定权利的性质，现行司法实务中一般都采用充分尊重公司自治的原则，将是否对公司红利进行分配界定为公司自治范畴，属于公司内部事务，法院原则上不干预。因为实现中小股东的红利必须符合公司有可供分配的利润、公司董事会制订利润分配方案、公司股东会审议批准利润分配方案、董事会执行股东会通过的关于分配利润的决议的条件。所有条件必须先后满足，中小股东的股利才有可能得到实现。参见李慧《对股利分配请求权保护制度的探析——主要以有限责任公司为研究对象》，《研究生法学》2010 年第 2 期。

并获得了利益等事实就能享有抽象职务发明奖酬请求权,并适时转变成具体的奖酬请求权。

(二)制度功能

抽象职务发明奖酬请求权能将发明人奖酬利益法定化,有助于在程序上克服信息垄断,平衡利益冲突,并在实体上实现职务发明利润的分配正义。由此,为发明人提供一种程序法意义上的权能,进而在实体上有效地维护其报酬利益。

首先,克服信息不对称和谈判地位失衡问题。相较于个人来说,单位在职务发明实施的相关信息掌握上存在天然的优势,而信息垄断导致的信息不对称和权利滥用风险又会加剧利益的冲突。现代法治通过限制公权和设立各种制度保障私权的行使自由。[1] 赋予发明人抽象职务发明奖酬请求权,可以抑制单位机会主义行为,保护发明人的合法利益。尤其是在单位掌握职务发明经济利益信息以及制定奖酬规章标准主导权的情况下,发明人可以有效维护自身利益,促使单位在处理职务发明专利事务时提供相应的信息和依据,规制其滥用经营管理权的处分行为,实现双方谈判地位的平衡。

其次,实现职务发明利益分配"矫正正义"的需要。知识产权的制度设计是为了实现当事人之间权利和义务的对等,以达到知识财富的公平与合理分享,实现社会资源公平正义的分配。[2] 分配正义是在当事人之间对职务发明资源进行配置的规则设计,而矫正正义则是针对利益分配过程中出现的失衡而设计的救济性措施。通过司法介入使分配过程得以正常且公平地进行,使发明人的奖酬利益能够得到有效

---

[1] 参见张志铭、于浩《现代法治释义》,《政法论丛》2015年第1期。
[2] 参见冯晓青《知识产权法的公平正义价值取向》,《电子知识产权》2006年第7期。

保障。在职务发明利益分配机制中，为体现分配正义应赋予发明人抽象奖酬请求权，将单位通过职务发明利用所获得的利润以尽可能科学合理的方式分享给发明人。由于单位在分配职务发明利益时拥有更多的主动权，赋予发明人抽象奖酬请求权，可以平衡二者之间的主被动关系，使职务发明利益的分配符合社会公平正义。

再次，实现对具体职务发明奖酬的权能保障。发明人对职务发明奖酬的期待是一种法律上应获保障的利益，能否实现则受制于单位内部规定、事先约定以及职务发明的利用状况等因素。因此，以期待权构建抽象职务发明奖酬请求权权能是必然选择。[①] 抽象职务发明奖酬请求权的存在，表征着奖酬期待已经部分地具备了既得权的要件。在发明人完成职务发明或者单位利用职务发明取得经济效益等相关条件具备时，单位不仅负有不得阻碍该抽象权利向具体权利转化的消极义务，还有推动其向具体请求权进行转化，并协助发明人实现权益的积极义务。

最后，实现发明人奖酬利益的程序需求。发明人奖酬利益的实现有赖于多重因素。在发明人与单位有约定且奖酬各要素明确时，奖酬的义务主体和内容均较为明确，也不存在举证责任分配问题，发明人及时主张权利不存在明显障碍，因此其权益较为容易得到保障。然而，若奖酬请求权处于抽象状态，则可能存在奖酬支付主体不固定、奖酬计算标准不明确、举证责任分配及诉讼时效不合理等问题，因此在制度设计时需要做更有利于发明人的安排，以期能够有效地保护其利益。在约定不明或者没有约定时，发明人的奖酬利益则需依赖抽象请求权权能为基础去确定各奖酬要素，使得报酬请求权能够具体化。

---

① 参见周龙杰《论抽象股利分配请求权及其救济》，《烟台大学学报》（哲学社会科学版）2013 年第 2 期。

（三）抽象奖酬请求权的分类

如前所述，抽象奖酬请求权与具体奖酬请求权是按照约定具体与否进行划分的，前者是发明人在所完成的每项职务发明被授权之后享有的法定权利，而后者则需要等到奖酬数额、方式确定以后才能够拥有。可以基于奖酬约定要素的具体程度不同，对抽象职务发明奖酬请求权进一步细分，包括半抽象的和纯抽象的请求权两种类型。

纯抽象的职务发明奖酬请求权是发明人与单位没有就职务发明奖酬事项进行约定，或者虽有约定但由于明显不合理而被法院认定为约定无效的情形。此时，只能由法院适用《专利法》《专利法实施细则》或者《促进科技成果转化法》等酌情加以认定。当发明人通过司法途径维护奖酬权益时，若其主张高于法定最低标准的奖酬数额，则必须投入更多的证明成本，如此会增加其实现请求权的难度。

半抽象的职务发明奖酬请求权是发明人与单位对确定职务发明奖酬的部分因素有约定，但是尚未达到可以直接确定数额的程度，在实际给付之前还有待当事人双方协商或法院予以裁定的情形。就约定的形式而言，包括单位与个人双边协商进行的约定和依据单位规章制度做出的规定。对于前者而言，由于双方立场均可以在协商中清楚表达，因此属于"明示约定"。但是，由于订立劳动合同的交易成本较高，多数发明人与单位并未考虑到职务发明奖酬的事项，更多的情况是强制性地适用单位规章制度。此种所谓的"约定"其实更应该被称之为一种"默示约定"或者"格式约定"，发明人只能选择接受或者离职，难以就奖酬的申报程序、奖酬基数标准、计算标准等问题进行个别协商。就约定内容而言，半抽象奖酬虽然不同于完全没有约定，但相比具体奖酬数额来说又是抽象的，涉及的奖酬支付时间、计算标准、审核程序等诸多要素都没有具体约定或规定，发明人很难在没有单位协助的情况下具体确定奖酬。例如，只约定了奖酬应占产品利润的比例，而未事先认定利润数额。发生纠纷时发明人虽然可以按照"约定"进行维权，但是权利的真正实现却又存在实现障碍。

抽象职务发明奖酬请求权约定要素的具体与否直接影响着发明人奖酬利益的实现。具体请求权与抽象请求权、半抽象请求权与纯抽象请求权在奖酬支付主体、奖酬数额标准、举证责任和诉讼时效方面的适用均存在差别。以下将结合不同法律适用问题加以分析。

二 抽象职务发明奖酬请求权与义务主体

现行专利法将职务发明奖酬支付主体规定为被授予专利权的单位，但并未排除发明人与单位的自由约定以及单位内部规定的情形。《专利法实施细则》第76条明确了"约定优先原则"，表明法律对于发明人与单位私法自治的肯定。实务中多数企业单位都将职务发明奖酬视为其内部事务，认为国家法律不应该做出过多的干涉，而应该尊重企业单位的经营自主权，尤其是外资企业及国内比较成熟的大企业在职务奖酬制度的适用问题上是争议最大的群体。[①] 企业集团知识产权管理模式和内部规章制度对发明人奖酬的"重新"设定以及专利申请权的转让都会对发明人主张奖酬的对方当事人资格产生很大影响。职务发明奖酬是基于劳动合同产生的兼具契约性与人身依附性的薪

---

① 参见陶鑫良、张冬梅《"中央集权"IP 管理模式下职务发明报酬若干问题探讨——从张伟锋诉3M 职务发明报酬诉讼案谈起》，《电子知识产权》2015 年第 7 期。

酬，劳动合同是其产生的先决条件之一。因此，若受让单位与发明人不存在劳动合同关系，要求其支付奖酬并没有法律依据。单位将职务发明的专利申请权转让给其他单位，造成"被授予专利权的单位"不是"发明人所在单位"的现象。[①] 若仍然由最终获得专利授权的单位向发明人支付奖酬，无异于"再次付费"，显然不具有合理性。[②] 在发明人主张奖酬权益时，"被授予专利权的单位"会以二者之间不存在任何劳动关系或其他法律关系进行抗辩。

在现行制度之下，即使单位与发明人就奖酬支付主体有约定时，也存在半抽象与纯抽象的差别。有明确约定主体的，发明人的请求对象特定而不存在争议。但是当约定不明确或者没有约定时，发明人的奖酬利益就会受到单位关联交易等机会主义行为的侵害。半抽象请求权原则上支持单位与发明人之间的约定优先，只要未出现法定无效事由或显失公平的情形；纯抽象请求权则是发明人与单位没有约定，可能会出现被授权单位不是发明人所在单位的问题，此时将不符合专利法"贡献—奖酬"的逻辑。

其一，默示约定。单位自行制定职务发明奖酬管理办法的，发明人基于劳动关系被强制性地加以适用，此时可被视为默示约定。若规章制度中规定奖酬支付主体为"本单位"，对发明人来说才是具体的，除此之外均为抽象的。原因在于，对于前者而言奖酬义务主体是可以确定的，而对于后者则有待确定。在"田某诉广东某集团公司职务发

[①] 参见《专利法》第16条：被授予专利权的单位应当对职务发明创造的发明人或者设计人给予奖励；发明创造专利实施后，根据其推广应用的范围和取得的经济效益，对发明人或者设计人给予合理的报酬。此法条将职务发明人的奖酬规定为"奖励和报酬"，并由被授予专利权的单位支付。

[②] 参见唐素琴、刘昌恒《职务发明奖酬给付义务单位及其相关问题探讨——从张伟锋诉3M中国有限公司案件谈起》，《电子知识产权》2015年第7期。

明奖酬案"中,① 原告田某就是被强制性地适用集团公司《研发人员奖励制度》,但该制度内容又未明确职务发明奖酬的具体支付主体,导致原告职务发明奖酬无法及时实现。

其二,明示约定。在发明人与单位签订劳动合同时,虽然有可能确定了"被授权单位""成果转化单位"等奖酬支付主体,但是在实务操作上又会因为市场交易、单位的内部管理以及单位的关联交易等原因导致关联单位之间相互推诿的问题。在"张某诉3M公司职务发明奖酬案"②(以下简称"3M公司案")中,原告张某虽然与公司就职务发明有关事项做了约定,但都不具体,有待双方另行协商确定。同时3M公司是中央集权式管理的跨国公司,其内部制订的《知识产权协议》将集团公司不同子公司的职务发明专利强制性地相互许可或转移,但并未就职务发明奖酬的有关问题做出具体规定,导致发明人张某的发明奖酬支付主体、数额标准等不确定,奖酬利益得不到保障。

其三,没有约定。若发明人与单位没有就职务发明奖酬事项进行约定,单位也没有自行制订内部职务发明奖酬管理办法,属于纯抽象的请求权,发生奖酬纠纷时就只能适用专利法等法律的规定。在"王某诉北京某公司职务发明奖酬案"③中,被告公司没有制定内部职务发明管理办法,原被告之间也没有约定,导致原告维权时奖酬利益的实现存在程序障碍。

抽象职务发明奖酬请求权作为一种期待权,发明人从所完成的职务发明被授予专利权之时起就具有法定的期待利益,不因为义务

---

① 参见(2015)粤知法专民初字第1590号民事判决书。
② 参见(2014)沪高民三(知)终字第120号民事判决书。
③ 参见(2014)三中民初字第06031号民事判决书。

主体的变动而有所减损。在抽象职务发明奖酬请求权成立时，奖酬支付主体应当是可以确定的。因此，无论单位的形式是集团公司还是跨国企业抑或是其他类型的单位，只要获得了职务发明权利，发明人就可以向其主张奖酬权利。虽然单位内部规定对支付主体进行了限制，或者因商业利益变更了职务发明专利权属与实施主体，但基于抽象职务发明奖酬请求权的特性和劳动合同的相对性，应当赋予发明人针对义务单位提起诉讼的选择权利。[1] 因此，不论其单位管理模式及规章制度、职务发明利用方式如何，即使在发明专利被转让的情形下，抽象请求权项下的奖酬支付主体最终都应是与发明人签订劳动合同的单位。

三 抽象职务发明奖酬请求权与计算标准

通常而言，职务发明奖酬标准必须依据专利产品的经济效益、职务发明的技术贡献度、发明人的贡献度及职务、单位的财务及风险负担等因素确定。[2] 基于管理与自治的需要，对于单位和员工之间就职务发明奖酬数额进行的约定或者单位的内部规章制度而言，如果不存在不合理及其他不平等的权利义务问题，则该约定合法有效。考虑到单位职务发明情况各不相同，并且司法程序成本较高问题，法院对单

---

[1] 此情形有学者将之称为"揭开公司的面纱"，由企业集团整体支付职务发明报酬并由企业集团相关成员负连带责任。具体论述参见陶鑫良、张冬梅《"中央集权"IP管理模式下职务发明报酬若干问题探讨——从张伟锋诉3M职务发明报酬诉讼案谈起》，《电子知识产权》2015年第7期。

[2] 参见强志强《我国企业职务发明奖酬制度实施情况调查研究》，国家知识产权局条法司《专利法研究（2011）》，知识产权出版社2012年版，第61—78页。

位制订并且有效实施的奖励计划应当给予尊重。① 但实践中,约定与单位内部规定却存在模糊不清的问题,法院仍然应当在必要时加以介入。

目前对奖酬数额的确定有三种方式:其一,就具体请求权而言,法院可以直接加以认定并执行。虽然双方可能在职务发明完成时未明确约定具体数额或计算方法,只要双方在起诉前协商明确了奖酬数额,法院可以根据双方确定的数额计算奖酬;若起诉前未明确,法院则根据法定标准加以确定。在"余某诉衡阳市某公司职务发明奖酬案"中,法院认为双方在起诉前协商的奖酬数额合法有效,因而予以认定。② 其二,就纯抽象请求权而言,存在两种情形。没有约定或约定不明确时,法院直接适用法定标准。此时,对于纯抽象请求权适用《专利法实施细则》第77及78条的规定。在"张某诉北京某公司职务发明奖酬案"中,法院因为原被告之间就职务发明奖酬约定不明确,直接适用法定奖酬数额。③ 若双方虽有约定但被法院认定为不合理时,并未回归到无约定状态,应当对约定标准加以调整,而排除法定标准的适用④。其三,就半抽象请求权而言,双方就奖酬标准有部分约定,但是尚未达到完全具体的程度。发明人与单位就奖酬的要素有约定,因此尊重约定内容,法官在审理时基于约定的标准及参考该职务发明实际运用转化情况合理地确定奖酬的数额标准。法院裁判时不受法定标准的限制,可在此基础上提高或者降低。在"刘某诉上海

---

① Robert P. Merges, "The Law and Economics of Employee Invention", *Harvard Journal of Law & Technology*, Vol. 13, No. 1, 1999: 1-54.
② 参见(2011)长中民五初字第0736号民事判决书。
③ 参见(2014)二中民初字第05591号民事判决书。
④ 参见上海市高级人民法院《职务发明创造发明人或设计人奖励、报酬纠纷审理指引》第6条。

某公司职务发明奖酬案"① 中，法院根据当事人的原则约定结合法定标准与专利实施情况最终确定了奖酬数额。在美国专利法上，即使双方就报酬标准的约定较为灵活，单位在确定报酬数额时享有一定灵活性和自由度，法院仍然会加以执行。② 因此，要充分尊重和实现抽象奖酬请求权对明确发明人报酬数额预期的作用。

在抽象职务发明奖酬请求权项下的奖酬数额与计算标准问题，应当考虑每项职务发明对整个产品或者工艺经济效益的贡献，以及发明人对职务发明的贡献等因素合理地确定。通过赋予发明人抽象职务发明奖酬请求权，可让其掌握主动权，使得单位在与发明人签订劳动合同或者与职务发明等事项有关的文件时必须尽到对发明人的说明义务，就明确约定的奖酬要素进行说明，对约定不明确的要素进行协商，充分尊重双方的意思自治。基于公平正义的法治理念，职务发明权利人和发明人的利益需要平衡，在司法实践中也要给法官一定的自由裁量权，针对具体案件具体分析以适应实务需求。因此，当事人私法自治与法官自由裁量权应当有效结合，通过抽象职务发明奖酬请求权实现报酬利益明确化的要求。

四 抽象职务发明奖酬请求权与举证责任分配

《专利法》及其实施细则对职务发明奖酬总体上重实体规范，轻

---

① 参见（2012）沪一中民五（知）初字第 179 号民事判决书。
② Lone Star Steel Co. v. Scott, 759 S. W. 2d 144, 152 (Tex. App. 1988).

程序保障,尤其是没有充分考虑到发明人与单位在举证地位上的不平等,导致发生纠纷时发明人面临举证难和单位举证时效负担重的程序困境。① 根据民事诉讼"谁主张,谁举证"的举证原则,发明人对自己提出的要求单位支付职务发明奖酬的主张必须提供充分合法的证据加以支持,如职务发明已被实施、单位获得经济效益等。基于劳动合同关系与职务发明特点,单位则掌握着内部的财务数据等资料,② 发明人在举证能力方面处于弱势一方,对于职务发明是否颁发了许可、是否进行了转让、转让金额等经营信息很难知悉。虽然我国有证据保全制度可以为发明人奖酬请求权提供证据保障,但实践中申请证据保全需要有一定证据证明专利实施的相关情况。若发明人无法提供初步证据,法院一般难以准许发明人的保全申请。③ 有时涉及职务发明的案件纠纷要进行司法鉴定,但是相关专利设备的经济价值可能动辄几十万元乃至上百万元,对发明人来说显然不具有实际举证的可能性。单位也不会为了满足作为利益冲突方的发明人的诉求而把整个单位或集团公司的业务或者信息置于不利地位。

对具体职务发明奖酬请求权而言不存在举证责任的问题,但是对抽象职务发明奖酬请求权的证明责任分配却存在法律困境。对此,应从拟适用的实体法规范出发,依"要件事实的一般规定""法律要件的特别规定"及对规范漏洞的"法律续造"形成不同层面的证明责任

---

① 凌宗亮:《职务发明报酬实现的程序困境及司法应对》,国家知识产权局条法司《专利法研究(2013)》,知识产权出版社2014年版,第186—195页。

② 在劳动法视野下,劳动者天然的就处于雇佣关系的弱势方。雇佣劳动的属性决定了其形成的劳动关系的从属性,而劳动关系的从属性所决定的雇主和劳动者的"强势主体"和"弱势主体"的"身份",成为劳动法"倾斜保护原则"的法理依据。因此劳动者一方更需要强化的法律保护。参见穆随心《我国劳动法"倾斜保护原则":辨识、内涵及理据》,《学术界》2012年第12期。

③ 凌宗亮:《职务发明报酬实现的程序困境及司法应对》,国家知识产权局条法司《专利法研究(2013)》,知识产权出版社2014年版,第186—195页。

分配。① 发明人只需初步证明涉案职务发明已经实施且产生了经济效益、自己具有合法的发明人身份以及尽了勤勉举证努力即可。至于发明人无法接触的、由单位掌握的有关职务发明奖酬计算所依据的财务数据等证据，应当由单位一方进行举证。《最高人民法院关于审理侵犯专利权纠纷案件应用法律若干问题的解释（二）》第 27 条②和《条例送审稿》第 40 条第 2 款③就采用了举证责任倒置的方式平衡双方的举证地位。具体案件中，法官可以对发明人与单位因客观举证能力不平等所导致的证明责任承担问题进行合理的分配。纯抽象请求权对举证责任分配的需求会高于半抽象请求权，尤其是后者对计算标准进行了部分约定，可以减轻双方当事人在此方面的举证责任。

从具体举证责任承担的角度看，在特定情境下也可能因法官分配举证责任而形成举证责任倒置。法官应以举证能力为起点理性地决定责任的分配。在"曹某诉云南某公司奖励案"④ 中，云南省高级人民法院在认定曹某主张的创新修改设计的科技成果奖励时，因为曹某未能证明其主张的创新修改设计已经通过科技成果登记或者鉴定书确认其质量和水平，也未提交任何证据证明其曾经获得过云南省科技厅科技成果奖项的评定认可，故最终没有支持曹某的主张。

---

① 参见胡学军《我国民事证明责任分配理论重述》，《法学》2016 年第 5 期。
② 该条规定：权利人因被侵权所受到的实际损失难以确定的，人民法院应当依照专利法第 65 条第 1 款的规定，要求权利人对侵权人因侵权所获得的利益进行举证；在权利人已经提供侵权人所获利益的初步证据，而与专利侵权行为相关的账簿、资料主要由侵权人掌握的情况下，人民法院可以责令侵权人提供该账簿、资料；侵权人无正当理由拒不提供或者提供虚假的账簿、资料的，人民法院可以根据权利人的主张和提供的证据认定侵权人因侵权所获得的利益。
③ 参见《职务发明条例（送审稿）》第 40 条第 2 款：发明人与单位就职务发明的报酬产生争议的，单位对其自行实施、转让或者许可他人实施该职务发明获得的经济效益，负有举证责任。
④ 参见（2016）云民终 316 号民事判决书。

五　抽象职务发明奖酬请求权与诉讼时效

职务发明奖酬纠纷处理及发明人奖酬利益的实现必须符合诉讼时效的要求。因欠缺明确的法律认定标准，司法实践中对职务发明奖酬纠纷的诉讼时效认定存在着诸多不同模式：在专利权有效期内均有权请求支付奖酬[1]、分别就奖励和报酬确定不同的诉讼时效[2]、起诉之日起向前推算两年[3]、分别从专利实施的每一年度末日起算[4]，以及直接适用劳动报酬的诉讼时效等[5]。上述模式对发明人来说都存在专利被放弃、"奖励"与"报酬"混同支付、专利收益的市场周期波动、诉讼负担过重等问题，导致发明人奖酬利益难以实现。

"职务发明奖酬纠纷的诉讼时效直接影响着发明人奖酬利益的实现，区分被侵害日与奖酬给付关系确定之日，以发明人与单位的约定或单位内部规定为依据，合理地确定职务发明奖酬。"[6] 由于技术人员属于企业职工，其在职期间无法有效主张职务发明奖酬的权益，因此企业可能利用劳动合同谈判和执行方面的优势而损害技术人员权益。纠纷无法得到有效解决，既可能造成技术人员不能充分为企业获得或

---

[1]　参见（2014）二中民初字第05591号民事判决书。
[2]　参见（2012）云高民三终字第59号民事判决书。
[3]　参见（2004）鄂民三终字第10号民事判决书。
[4]　参见（2004）鄂民三终字第10号民事判决书。
[5]　参见（2013）渝高法民终字第00029号民事判决书。司法实务中也都承认奖酬是劳动报酬的一种形式，其纠纷可以适用劳动争议仲裁法的有关规定，但是仲裁不会引起诉讼时效的重新计算即已过的诉讼时效不再恢复，当事人也不能以在仲裁中才知道权利受侵害为由抗辩，奖酬的支付依然适用《专利法实施细则》等相关法律的规定。
[6]　转引自王凌红《职务发明奖酬纠纷的诉讼时效》，《知识产权》2015年第5期。

者维护专利权做出贡献,也有可能使得职工在离职之后不能及时开展新的研发活动。

具体请求权的诉讼时效较为容易确定,应当从债权明确之日起计算。对于抽象请求权而言,在诉讼时效上则应当最大限度地实现对发明人权益的保障,尤其要考虑到发明人作为单位职工受制于对单位的忠诚义务和一般薪酬的保障需求。在德国专利法实践中,更多的情况是发明人离职以后向原单位请求获得职务发明报酬。① 原则上,应当参照《劳动争议调解仲裁法》来规定抽象请求权的诉讼时效。② 该法对于离职以后的职务发明奖酬主张时效进行了规定,保证了技术人员离职以后的仍然可以主张的相应的权利。但是,对于在职期间出现纠纷希望能够及时解决的技术人员而言,同样是这部法律规定的劳动争议调解组织企业劳动争议调解委员会在企业当中却尚未有效建立,阻碍了职务发明奖酬纠纷及时得到化解。劳动关系存续期间因拖欠职务发明报酬发生争议的,发明人不受时效期间的限制;劳动关系终止的,应当自劳动关系终止之日起一定期限内提出。③ 在具体的适用方面又因为纯抽象与半抽象的职务发明奖酬请求权而有所不同。

在纯抽象职务发明奖酬请求权情形下,若劳动关系存续,只要发明人未提起诉讼可视为奖酬诉讼时效没有开始起算。为最大限度地保护发明人的奖酬权利,可以从发明人与单位劳动合同终止之日起开始计算诉讼时效期间。无论发明人的奖酬是约定"混同"支付还是没有

---

① Robert P. Merges, "The Law and Economics of Employee Invention", *Harvard Journal of Law & Technology*, Vol. 13, No. 1, 1999: 1-54.
② 该法第27条第4款规定:劳动关系存续期间因拖欠劳动报酬发生争议的,劳动者申请仲裁不受本条第一款规定的仲裁时效期间的限制;但是,劳动关系终止的,应当自劳动关系终止之日起一年内提出。
③ 根据2017年3月通过的《民法总则》,普通诉讼时效期间改为三年,将适用于职务发明奖酬纠纷。

约定，抑或存在单位职务发明奖酬内部规定缺失及单位法人资格的消灭等情形，都应赋予发明人最大的时效利益。

半抽象职务发明奖酬请求权情形下，考虑到发明人在签订劳动合同时已意识到奖酬事项，为平衡单位和发明人的利益，可以从劳动合同关系终止之日起开始计算一年的诉讼时效期间。如此，既可以督促发明人及时行使权利，也减轻单位的时效负担。若发明人与单位就奖酬的要素有原则性的约定，法院在审理奖酬纠纷时可以直接适用其约定。此外，由于发明人也注意到了奖酬权益，为了惩戒权利行使方面的懒惰者，可以适当缩短诉讼时效保护期间。

抽象职务发明奖酬请求权将最大的诉讼时效利益赋予处于弱势地位的发明人，以发明人与单位的劳动关系终止为起点。由此可以尊重当事人的事先意思自治，既保障私权的自由行使，又规范公权力对私权的约束与限制，真正实现分配正义下的发明人奖酬利益。

第二篇　原则篇

第四章　职务发明奖酬合理性原则

一　职务发明奖酬合理性原则的内涵与缘由

职务发明制度旨在协调单位与发明人之间的利益、寻求发明人的创造力与单位财力之间的最优结合方案,其核心就体现在职务发明奖酬等利益分配机制中。[①] 通过建立完善的奖酬制度,能够促使单位提升研发能力,激发发明人的科研热情,进而推动技术的发展。

如第一章所述,合理性原则与约定优先原则、最低保障原则一道成为我国职务发明奖酬法律制度的主要原则。[②] 我国《专利法》第16条要求单位给予发明人"合理报酬",是合理性原则的立法体现。但是,对该原则的内涵和适用方式存在较大分歧,在判别合理报酬时对程序性因素与实体性因素经常混同使用,其与约定优先原则、最低保

[①] 俞风雷:《日本职务发明的贡献度问题研究》,《知识产权》2015年第6期。
[②] 《专利法实施细则》第76条对当事人约定及单位规章制度中有关奖酬内容效力的肯定即是约定优先原则的体现,第77条、第78条对于法定奖酬比例采用"不少于""不低于"等用语体现了最低保障原则的要求。

障原则的关系也不明确,有待司法厘清。根据 2015 年修改并于 2016 年 4 月实施的日本新《特许法》,单位(使用者)在取得专利权或独占实施权时,有义务向发明人(从业者)支付"合理利益"。我国有必要借鉴日本专利法的有关规定,对职务发明奖酬的合理性原则予以完善。

(一)合理性原则的内涵

职务发明的完成和运用不仅需要单位配备物质技术条件,更需要发明人投入创造性的智力劳动。根据日本专利法理论,其《特许法》中所建立的各项制度不仅要激发个人的发明欲望,也应该对投资支持发明创造的发明人所属组织以某种激励。[1] 在职务发明奖酬的问题上,如果仅由单位和发明人依照"意思自治"原则来确定,那么因力量对比关系的影响(例如谈判地位不平衡等原因),很有可能造成单位获利而发明人不利的局面,会影响到发明人的积极性。

合理性原则的主要含义是:单位在获得职务发明专利权及将其实施以后,应当向发明人支付合理的利益。所谓合理的利益,是指单位根据合同约定、规章制度及其他规定,或者基于法院的裁定,向发明人所给予的合理的金钱或其他经济上的利益或报酬。根据日本新《特许法》,申请专利的权利归属于单位时,发明人拥有领取合理的金钱或其他经济上的利益之权利。[2] 该原则的主要目标是为了判别当事人

---

[1] [日]田村善之:《日本知识产权法》,周超、李雨峰等译,张玉敏审校,知识产权出版社 2011 年版,第 325 页。

[2] 日本《特许法》第 35 条第 4 款规定:根据合同、劳务规则及其他规定,单位取得专利申请权,发明者让单位继承专利权,或者为单位设立独占实施权时,或者根据合同、劳务规则及其他规定,针对职务发明为了单位设立临时独占实施权且根据该法第 34 条之第 2 款的规定被认为已设立独占实施权时,发明者拥有获得相当的金钱或其他经济利益(后项以及第 7 款称之为"合理利益")的权利。

之间约定的奖酬是否合理，以及为法院裁定合理奖酬提供法律指引。

在2015年修法之前，日本《特许法》关于职务发明奖酬只规定了发明人在将申请专利的权利转移给单位时，可以请求合理的报酬，但并未明确指出报酬应当在何种程度上、以何种形式给予发明人。为了谋求两者利益分配的均衡，日本新《特许法》对职务发明奖酬制度中的"合理利益"做了明确规定，以体现合理性原则。

首先，"合理利益"是对发明人不再享有专有权利的经济补偿。在日本专利法上，发明人所获得的"合理利益"是基于完成职务发明所得到的，而不是根据自己的本职工作所获得的。也就是说，发明人基于普通工作只能得到与之相对应的劳动报酬，只有基于职务所产生的发明专利才能获得除劳动报酬之外的"合理利益"。日本《特许法》在允许职务发明人取得该发明专利的同时，赋予单位对于该专利的普通实施权。[①] 因此，单位所支付的补偿数额应当是获得专有实施权减去仅有普通实施权所产生的经济利益的差额。

其次，"合理利益"不包括精神性奖励。根据日本经济产业省2015年出台的《职务发明制度重新评估报告》（以下简称《重新评估报告》），单位给予发明人的合理利益只能涉及经济上的利益。[②] 仅表明名誉而不能被认定为有经济价值的奖励不属于经济上的利益，例如表彰、荣誉证书等。由此，可以避免单位对于职务发明仅注重精神上的奖励而不给予物质奖励的投机行为，减少了发明人与单位基于职务

---

① 日本《特许法》第35条第1款规定：发明者、法人职员、国家公务员或地方公务员因性质上属于该单位的业务范围内，并且，该实现发明的行为系发明者基于现在或过去的职务而完成的发明获取专利时，或者职务发明中继承专利申请权的人取得该发明专利时，企业、法人、国家和地方公共团体对于该专利拥有普通实施权。

② 日本特许厅：《平成27年法律改正（平成27年法律第55号）解说书》的第1章《职务发明制度重新评估报告》（https://www.jpo.go.jp/shiryou/hourei/kakokai/pdf/tokkyo_kaisei27_55/01.pdf）。

发明奖酬问题产生争议的可能性。

再次,"合理利益"具有多样化的表现形式。日本新《特许法》赋予了发明人在职务发明奖酬形式上的多样性和在利益范围上的确定性,进一步保护了发明人的经济权利。与之前日本的职务发明奖酬制度相比较而言,发明人的权益得到了更为明确的保护,他们可以获得合理的金钱报酬及金钱以外的经济利益。为此,在新《特许法》第35条第4款中,将所谓"合理的报酬"用语改为"合理的金钱和其他经济上的利益"。根据《重新评估报告》,金钱以外的经济利益包括给予发明人股票期权或者出国留学的机会等。因此,当单位将普通薪酬和职务发明奖酬相混淆时,发明人可以要求单位提供除了金钱以外的其他经济利益。

(二) 合理性原则的立法缘由

1. 合理性原则与职务发明归属制度的关联

在日本专利法上,企业为取得专利权而给予发明人的合理补偿,应当同其在未给予特别补偿时所能获得的实施该技术的权利范围相联系。我国现行专利法中,对主要利用单位物质技术条件完成的发明创造可由当事人约定归属。如前所述,《专利法》第四次修改草案的重大变化之一,是将此类发明由默认归属于单位转变为归属于发明人。在此情况下,势必会导致单位获得专利权时应当支付给发明人的奖酬基础及具体数额发生显著变化。因此,法律对职务发明权属的规定必然会影响到当事人在奖酬方面的谈判地位及利益分配比例。

日本专利法职务发明归属制度的历史演变及其与奖酬规则的关联也体现了这一特点。从1871年(明治四年)日本颁布《专卖简则》开创专利制度先河开始,到如今经过100多年的发展,日本职务发明权属制度历经了雇主优先原则、发明人优先原则①和以发明人优先为主的折衷原则。② 在权属制度变迁的同时，涉及职务发明奖酬的规则从原先的"合理补偿金"逐步过渡到"相当对价"③，并于2015年《特许法》重新规定为"合理利益"。如此，职务发明奖酬的法律定位与权属制度具有密切关系，直接关系到对"合理利益"进行解释的方式。

2. 合理性原则的现实依据

首先，应当体现发明人及单位贡献。对于合理利益的保障优先体现了对发明人贡献的肯定。日本新《特许法》规定，不论所涉及的职务发明专利归属于单位还是归属于发明人后让单位继承权利，发明人都有获得合理报酬的权利。发明人认为依靠自己的智力创造所取得的职务发明专利理应归其所有，至少应当获得充分的经济补偿。与此同时，单位认为其向职务发明人支付了工资，并为其研发提供了各种资金、设备、人员保障，职务发明专利应归企业所有。因此，对单位在完成职务发明中承担的风险和所做的贡献也应当得到体现，否则不利于激励单位投入更多资源从事风险较高的技术研究和开发。

---

① 日本1909年首次在专利法中增加了有关职务发明制度的相关规定，认为由于雇主从雇员手中接受发明转让时，雇主与员工间的纠纷屡有发生，故将职务发明专利权利归属于雇主。参见日本国会会议记录（贵族院第25届明治四十二年3月22日）中松盛雄政府委员的答辩。日本大正十年（1921年）专利法将职务发明的原始权利归属于发明人。参见三宅发士郎《改正法的发明设计保护》，日本《发明》1921年第18卷第8号，第17页。转引自俞风雷《日本职务发明的贡献度问题研究》，《知识产权》2015年第6期。

② 2015年日本《特许法》第35条第1款及第3款，规定发明人原始取得职务发明专利权，但是可以基于合同约定将其由单位继受取得。其中，第35条第3款规定，关于发明者等完成的职务发明，根据合同、劳务规则及其他规定，事先让单位取得申请专利的权利时，该申请专利的权利从发生时开始归属于该单位。

③ 日本大正十年（1921年）的专利法规定职务发明奖酬应当是"合理的补偿金"。1959年，日本《特许法》追加了对于企业在职务发明中的贡献程度进行评价的内容，将职务发明奖酬的表述改为"相当的对价"。2004年及2008年《特许法》修改总体而言延续了依照"相当的对价"来确定合理的报酬（http://www.jpo.go.jp/torikumi/kaisei/kaisei2/pdf/tokkyohoutou_ kaiei_ 200201/04taishyou.pdf）。

其次，平衡双方谈判地位存在的差别。根据《重新评估报告》，在职务发明专利权利的继承方面，发明人与单位的综合实力相比较为弱小，容易处于不利的境况。有鉴于此，为了保护发明人，协调两者之间失衡的利益关系，建立一种长期有效的职务发明激励机制，日本在《特许法》中规定发明人有取得合理职务发明奖酬的权利，并在立法上给予其明确保护。法院在适用合理性原则时，应当着重于恢复当事人之间谈判地位的平等性，并避免直接介入实体性标准的认定。

再次，提高发明人报酬的可预见性。近年来，随着产品多数得到专利化，从事研究的发明人数增加以及专利实施形态的多样化，2005年日本《特许法》修正时又增加了专利对产品利润的贡献度和发明人对专利的贡献度因素，致使"合理利益"的计算在事实上也变得困难。确定"合理利益"额度的法律规范存在模糊性，导致法官在进行审判时拥有极大的自由裁量权。将"合理利益"进行立法规定，并在法律上引入计算"合理利益"的标准，既为法官行使自由裁量权提供了依据，也限制了法官对其进行解释的范围。由此，可以提高法律适用的可预见性，减少单位与发明人之间关于奖酬的争议纠纷。

二 职务发明奖酬合理性原则的法律适用

（一）适用合理性原则的两种情形

对于单位和发明人之间关于职务发明奖酬给付的合理性问题，涉及两种情形。其一，对双方约定的奖酬标准及数额是否符合合理性原

第四章　职务发明奖酬合理性原则

则予以判断；其二，在缺乏约定或者约定不合理时，对发明人能够获取的合理奖酬数额进行裁决。这两种情况分别属于日本新《特许法》中第35条第5款的事后审查和第7款的事前认定。① 两者具有不同的法律属性。

一是在适用的前提条件方面存在差异。事后审查主要针对单位和发明人之间已就有关职务发明奖酬问题订立协议（包括合同及规章制度等）的情况，而事前认定则是在单位和发明人没有就合理利益进行约定，或者法院认为双方约定的奖酬不合理时加以适用。此外，两者之间存在适用的优先次序问题。考虑到对当事人之间的协议给予充分尊重，事后审查规则要优先于事前认定加以适用，以便尽可能维护当事人协议的法律效力，防止法院过多介入实质性奖酬标准的认定。在日本蓝光二极管案中，日本高等法院曾否定了后者制订的奖励计划，并直接在实体上对报酬数额进行了认定，等于否认了单位有关规章制度的效力，并为业界所诟病。② 这实际上是对约定优先原则的肯定，但同时不能排除依据合理性原则进行有限程度的司法介入。

二是在审查侧重点方面有所区分。事后审查偏重于程序性控制，主要包括单位和发明人之间进行协商的状况、所制定奖酬基准的公开状况、单位决定合理奖酬利益内容时听取发明人意见的状况，从而认

---

① 日本《特许法》第35条第5款规定：根据合同、劳务规则及其他规定决定合理的利益，制定合理利益的标准时，必须考虑到单位和发明者之间的协议状况、所制定标准的公开状况、决定合理利益内容时听取发明者意见的状况，则所决定的合理利益不能被认为不合理。该条第7款规定：未对合理利益予以规定，或者根据规定所赋予的合理利益依照第5款规定而被认定为不合理时，该条第4款规定的合理利益的内容应当通过考虑单位利用该发明取得的收益，单位与该发明相关的负担、贡献以及发明者获得的待遇以及其他事项而决定之。

② Jean E. Healy, "The Application of Japanese Article 35 regarding Reasonable Compensation for Patents by Employed Inventors in Syuji Nakamura v. Nichia Corporation", *Pace International Law Review*, Vol. 17, No. 2, 2005: 387-412.

定双方约定的利益是否合理。在这种情况下，法院对于"合理利益"的实体标准不应过多介入，否则会限制当事人制订协议时的意思自治，使当事人协商谈判的积极性受到损害。日本新《特许法》确定的原则是当决定"合理利益"标准的程序合理时排除法院实体性的最终裁定权，因此法官首先要审查该"合理利益"标准的制定是否符合程序要求。若符合，则法官应当认定该奖酬利益是合理的，并依据该标准进行判决。只有当该奖酬标准的制定不符合程序性要求时，才由法院行使最终裁定权决定报酬的数额。与此相对应，法院对"合理利益"的事前认定主要是实体性审查，考虑单位通过该发明取得的利益金额、单位与该发明相关的负担、贡献和发明人的待遇以及其他事项对于奖酬的具体数额进行认定。

与此相比，日本旧《特许法》第35条第4款规定：在确定给予发明人的"合理利益"具体数额时，要考虑单位从该发明中取得的利益额及单位对该发明之贡献程度。该规定主要存在两点问题：首先，直接允许法院从实体上介入奖酬数额的认定，将诱发其对当事人协商谈判努力的不尊重，导致双方为确定奖酬而已经付出的交易成本得不到有效承认，增加了谈判过程及预期效果的不确定性。其次，如果发明人不满意单位支付的"合理利益"，希望在程序上获得救济是较为困难的。[1] 考虑到发明人通常是作为原告出现，要求其提供证据证明自身贡献度的难度较大。他取得报酬的数额往往是由单位单方面决定的，并不能确信其发明价值得到了适当评估。确定职务发明奖酬是十分复杂而困难的，如果将决定权完全交给单位一方，发明人权益就很难得到保障。因此，此次日本《特许法》修订首先从程序上对"合理

---

[1] 武彦、李建军：《日本职务发明利益补偿机制的创新理念和保障机制》，《自然辩证法通讯》2009年第2期。

利益"做出规范，为发明人的权益保护提供了程序上的标准。

（二）合理性原则的事后审查

在单位和发明人对基于职务发明所给予的奖酬事先进行了约定的情况下，法院应当充分尊重两者之间的意思自治，对于奖酬合理性的认定应当侧重程序性审查。这种"合理利益"必须是根据当事人之间的合同或者规章制度来确定的。并且，在最终确定利益数额时，应当充分考虑到单位和发明人之间进行协商的状况、所制订的奖酬利益基准的公开状况。除此之外，单位在决定奖酬内容及数额时应当充分听取发明人的意见。

首先，单位应当根据与发明人签订的合同、制定的规章制度及其他规定，并考虑发明人的工作职位、工作时间、利用单位物质技术条件的状况来确定"合理利益"。根据《重新评估报告》，"合同"指的是单位与发明人签订的关于在劳动报酬以外给予职务发明奖酬的合同，"劳务规则"则是单位自己制定的适用于工作单位内部的有关职务发明奖酬的规章制度，"其他规定"则包含了日本特许厅所发布的职务发明奖酬案例汇编、同一行业中给予职务发明奖酬的惯例等。当事人在约定职务发明奖酬标准时，应当参考上述几种规范性文件。在决定具体奖酬数额时，一方面要求单位以发明人所处职位以及在职位上的工作表现水平作为给予职务发明奖酬的参考因素，工作表现主要看发明人的工作时间以及对于单位的贡献程度；另一方面则要参考发明人利用单位各种条件（例如技术设备、图书材料），以及其他工作人员给予发明人的物质和精神上的支持等因素。一般来说，发明人的职位越低、工作表现越好、所利用单位条件越少，则能够获得的职务发明奖酬应当越高。

其次，单位应当与发明人进行充分而平等的协商。在认定利益额度时，不能仅由单位一方决定利益的数额，必须在经过双方协商、兼顾双方主张的前提下确定"合理利益"。根据《重新评估报告》，"所制定的基准的公开状况"是指单位和发明人关于"合理利益"的标准应当向发明人或者利害相关人进行公开。例如通过召开座谈会、信息交流会等形式，公开的内容不仅包括制定基准时的程序细节，而且要包含双方协定的实质性内容。"决定合理利益内容时听取从业者意见的状况"是指在对双方协定进行公开的情况下，发明人或者其他工作人员对于协定内容存在争议的，可以向单位提出自己的意见。单位对于发明人的意见应当进行充分考量，接受他们合理的要求。鉴于单位和发明人力量对比失衡，发明人往往处于不利境况，《重新评估报告》要求单位积极主动地与发明人进行协商，并将约定的协议进行公示、公开。同时，单位要广开言路，通过多种渠道获取发明人的意见和建议。

再次，单位应当充分借鉴符合合理性要求的示范程序。鉴于发明人与单位可能在制定职务发明奖酬协议时经验不足，他们可以参考同一行业中的相似发明来约定本单位所给予发明人的奖酬。此外，2004年日本《职务发明程序案例分析》也要求日本特许厅通过设立专家小组，对已经存在于大学、工厂或事业单位的被认为合理的职务发明奖酬案例的程序性要件进行考察，收集整理这些单位与发明人之间协商成功的案例，并在听取发明人和相关利害人意见的基础上，出台可供借鉴的案例汇编。[①] 但是此类案例汇编并不具有法律约束力，当先前

[①] 参见 Japan Patent Office, The Case Studies of the Procedures under the New Employee Invention System, November 2004 (http://www.jpo.go.jp/shiryou_e/s_sonota_e/pdf/case_studies.pdf)。

案例与现实不符或者出现了新的争议问题时,旧的案例将会被新案例所取代。当然,案例汇编只是为单位与发明人提供程序上的借鉴,对于两者约定协议的效力还要根据有关法律规范来加以认定。

(三) 合理性原则的事前裁定

此处的事前裁定所指的"事前"情形应当从广义上理解,包括单位和发明人对于奖酬利益没有约定,以及约定不合理而被视为无效等。此时,法院有必要对该"合理利益"进行实体性认定。法院在确定"合理利益"时,应当考虑单位通过该发明取得的利益额,单位与该发明相关的负担、贡献,发明人的待遇,以及其他事项。在约定缺失的情况下,法律赋予了法院最终裁决权。在日本"奥林巴斯补偿金纠纷上诉案"的判决中,法院明确指出:"当企业内部规章制度确定的职务发明报酬的数额低于按照专利法的规定所确定的'合理利益'的数额时,从业者有权要求单位支付不足的部分。"[1] 按照上述计算方法,日本法院判决的职务发明"合理利益"额度往往远高于当事人之间约定的奖酬数额,典型案例有奥林巴斯(OLYMPUS)光学工业案(平成十三年(受)第 1256 号)、日立制作所案(平成十年(ワ)第 16832 号、平成十二年(ワ)第 5572 号)、蓝光二极管职务发明案(平成十三年(ワ)第 177772 号),这三个案件最终都以职务发明者获得巨额补偿金而结案。[2] 综合以上日本判例可见,法院应对单位和发明人的协定是否适当进行考察,如果该奖酬利益未达到合理额度,发明人可以就不足部分向单位提出补偿。在认定合理奖酬时,法院应

---

[1] 日本最高法院第三小法庭:"奥林巴斯补偿金纠纷上诉案"的判决(http://www.courts.go.jp/search/jhsp0010)。

[2] 钱孟姗:《日本〈特许法〉职务发明规定的讨论与修改》,《知识产权》2004 年第 5 期。

当考虑以下因素。

一是单位通过该职务发明所取得的利益。一般而言，单位通过许可他人实施所获取的许可使用费便是通过该发明取得的利益额。根据日本《特许法》，单位即使未取得专利权也能够自行实施，该法第35条第7款中"使用者通过该发明取得的利益额"并非其自行实施专利技术所获得利益，而应当是取得了排除他人实施之地位时能够得到的利益。具体而言，与单位直接制造、销售发明产品所获得的利益相比，其许可他人实施该专利所获得的许可使用费才是值得法院参考的因素。[①]

二是单位与该发明相关的负担及贡献。在日本旧《特许法》中，认定"相当的对价"时，就应该考虑企业因研发而投入的资金等因素，使其能获取所应得的利润。[②] 目前，在斟酌"使用者与该发明相关的负担、贡献"问题时，应该充分考虑到单位对于发明人所提供的各种保障条件。否则，就会背离《特许法》第35条为促使单位积极地投资发明而允许其当然拥有发明实施权之规则的立法宗旨。单位应支付的补偿额会根据实际情况的不同而存在很大差异。例如，在"东京PC案件"中，法院斟酌了单位在发明人完成发明过程中所提供的研究费，以及发明人对单位所提供的研究设备、原材料进行了最大限度的充分利用等因素，认定"合理利益"为许可实施费用的5%。[③] 在需要较高研发费用的高技术领域，进行利益分配时单位在提供物质技术条件方面的贡献更应得到充分体现。

三是发明人贡献度及已从单位获得的待遇。单位对于发明人所提

[①] ［日］田村善之：《日本知识产权法》，周超、李雨峰等译，张玉敏审校，知识产权出版社2011年版，第330页。

[②] 同上。

[③] 同上书，第332页。

供的报酬等待遇应当在认定额外奖酬时予以适当扣减。在日本蓝光二极管案中,一审法院认定的"合理利益"额度为600亿日元。法院认为,该案的发明人遭遇单位经理的反对,因此其从单位获得的待遇较少,但是仍然持续独立研究并取得产业界所期待的世界性发明,根据其贡献应该获得单位取得专利权后取得的实施费的50%。发明人的贡献度可能由于其在交付发明中的过错行为而进行克减。在该案二审中,单位向发明人就迟延交付其他关联发明提出了约8亿日元的损害赔偿请求。[1] 法院认为"使用者的贡献程度"高达95%。[2] 此外,企业在实施发明中具有的规模效应会稀释发明人发挥的贡献程度。田村善之教授认为,随着单位所获利益的提高,追加发明人报酬的金额可能会使企业资产降低,因而法院会减少发明人的利益分配比例。[3] 由此,发明人贡献度会与单位贡献度产生此消彼长的关系,前者获得较高薪酬待遇会降低其取得额外奖酬的合理性。

三 我国职务发明奖酬合理性原则的完善

著名的法律经济学家理查德·A. 波斯纳指出:"从最近的法律经济学研究中获得的一个重要发现是,法本身——它的规范、程序和制度——极大地注重于促进经济效益。"[4] 因此,协调好发明人和工作单

---

[1] 东京高等裁判所2005年和解劝告案,第1879号第141页。
[2] [日]田村善之:《日本知识产权法》,周超、李雨峰等译,张玉敏审校,知识产权出版社2011年版,第332页。
[3] 同上。
[4] [美]理查德·A. 波斯纳:《法律的经济分析》,蒋兆康、林毅夫译,中国大百科全书出版社1997年版,第31页。

位之间在职务发明方面的利益关系,有助于激发两者投入发明创造的积极性,进而推动技术的发展并提高国家知识产权软实力。鉴于此,在借鉴日本此次修改《特许法》的基础之上,建议对我国职务发明奖酬制度的合理性原则进行完善。

(一) 进一步明确"合理利益"要求

一方面,我国《专利法》第 16 条规定虽然涉及了"合理性"原则,但是仅适用于报酬而不延及奖励。此外,对于适用该原则的程序性要求和实体性标准常发生混同,所以法院即使试图介入也无优先次序依据可以遵循。在 3M 公司案中,法院实质性地突破了法律规则,裁定当事人约定不合理。① 但对于合理性原则的适用方式缺乏约束和指引,可能导致自由裁量权被滥用的风险。

另一方面,由于缺乏较为宏观的"利益"规定,会产生两方面的问题。一是法律仅规定给予"奖励"和"报酬",工作单位容易将劳动报酬和职务发明报酬混为一谈,往往造成其将两种不同性质的报酬一次性同时给予发明人,使发明人实际获得的职务发明奖酬很少,与他们的发明创造付出不相称。二是导致法院在司法实践中通常只认可金钱利益,而不承认其他经济性利益。这样固然可以排除荣誉等非经济性利益混入奖酬,但是也导致奖酬形式受到不应有的局限。

为此,首先有必要在专利法中对职务发明奖酬支付明确规定"合理利益"要求。应当借鉴日本《特许法》第 35 条第 4 款,明确规定发明人基于职务发明有权获得合理的金钱及其他经济上的利益。合理利益不仅包括金钱给付,还应当包含给予股票期权、留学机会等其他

---

① 徐卓斌:《3M 公司职务发明报酬纠纷案评析》,《科技与法律》2015 年第 4 期。

第四章　职务发明奖酬合理性原则

经济上的利益,以此对发明人的职务发明利益进行保护。

其次,应当区分对当事人约定合理性的事后审查以及对合理利益的事前司法认定。对于前者而言,应主要进行程序性审查,只要当事人达成约定的程序符合要求,便能认可其约定效力;对于后者而言,则应当在实体上明确影响合理利益数额的因素,使法院能够较为恰当地查明并认定奖酬金额。

(二) 当事人约定奖酬的合理性审查

我国现行法律中缺少对单位与发明人就职务发明奖酬进行约定的详细规定。《专利法实施细则》固然体现了约定优先原则,但是未加以适当限制,导致可能会被单位滥用。《条例送审稿》第6条、第18条对于单位制定奖酬规章制度的程序做出规定,而第19条对于单位认定具体奖酬数额的程序做出要求。① 但是,由于其在立法体例和内容细化方面的缺失,既有可能致使合理性原则被约定优先原则架空,也有可能导致法官审查约定内容时无章可循。因此,应当做以下三个方面的制度改进。

首先,完善合理性原则的立法体例。尽管《合同法》和《劳动合同法》对职务技术成果的归属和劳动报酬等有规定,但是与目前的《条例送审稿》内容并不相同。《条例送审稿》中对于约定方式以及报酬性质均体现了特别性,该规范也属于特别法,但是在法律效力层

---

① 《条例送审稿》第6条:国家鼓励企事业单位建立职务发明的知识产权管理制度,设立专门机构或者指定专门人员负责知识产权管理工作,或者委托专业机构代为管理知识产权事务。从事研究开发的企事业单位应当建立发明报告制度或者与发明人进行约定,明确发明完成后单位和发明人之间的权利、义务和责任,及时确定发明的权益归属。从事研究开发的企事业单位应当建立职务发明的奖励报酬制度或者与发明人约定奖励和报酬。单位在建立前述制度时,应当充分听取和吸纳相关人员的意见和建议,并将发明报告制度和奖励报酬制度向研发人员和其他有关人员公开。

级上不及以上两部法律。① 因此，应当在立法层面上对职务发明奖酬中的合理性原则更为重视，提高立法层次，比如上升到《专利法》当中。如此，可以使得法院在适用有关法律法规时，只需遵循特殊法优于一般法的原则即可，而不必受限于立法层级因素。

其次，侧重从程序性上审查约定奖酬。有必要保持司法的谦抑性，尽可能排除《条例送审稿》第22条关于实体性奖酬标准对约定奖酬审查的影响。不宜否定当事人对奖酬标准及数额的约定，节约双方就奖酬数额谈判所付出的交易成本，激励其协商谈判的积极性。考虑到《专利法实施细则》引入了体现意思自治的"约定"模式，法院应依据单位和发明人之间的意思自治认定职务发明奖酬，只对奖酬约定的程序性要件进行审查，有限制地行使自由裁量权。否则，法院过多介入具体数额的认定将增加司法成本，尤其是当事人的证明成本，同时也凸显了法律真实与客观真实之间的差距，不利于树立司法权威。

再次，明确约定奖酬合理性审查的程序性标准。在《专利法》中，不仅应原则性地规定合理利益的要求，而且要将适用合理性原则的程序性标准也加以澄清，或者至少归纳到《专利法实施细则》之中，从而防止法律规范之间的冲突。应当细化判定约定奖酬合理性所参考的程序性因素，包括听取和吸纳相关人员的意见和建议，将规章制度向相关人员进行公开和阐释，例如采取召开发明人座谈会、利害相关人听证会以及成立专家小组等形式对奖酬标准进行协商和制订。在前述3M公司案中，由于单位在涉案发明人入职之前就已制订相应的奖酬方案，可能会由于该发明人的参与程度不足而导致效力较弱。

---

① 唐素琴、岳琳：《对〈职务发明条例（草案）〉相关疑问的思考》，《电子知识产权》2013年第Z1期。

（三）合理奖酬数额的司法裁定

在当事人对职务发明奖酬没有约定或约定被认为不合理时，应赋予法院最终裁定权，并建立奖酬纠纷的司法最终救济机制。此时，法院必须从实体上对职务发明奖酬数额进行认定。应当采取以下三个方面的制度完善措施。

首先，不应当将法定最低标准作为合理性标准。否则，可能会不合理地忽视了不同产业和不同发明之间在发明人贡献方面的差异。上海市高级人民法院2013年发布的《职务发明创造发明人或设计人奖励、报酬纠纷审理指引》（以下简称上海市《审理指引》）认为，"法定的最低标准是职务发明创造所在单位必须履行的义务，但在法定最低标准以上支付奖励或者报酬，则不是法定的义务"，使得当地法院在当事人无约定时裁定的"合理"奖酬标准很难高于法定最低标准。然而，这与立法原意可能存在较大差距。我们认为不应将体现最低保障标准的法定奖酬数额作为合理性原则适用的一般依据，而应当根据个案情况加以裁量。

其次，不应过度提高法定奖酬比例。目前，在维护发明人利益的名义下，立法中存在法定奖酬数额不断攀升的趋势，严重压缩了单位的合理利润，导致谈判地位向相反方向倾斜。典型的例证是，2015年修改的《促进科技成果转化法》将职务成果转让许可收益中向完成人的法定分配比例提高到50%，远高于修改前的20%和《专利法实施细则》的10%；自行实施的法定收益分配比例虽然保持在5%，也大幅高于该《细则》的2%或者0.2%。如此，并未将单位在技术研发及商业化中做出的贡献及遭受的损失和风险考虑在内，不利于民营企业等主体从事高风险的研发活动，也不符合合理性原则的要求。我们认为应当将该规定适用范围限制在国有企业及高等院校，方不至于产生负面效果。

再次，明确认定合理奖酬数额的影响因素。目前，现行法律对于影响奖酬数额的因素并无明确规定，导致法官撰写判决书时刻意回避影响因素问题，避免因擅用标准而被上级法院认定为适用法律错误。因此，法律有必要对此予以明确。《条例送审稿》第22条涉及认定报酬数额的影响因素，包括"每项职务发明对整个产品或者工艺经济效益的贡献"及"每位职务发明人对每项职务发明的贡献"。在此基础上，同样应当提高立法层级，即将法院对于职务发明奖酬纠纷的最终裁定权法律化。此外，应进一步细化法院裁定合理奖酬数额的标准。例如，增加单位对发明本身的贡献程度以及单位对发明人提供的待遇等参考因素；并且，对于贡献度制定一个分层次的计算标准，法院可以根据该标准对职务发明奖酬做出最终裁定。

值得注意的是，将约定不合理与无约定两种情况区别对待并无实质意义，因为在这两种情况下均由法院裁定奖酬标准。上海市《审理指引》认为"已经有了约定，就排除了法定标准的适用"，"应当依据案件的具体情况确定合理的奖酬"。事实上，约定不合理的情形通常是其标准远远低于法定标准。上述规定实际上是允许法院在法定标准之下裁定奖酬标准，不利于保护发明人的合法利益。因此，我国应当借鉴日本《特许法》第35条第7款规定，将约定不合理与无约定情况加以合并，同时允许法院在法定标准之上决定奖酬标准及数额。

总体而言，合理性原则的含义及要求是较为抽象的，难以事先制订非常明确的适用标准，但是不影响其成为职务发明奖酬认定的主要原则。全国人大于2017年3月15日通过的《民法总则》对于民事活动对于权利义务的"合理"分配也有原则性要求。① 在《专利法》职务发明奖酬制度中对合理性原则再次加以强调并非属于重复立法，也不是立法资源的浪费，而是彰显了该原则在其中的重要性。日益增长的职务发明不仅带来了专利技术水平和质量的提高，而且意味着更多的职务发明纠纷可能随之产生。在制度设计上必须具有相应的前瞻性，以便在职务发明奖酬领域平衡企业和技术人员的利益要求。日本新《特许法》中所规定的职务发明奖酬"合理利益"为我国职务发明奖酬制度提供了很好的借鉴。在法律适用时，既要考虑到企业对技术开发和实施活动的投资积极性，也要满足研发人员的合理薪酬需求，从而促进职务发明创造成果不断涌现。

---

① 参见《中华人民共和国民法总则》第6条规定，民事主体从事民事活动，应当遵循公平原则，合理确定各方的权利和义务。

第五章 职务发明奖酬约定优先原则

一 职务发明奖酬约定优先原则的发展演变

（一）约定优先原则在知识产权制度中的体现

约定优先原则是私法领域中的一项重要原则，是当事人意思自治原则的延伸，是指在当事人有约定的情况下，优先适用当事人的约定，在没有约定的情况下，则适用法律规定。约定优先原则贯穿于民事立法整个领域，例如《民法通则》中关于财产所有权的取得与转移的规定，《合同法》分则中关于租赁物的维修、租赁物收益的归属等方面的规定，《物权法》中在共有关系多个方面的规定，如共有性质

第五章 职务发明奖酬约定优先原则

的认定、共有财产的管理、共有财产的处分、管理费用的负担等。①在知识产权法领域，约定优先原则也多有涉及，如职务知识产品领域的约定优先原则，包括职务作品著作权归属的约定优先原则和职务技术成果专利权归属的约定优先原则。在职务作品的著作权归属中，从我国《著作权法》第 16 条第 2 款的语义中可推断出允许单位和职工在合同中约定著作权的归属，但却对约定的结果作了直接且唯一的规定，即作品署名权属于职工，其他权利属于单位。② 实际上，这样的约定方式并不属于约定优先原则。不少学者对此提出诸多质疑，建议将真正意义上的合同原则引入确定职务作品著作权归属的规则中。③在国家版权局公布的《著作权法（修改草案）》中，规定了职务作品著作权归属适用约定优先原则。④

与版权规则相一致的是，在我国职务发明专利权的归属中，1984 年的《专利法》直接规定职务发明的专利权归属于单位，1992 年修改《专利法》时仍保留这一规定。但囿于职务发明专利权归属单位的立法设计存在诸多缺陷，因此，2000 年修改《专利法》时，

---

① 参见《民法通则》第 72 条第 2 款：按照合同或者其他合法方式取得财产的，财产所有权从财产交付时起转移，法律另有规定或者当事人另有约定的除外。《合同法》第 220 条：出租人应当履行租赁物的维修义务，但当事人另有约定的除外。第 225 条：在租赁期间因占有、使用租赁物获得的收益，归承租人所有，但当事人另有约定的除外。《物权法》第 96 条：共有人按照约定管理共有的不动产或者动产；没有约定或者约定不明确的，各共有人都有管理的权利和义务。第 98 条：对共有物的管理费用以及其他负担，有约定的，按照约定；没有约定或者约定不明确的，按份共有人按照其份额负担，共同共有人共同负担。

② 参见《著作权法》第 16 条第 2 款：有下列情形之一的职务作品，作者享有署名权，著作权的其他权利由法人或者其他组织享有，法人或者其他组织可以给予作者奖励：（一）主要是利用法人或者其他组织的物质技术条件创作，并由法人或者其他组织承担责任的工程设计图、产品设计图、地图、计算机软件等职务作品；（二）法律、行政法规规定或者合同约定著作权由法人或者其他组织享有的职务作品。

③ 曹新明：《我国著作权归属模式的立法完善》，《法学》2011 年第 6 期。

④ 该草案第 18 条第 1 款规定："职工为完成工作任务所创作的作品为职务作品，其著作权归属由当事人约定。"

将约定优先原则确定为职务发明创造归属的重要规则。① 利用本单位物质技术条件所完成的发明创造,属于广义的职务发明创造,单位与发明人可以约定其权利归属。为了执行本单位任务所完成的发明创造,属于狭义的职务发明创造,仍然只能归单位所有。

(二) 约定优先原则在职务发明奖酬制度中的体现

我国职务发明奖酬制度约定优先原则经过了一个从无到有的发展演变过程。虽然2008年以前的《专利法》及其实施细则对职务发明的奖励、报酬作了较为明确的规定,但属于基于当时计划经济所设立的制度,在当前市场经济环境中难以发挥作用,尤其表现在关于职务发明奖励报酬的方式过于单一,数额和比例缺乏灵活性,不能与企事业单位的经营自主权有效融合。为此,从充分调动企业和发明人两方面的创新积极性出发,为合理平衡保护企业和发明人双方的真正权益,引导企业依法完善内部管理制度,应参考《专利法》第6条第3款有关广义职务发明专利权归属约定优先的规定,在职务发明奖酬制度中也引入约定优先原则。② 2010年修改的《专利法实施细则》首次规定了奖励报酬的约定优先原则,该规定为企事业单位通过给予发明人与设计人股权、期权、实物财产、提升职务或者增加工资等多种方式实施奖励和报酬制度提供了法律依据,减少了对企事业单位自主经营管理的限制,也使发明人、设计人获得的奖励和报酬不再单一地体现为货币形式。在《职务发明条例》立法中,对职务发明奖酬制度的约定优先原则加以重申并进一步完

---

① 王瑞龙:《知识产权共有的约定优先原则》,《政法论丛》2014年第5期。
② 国家知识产权局条法司:《〈专利法实施细则〉第三次修改导读》,知识产权出版2010年版,第89页。

善。与现行立法只简单规定可就支付奖酬的方式与数额进行约定不同的是,《条例送审稿》在此基础上,不仅拓宽了约定优先原则的内容,还对约定优先原则的适用范围做出了限定。具体而言,首先,《条例送审稿》中新增可以就支付奖励报酬的程序进行约定,体现了对单位与发明人之间民事关系的尊重,使双方的意思自治原则得到更为全面的贯彻;其次,为了防止单位变相剥夺或者限制发明人的权利,弥补发明人的弱势地位,对约定优先原则进行了一定限制,即当单位通过约定或规定剥夺发明人的署名权、获得奖励报酬的权利、知情权等基本权利时,该约定或规定无效。这一有关限制约定优先原则适用范围的条款虽历经多次修改并得到肯定,但仍有值得商榷之处。

英国专利法上,对于雇主和雇员所签订的集体合同(relevant collective agreement)中关于职务发明奖酬的条款是认定其有优先适用效力的,可以排除专利法相关条款而优先被法院加以适用。[1] 2002年英国娱乐有限公司(Entertainment UK Limited)专利案[2]认为专利局局长可以颁发初步裁决,使得当事人可以利用行政机关的专业性,及时通过调解和裁决化解纠纷。另外,为防止企业滥用劳动合同谈判的优势地位,对于英国专利法就雇佣合同中减损雇员应当享有的职务发明奖酬权利的条款是加以排除的,将不能得到法院的认可,从而防止职务发明奖酬领域的雇佣关系被优势一方所利用和扭曲。

---

[1] 根据1977年《英国专利法》第40条第3款,此处"集体合同"是指在完成职务发明时已经生效的雇员工会与雇主或者雇主团体所签订的劳动合同。

[2] "Entertainment UK Limited's Patent, Patent Office", *Reports of Patent, Design and Trade Mark Cases*, Vol. 119, No. 11, 2002: 291–296.

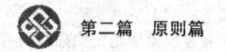

二 职务发明奖酬约定优先原则的具体内涵

职务发明奖酬制度约定优先原则建立在意思自治原则的基础之上，有必要从约定的形式上和内容上就职务发明奖酬约定优先原则的具体内涵进行阐释，为充分发挥约定优先原则的功能提供理性认知。如第四章所述，约定的奖酬是否有效，主要取决于该约定的奖酬是否合理。通常情况下，按照法定程序约定的奖酬均应当被认定为是合理的。职务发明奖酬的约定，应尊重企业经营自主权，尊重当事人意思自治，即使约定的奖酬数额较低，也不能认为约定的奖酬就不合理，除非约定的奖酬数额极低，显失公平。约定优先原则彰显了立法者对合同自由原则的追求，但自由仍需受到限制，限制的主要途径是对其合理性进行程序上和内容上的审查。相比于内容审查而言，程序性审查应当被置于更为优先的地位。

（一）约定的形式

对于职务发明奖酬约定事项而言，涉及以何种方式加以约定的问题。具体而言，职务发明创造奖酬标准可以通过两种形式予以约定：一是单位与发明人、设计人协商约定，包括约定于与劳动者签订的具体劳动合同或者是集体劳动合同之中；二是在单位内部依法制定的规章制度中规定。协商约定强调的是约定主体的一对一性，可以是发明创造完成前的一般性约定，如发明人受聘或受雇于单位时在与该单位签订的劳动合同或聘任合同中约定；也可以是发明创造完成后，根据该创造的完成过程、性质以及所产生的效果单独进行约定。这种约定方式主要强调的是双方当事人合意的达成，其中包括一方对另一方格式合同条款的认可。依法制定的规章制度中强调程序合法性，很多企业尤其是研发型企业一般均设立复杂的知识产权管理体系，包括机构设置、知识产权战略、发明人奖励制度等，并通过内部规章进行具体规定，内容涉及公司内部专利申请审查、授权后是否维持的审查、发明人奖励标准等，有关规章制度的制定应遵循一定的程序性要求。

值得注意的是，在职务发明奖酬约定的形式中，当劳动合同、集体劳动合同以及单位内部的规章制度三者可能出现重叠或矛盾时，选择适用何种约定形式是实践中经常出现且必须解决的问题。首先，从法律规定来看，《劳动合同法》第11条、第18条以及《最高人民法院关于审理劳动争议案件适用法律若干问题的解释（二）》第16条对此种情况下的适用顺序有着明确规定。[1] 在具体适用顺序上，依次先后适用劳动合同、集体劳动合同、单位的内部规章制度，并且三者之间是具体到一般的逻辑关系。究其原因，主要是因为劳动合同是单位与职工双方平等协商一致而成，单位与职工之间在劳动合同中的特殊约定优于单位内部的规章适用，这也符合特殊优于一般的法律适用原则。其次，从司法实务来看，单位在与职工签订具体劳动合同时，对

---

[1] 参见《劳动合同法》第11条：用人单位未在用工的同时订立书面劳动合同，与劳动者约定的劳动报酬不明确的，新招用的劳动者的劳动报酬按照集体合同规定的标准执行；没有集体合同或者集体合同未规定的，实行同工同酬。第18条：劳动合同对劳动报酬和劳动条件等标准约定不明确，引发争议的，用人单位与劳动者可以重新协商；协商不成的，适用集体合同规定；没有集体合同或者集体合同未规定劳动报酬的，实行同工同酬；没有集体合同或者集体合同未规定劳动条件等标准的，适用国家有关规定。《最高人民法院关于审理劳动争议案件适用法律若干问题的解释（二）》第16条：用人单位制定的内部规章制度与集体合同或者劳动合同约定的内容不一致，劳动者请求优先适用合同约定的，人民法院应予支持。

于职务发明奖酬的约定,通常会在单位内部规章制度的基础上予以直接引用或变更适用。在变更适用时,可就具体奖酬分配直接适用合同约定;而在直接引用时,单位多会要求劳动者在签订劳动合同时确认接受单位内部的规章制度,将劳动合同与单位规章制度捆绑在一起,这将会导致规章制度的修订变得更为麻烦,甚至与劳动合同出现不一致或冲突,因此,应当避免将单位内部规章制度作为具体劳动合同的附件使用,应保持两者的相互独立性。

  在约定程序审查方面,《合同法》已有相当完备的规制,而其他诸如《劳动合同法》《劳动合同法实施条例》等其他法律法规中的相关规定要么规定有限,要么完全可以为《合同法》所覆盖或者吸收。[1] 具体而言,在单位与发明人之间的约定中,主要从具备主体资格、内容具体明确以及内容合法三方面判断该约定是否生效;从合同订立是否存在意思表示瑕疵,如是否因重大误解而订立,是否显失公平,或是一方以欺诈、胁迫的手段或者乘人之危,使对方在违背真实意愿的情况下订立等方面判断是否属于可撤销、可变更及无效之情形。此外,如果该约定属于格式条款,应参照《合同法》关于格式条款的特殊规定。德国《雇员发明法》为保护雇员的利益,规定事先作出对雇员不利的约定无效,例如约定的报酬规则和报酬数额对雇员不公平的,约定无效,并且雇员可在雇佣关系终止后6个月内提出无效主张。[2] 在单位制定的规章制度中,应根据《劳动合同法》《公司法》的相关规定对其进行程序合法性的审查,对于涉及职务发明创造奖酬规定的制作过程应体现职工的参与性,听取工会或职工代表大会或是

---

[1] 比如《劳动合同法》第40条第3款、《劳动合同法实施条例》第18条第7款至第10款规定的欺诈胁迫、免除自身责任排除对方权利、违反法律法规强制性等情形。

[2] 杨筱:《德国雇员发明制度研究》,《学习月刊》2010年第18期。

职工自由推选的代表的意见，且在规章制度制定后，应进行充分的公开，保障相关职工充分知晓。

由于《合同法》的法律位阶高于其他法律法规，再加上《合同法》无论是总则部分，还是分则部分关于技术合同、承揽合同等几类有名合同的一般规定中，条款数量多且内容全面，因而在法律适用上居于优先地位。但是，整合梳理职务发明奖酬制度中约定优先原则的程序性审查法律法规，发现存在"政出多门、规自多法"的立法现状，并造成对某些问题的重复调整，而对某些问题规制缺失的司法困扰。这需要在修订《条例送审稿》时进一步与其他法律法规合理衔接。

（二）约定的内容

约定的内容主要包括奖酬支付程序、方式以及数额。现行职务发明奖酬约定优先原则中并未规定约定程序，而此次《条例送审稿》却新增该项规定，这是对我国职务发明奖酬制度落实中"重实体、轻程序"的立法回应，值得肯定。对于以合同形式约定奖酬的，其约定程序要遵照《合同法》的一般原则和《劳动合同法》的特殊规定，现有法律体系对违反法定程序制定的劳动合同的规制是完备的。对于单位内部的规章制度而言，利益的最大化往往驱使不少单位利用规章制度侵害劳动者利益，单位与劳动者的利益冲突现象广泛存在。单位与职工之间客观存在的地位不平等以及职工在规章制度的制定和修改中参与者地位的缺失是造成这种现象的主要原因。仅从程序方面看，单位规章制度应满足制定或修改时程序民主、依法公示的程序性要求，明确劳动者的参与地位和监督权利。对于职务发明创造奖酬的方式和数额，形式可以是多种多样的，除了采取传统的货币形式之外，还可以采取诸如股票、期权、职位晋升、提升工资、带薪休假等形式。约定奖酬采用货币形式时，约定数额既可以比法定标准高，也可以比法定标准低，只要不违反合理性原则要求即可。①

既然奖酬的方式和数额均可以约定，是否可以约定或规定工资中就包含职务发明创造的奖酬值得讨论。应当认定当事人不应做如此的约定或规定，其理由在于：其一，并非所有的雇员都具备发明创造的能力，即使是被雇用人员的本职工作就是专门从事研究开发工作也不一定都能做出发明创造，然而不论雇员在单位从事何种工作，单位都必须支付工资，这是理所当然的事情，因此不能认为单位支付的工资就具有对雇员做出的发明创造给予奖励报酬的含义。采取这种做法实际上类似于仍然采用"吃大锅饭"的机制，与不给予发明人、设计人奖励报酬也没有实质性区别。② 其二，在劳动者的劳动活动中，其基本上没有进行创造性劳动，劳动者所领取的工资与其所付出的劳动基本上也是对等的；而在发明创造中，发明人或设计人不仅要进行基本的劳动活动，还要进行智力创造性活动，其过程包含知识资源的投入，不管是在强度上，还是效率上，都是基本的劳动活动所不能比拟的，因而支付劳动者的工资并不能取代发明人或设计人因智力劳动的付出而有权获得的奖励报酬。

约定优先原则的内容审查重点主要在于单位制定的规章制度。对单位内部规章制度的内容进行审查时，应着重把握单位之间存在的差异性。企业所处行业的研发特性、专利申请目的、专利实施特性等因素均会影响所约定的职务发明奖酬标准的合理性。在行业研发特性方面，不同行业具有不同的研发特点，并会影响到单位与发明人研发的

---

① 尹新天：《中国专利法详解》，知识产权出版社2011年版，第195页。
② 同上书，第196页。

贡献率，例如在新药的研发中，新药研发成功有赖于整个团队的共同奋斗和诸多环节的贡献，而专利发明人的贡献在整个研发环节中虽然必要但创造价值却十分有限。在专利申请目的方面，多数企业都采取专利组合策略、构建专利池的方式进行专利网布局。此时有的专利将作为核心专利实施获利，有的专利将通过交叉授权方式换取实施他人专利，有的将作为暂不实施的防御性或储备性专利，故在具体的职务发明奖酬约定中的权利，应考虑各个专利的申请目的，专利在企业专利组合中所起的作用。在专利实施方面，一项专利技术有时并不能单独实施，需要与其他专利技术结合实施，一个专利产品中可能包含有多项专利技术，例如集成电路芯片的制造就需要大规模专利进行工序改进。职务发明奖酬标准的设定一般仅针对单一专利而言，但其具体标准的设定应考虑到专利实施的特性，如是否单独实施或依赖其他专利实施，以及对整个专利组合实施的影响价值等。这些都是对约定优先原则内容审查时需予以重点考虑的因素。

三 职务发明奖酬约定优先原则与其他原则的关系

（一）约定优先原则与其他原则关系不明确

在职务发明报酬制度中，除了约定优先原则之外，还具有合理性原则与最低保障原则，三者合力构成了一个原则体系。合理性原则是职务发明报酬制度中规定得最早的一项原则，也是其他各项原则的基

第二篇 原则篇

础，主要规定于《专利法》第 16 条。由于单位性质、规模等原因，并非所有单位都能就职务发明奖励报酬等建立完善的规章制度或者与发明人进行约定，为了防止一些单位不依法给予发明人奖励报酬，最低保障原则作为约定优先原则的补充，主要规定于《专利法实施细则》第 78 条，以使发明人的权利获得基本保障。《条例送审稿》第 17 条、第 18 条、第 21 条分别对合理性原则、约定优先原则以及最低保障原则给予了重申和确认，并对法定最低标准的报酬比例做了大幅提升，有利于对发明人权益的保护。但是，一直以来对于这三项原则之间的适用顺序，立法并未予以明确规定或回应，这造成了单位在制定内部规章制度或与职工签订合同时对于约定报酬标准的合理性仍难以把握。

（二）约定优先原则应当次于合理性原则而优于法定保障原则

单从法律条文的规定来看，这三项原则间的关系可表述为：单位在专利实施后应当给予发明人合理报酬，报酬可以约定，如果在没有约定的情况下，则适用法定最低标准。这三项原则的关系似乎是清楚的，但是会存在这样一个问题：即将法定最低标准理解为发明人报酬合理性的最低标准，如果在当事人有约定的情况下，约定的标准低于法定最低标准，是否意味着该约定违反合理性原则而无效。例如单位与发明人约定，在单位许可他人实施其专利时，从收取的使用费中提取 7% 作为报酬给予发明人，这样的约定是否会被认为低于 10% 的法定最低标准违反合理性原则而无效。换言之，约定优先原则与法定的最低标准之间是一种怎样的关系，约定的报酬标准是否还需受到合理性原则的审查。

有多种观点认为，约定金额和比例不能低于《专利法实施细则》中法定最低标准的规定，但这很可能是对约定和法定报酬比例的误解。对此可以从两方面予以阐释。首先，从权利义务的角度看，法定的最低标准是单位必须履行的义务，但在法定最低标准之上支付奖酬，则不是法定的义务。当然，单位可以完全依据经营自主权，根据自身特点与需要，与发明人约定高于法定最低标准的奖酬，但这仅仅只是单位的权利，而非其义务。约定可以比法定最低标准高，也可以比法定最低标准低，没有约定则直接适用法定最低标准，如果要高于法定最低标准则需要约定。[1] 因为有了约定，就排除了法定标准的适用。如果约定的奖酬数额偏低，显然属于不合理的，应该根据案件的具体情况确定合理的奖酬，而不是直接适用法定最低标准的奖酬。因此，约定优先原则理应优先于法定最低标准而适用，即使是在该约定的报酬标准低于法定最低标准的情况下。[2] 其次，从法律解释的角度分析，尽管法定最低标准是约定优先原则的补充，但不应当对单位与发明人之间的合同或单位制定的规章制度产生实质约束，更不应强制性地要求合同或单位内部规章制度就奖励金额和报酬比例一定要高于或等于法定金额比例，否则无异于限制了约定优先原则相较于法定最低标准的优势，单位也就没有就奖励报酬进行约定的动力，或这种约定仅仅只是法定最低标准的简单重述，没有实际价值。

四 职务发明奖酬约定优先原则的完善

我国现有立法对约定优先原则的规定较为宽泛，在具体内涵、合

---

[1] 张晓都：《专利民事诉讼法律问题与审判实践》，法律出版社2014年版，第348页。
[2] 唐素琴、朱达、何坤忆：《对〈职务发明条例（送审稿）〉中相关问题的思考》，国家知识产权局条法司《专利法研究（2013）》，知识产权出版社2015年版，第175—190页。

理性审查以及原则体系上也存在不少问题需要加以进一步完善。约定方式是职务发明奖酬问题解决的根本之道，约定优先原则的完善，应当全面、具体和操作性强，真正发挥其相对于法定报酬制度的优势，既要体现对企业经营自主性最大程度上的尊重，赋予企业在一定限度内根据自身需求制订相关奖酬标准的权利，引导企业依法完善内部管理制度；同时又要充分调动企业和发明人两方面的创新积极性，合理平衡企业与发明人之间的正当权益。

（一）约定优先原则的程序完善

约定程序更应关注协商民主和依法公示。日本2004年《专利法》修订时增设的程序性规定对我国亦具有一定的参考意义。如第四章所述，在判定报酬合理与否的法定程序要件，即如果在合同、劳动规章或其他规定中对发明人报酬已做出约定时，应综合考虑以下因素确定其数额是否合理：在确定报酬计算基准时，雇佣双方之间进行协商的情况、设定的报酬基准的公开程度、就报酬确定听取从业者等意见的状况。[①] 具体举措包括建立企业与发明人之间协商的公共平台，丰富协商方式和公示方式。并不要求单位与每一个相关员工进行协商，一般而言，单位与工会、员工代表的协商即可视为满足程序要求，但如果单个员工向单位提出协商要求，单位亦不应拒绝。公示方式包括以电子形式在公司内部网络公开、以纸质形式张贴于公司显著位置或是将员工手册下发到个人，让员工签收。

（二）约定优先原则的内容完善

约定内容应该全面具体，在奖酬支付约定对象上，明确区分职务

---

① 张玲：《日本专利法的历史考察及制度分析》，人民出版社2010年版，第148页。

发明的发明人和在发明转化实施过程中做出重要贡献的人；对同一职务发明做出贡献的多个发明人之间的利益分配明确规定采取平均分配还是区别贡献大小的分配方式；对知识产权权属及相关利益的约定，不仅仅是在企业和个人之间的约定，也包括企业之间的约定，如委托加工、开发新产品或部件等，建议补充"事先约定"的范围，把约定扩大到企业与发明团队之间。在奖酬支付约定情形上，就单位职务发明自主实施、许可他人实施、转让、交叉许可、无偿转让、放弃专利权、以技术秘密方式保护、发明人离职、失踪或死亡等情形下涉及发明人利益的重要事项予以约定。在奖酬支付约定时间上，限制单位支付奖酬的时间，避免拖沓，设置时限限制和相应资金扣押或者到期奖励，将报酬进行类别划分，批次支付报酬。在奖酬支付约定方式上，以现金形式一次性支付职务发明奖酬并非最优方式，从留住关键人才和技术、稳定员工队伍的角度考虑，可以实行雇员激励长期化、薪酬股权化。因法定奖酬制度不可能事无巨细，而约定奖酬制度可以充分整合薪酬制度，将职务发明的发明人或设计人的奖酬纳入企业的整体薪酬制度乃至整个内部管理制度中去评价和完善。

（三）约定优先原则的审查完善

职务发明奖酬制度约定优先原则的合理性审查主要侧重于约定本身的程序和内容，而对于约定的适用范围的审查却鲜有涉及。我国现有立法对限制约定优先原则的适用范围规定比较宽泛，主要规定于以《合同法》为主的法律法规中，而且很多规定在程序、内容方面的审查有着重叠之处。尽管《条例送审稿》中第18条第2款有关限制的条款已有了实质性突破，但仍需朝着具体化和限缩化的方向发展从而不断完善。对此，特提出以下完善建议：首先，明确约定优先原则与最低保障原则间的关系。尽管职务发明奖酬制度的约定优先原则以合同方式具备了具体问题具体商议的可能，并设置法定最低标准作为补充，但仍应予以完善。约定优先原则虽较之法定最低标准存在灵活性、针对性，从而更加合理，但约定奖酬同样存在形式正义与实质正义间的冲突问题。在尊重合同自由的同时，如何真正实现自由意志下缔结的合同对于奖酬的规定和分配，是约定优先原则仍需加以解决的问题。因此，应进一步明确约定优先原则的含义，在有约定时，无须进行合理性原则的事前审查，仅当约定存在程序上或内容上的瑕疵时，才能否定合同的效力；在没有约定时，可以用法定最低标准进行合理性原则的事后审查，此时低于该标准的应为不合理。[1] 其次，约定优先原则适用限制的具体化。《条例送审稿》中限制适用范围的规定仍然属于原则性规定，如"不合理条件"一词含义不明确，甚至有些表述只是对《合同法》中某些规定的重复，如"取消""对前述权利的享有或者行使附加不合理条件"的表述与《合同法》第40条"免除其责任、加重对方责任、排除对方主要权利"的表述似乎有重复之嫌。[2] 因此，可在该条款中对限制约定原则的情形予以具体化，并将该条规定作为兜底条款，采取这样的立法技术更能应对司法实践的需求。最后，调整限制约定优先原则条款的位置。虽然对约定优先原则不应写入《职务发明条例》总则部分已达成共识，但置于第四章"职务发明人的奖励和报酬"之下，亦会产生体系性不协调的问题。因为约定优先原则在发明权属、发明报告制度、发明人奖酬制度各章均有体现，同样理应具备限制约定优先原则的相应规定，而《条例送

---

[1] 常喆：《约定优先原则、合理性原则与最低保障原则的关系——对〈职务发明条例〉草案发明人报酬有关规定的理解与思考》，《电子知识产权》2013年第6期。
[2] 和育东、杨正宇：《中美职务发明限制约定优先原则的比较及启示》，《苏州大学学报》（法学版）2014年第4期。

审稿》中仅将限制范围局限于奖酬制度中，存在立法体系上的漏洞。因此，可将该条款的位置调整至第六章"监督检查和法律责任"下，基于内容上的相关性，可以并入第 38 条一同规制约定优先原则的适用范围。

（四）约定优先原则的救济完善

奖酬制度的落实是发明人最为关心的问题，也是此次《职务发明条例》立法的主要目的，无论适用约定优先原则还是法定最低标准，最终都需回归到如何落实的问题上。如何约束企业履行法定或约定的奖酬支付义务，以及在争议发生时为发明人提供便捷、有效的救济途径，是后续完善立法修订的重要工作。从企业角度观之，企业内部可设置执行和监督职务发明奖酬的机构与程序，并尽可能地提供争议的内部解决机制。在企业内部设立专门负责职务发明奖酬纠纷的机构，可以有效避免此类纠纷损害单位与职工之间的信任。日本多家企业在公司内部设立"发明磋商委员会""工业产权审查委员会"或"奖励异议与磋商受理窗口"，以保证雇佣双方就职务发明奖酬的具体数额进行顺利协商的做法值得我国借鉴。①

---

① 夏佩娟：《东芝—发明者获巨额补偿——职务发明补偿问题引发更多关注》，《中国发明与专利》2006 年第 9 期。

第六章 职务发明报酬充分对价问题

一 美国职务发明报酬充分对价缘由

单位向发明人支付职务发明奖酬属于法定义务,并且要充分体现发明人做出的贡献。考虑到我国专利法对职务发明奖酬的数额、方式等要素采用约定优先原则,即尊重单位及发明人的意思自治,因此对于当事人约定的效力及内容采用合同法理论加以解释成为主要途径。基于民法任意性规范的调整手段,以合同法方式实现单位与发明人之间利益的合理分配,并不意味着法律对约定放手不管,而是应当对当事人约定给予合理的解释。[①] 目前,我国专利法对于报酬数额采用合理性标准,但是在市场机制不完善的情况下,形式公平不足以克服单位与发明人谈判地位和经济地位的不平衡。为此,有必要在法律规定

---

① 肖冰:《职务发明奖酬制度的困境解读与理论反思》,《厦门大学法律评论》2016年第1期。

上适当地向发明人倾斜。美国合同法上的对价理论及充分对价原则已被用于解释雇主与雇员关于职务发明的协议，因此其相关司法经验值得借鉴。

（一）美国合同法上的充分对价

对价理论（doctrine of consideration）是现代英美法的核心理论之一，整个英美合同法的制度体系就是围绕对价理论建构起来的，并且可以适用于包括职务发明权属及报酬约定等各类合同当中，因此有必要对该理论及其中的充分对价原则加以考察。英美法系和大陆法系关于合同概念及其构成要件有比较大的差异。大陆法系重视双方当事人之间的意思表示一致，只要符合该条件合同效力就有了法律基础，当事人是否支付对价并非必要条件。在英美法中则强调合同应当由允诺构成，并且允诺必须具备相应对价，否则不能得到法院强制执行，雇主与雇员在建立雇佣关系时签订的提前转让职务发明协议及其报酬内容也不例外。对此，法院通常有三个方面要求：双方当事人的合意；有一组有效的要约和允诺；具有对价。英国法学家布莱克斯通就对价在合同有效性中的重要作用做了阐述，他认为"在包括明示和默示合同中，必须存在一种交换的对象，或称为对等或互惠的对象。我们将这种表现为合同代价或动机的对象称为对价"[1]。根据美国第二次合同法重述，合同的订立需要双方均有达成交易的意思表示，并且同意给予对价支持；在满足充分对价条件的基础上，不需要对合同当事人产生额外损害，也不需要对等交易价值才能使合同得到强制执行。[2] 根

---

[1] Wayne Morrison, *Blackstone's Commentaries on the Laws of England* (Volume 2), Cavendish Publishing Limited, 2001: 359.

[2] 参见 Restatement (Second) of Contracts §17 & §79 (1981)。

据其历史发展及演变，对价理论始终处于一个动态发展的过程，对价要求需放到合同法实践中才能表现其具体含义。

为了使合同可以强制执行，用以交换的"对价"还必须是充分的。充分对价是在美国司法实践中形成的一个原则。充分对价原则起源时，不同种类合同中体现的专业性还不显著，并且意思自治在合同法中还没有取得核心地位。因此，法官基于衡平理念介入对合同中权利义务的实质性解释，这也体现在对充分对价原则的强调。在认定标准上，有必要区分经济上的适当对价（adequate consideration）和法律上的充分对价（sufficient consideration）。根据《布莱克法律词典》（第八版），经济上的"适当对价"不仅要求形成对价的谈判过程是公平的，而且交易结果中的对价内容应当是公平合理的；而法律上的"充分对价"则要求较低，只需要一方以法律上的一定损失来交换对方的允诺即可构成。[1] 对于对价是否充分的判断，需要法官在具体案例中根据实际情况进行。

在司法实践上，美国衡平法院遵循的原则是：如果一个合同中的对价是不充分的，法院应当拒绝提供救济。[2] 除了衡平法院，美国普通法中也体现了充分对价原则。法官在做出裁判时既要考虑对价是否存在，也要考虑对价是否充分，并且已经形成了一些基本的适用标准。例如，符合充分性要求的对价应当发生在诺言做出之时或者之

---

[1] 'Adequacy' refers to whether there was a fair bargain involving an exchange of equal values. 'Sufficiency' refers to whether the consideration is legally sufficient to enforce a promise, and this requires only that there be some legal detriment incurred as a bargained exchange for the other party's promise. Bryan A. Garner (ed.), *Black's Law Dictionary* (*Eighth Edition*), Eagan, Minnesota: West Publishing, 2004: 923.

[2] ［美］莫顿·J. 霍维茨：《美国法的变迁 1780—1860》，谢鸿飞译，中国政法大学出版社 2005 年版，第 248 页。

后。① 而不符合充分对价的情形主要有以下三种。首先，基于压榨（oppressive）、不正当谈判过程（underhand bargain）所产生的对价不能被认为是充分的，主要是一方利用谈判地位优势将不公平条件强加给对方；② 其次，正当错误（justifiable mistake）造成合同对价不公平的，属于不充分对价，主要是一方对合同标的有重大误解；再次，如果对价的经济价值过小而构成象征性对价（nominal consideration）或者不能引发承诺的错误对价（false consideration），也不属于充分对价。③ 因此，尽管法院原则上不介入对价是否充分的认定，但是在上述例外情形下也可以依据对价不充分的理由否定合同的可强制执行性。

（二）美国职务发明报酬引入充分对价的必要性

美国专利法中没有专门关于职务发明报酬的规定，雇佣条件下认定专利权归属的法律依据主要来源于各州法律以及司法判例，州法律及判例优先于联邦法。④ 如果某一雇员受雇从事发明或者被指定开发某一种特定的产品或方法，那么由此产生的任何发明均属于雇主，雇主有权获得裁决赋予其发明以任何相关的专利或专利申请权。⑤ 如果不属于受雇从事发明或者被指定开发的情形，则不适用上述规则。雇员受雇于某公司前，雇主和雇员之间通常会签订一个有关发明的协

---

① 王军：《美国合同法》，对外经济贸易大学出版社2004年版，第20页。
② ［美］Brian A. Blum：《合同法》，张新娟注，中国方正出版社2004年版，第166页。
③ 同上书，第168页。
④ 刘向妹、刘群英：《职务发明报酬制度的国际比较及建议》，《知识产权》2006年第2期。
⑤ ［美］Jay Dratler, Jr：《知识产权许可》，王春燕等译，清华大学出版社2003年版，第209页。

议，协议规定了发明的归属、保密条款以及奖励报酬等有关的内容。[1]当雇员受雇期间做出的发明属于该协议范围之内时，所获得专利的权利属于雇主所有。如果发明内容不在协议范围内，但是在完成或改进其发明时使用了雇主的机器、设备、劳力或其他资源的，则雇员对该发明以及此后获得的专利享有所有权，雇主享有雇员发明实施权（即前述工厂权）。[2]雇主和雇员签订的该类协议一般都会由公司事先准备，并且每一位即将受雇于公司的员工都要签订，因此该类协议通常属于附和合同。

附和合同（adhesion contracts）是指一方当事人对协议具体条款的协商机会甚微或没有协商机会的合同，通常具有"标准化格式"（standardized form）的形式，向每位当事人提供相同的条款。[3] 在美国职务发明领域，附和合同主要体现为雇主给雇员签订的提前转让发明协议。在司法实践中，法院通常采用附和合同理论作为提前转让发明协议效力的主要裁判依据。[4] 对于大多数附和合同而言，即使不存在显失公平，但是较之所有条款或大部分条款由双方当事人个别协商的合同，常常会出现不利于一方当事人的情况，应受到更为严格的审查。[5] 在职务发明中，雇员在订立附和合同时对雇主存有一定程度的依附性，雇主拥有谈判上的优势地位，往往所谓的"双方合意"实际

---

[1] 刘向妹、刘群英：《职务发明报酬制度的国际比较及建议》，《知识产权》2006年第2期。

[2] ［美］Jay Dratler, Jr：《知识产权许可》，王春燕等译，清华大学出版社2003年版，第216页。

[3] ［美］杰弗里·费里尔、迈克尔·纳文：《美国合同法精解》，陈彦明译，北京大学出版社2009年版，第13页。

[4] 杨正宇：《美国对职务发明适用约定优先原则的限制——兼评〈职务发明条例草案（送审稿）〉第十八条第二款》，《电子知识产权》2014年第9期。

[5] ［美］杰弗里·费里尔、迈克尔·纳文：《美国合同法精解》，陈彦明译，北京大学出版社2009年版，第13—14页。

上只是雇主单方的要求。此时，在附和合同理论的基础上，充分对价原则成为裁判提前转让发明协议效力等问题的重要参考因素。在签订附和合同时，雇主为了获取雇员转让其职务发明相关的所有权利和利益的允诺，需要支付与该允诺价值相当的对价。[①] 如果雇主支付了充分对价，那么雇员则需按照协议转让权利；如果雇主未支付充分对价，那么雇员可以以此作为抗辩主张该协议不能被强制履行。

在美国司法判例中，法官曾依据雇员是否获得充分对价判定其与雇主签订职务发明协议是否应强制执行。在1986年库比克公司诉马尔蒂（Cubic Corporation v. William B. Marty, JR.）一案[②]中，发明人马尔蒂主张其与库比克公司签订的保密和发明协议是不合理的附和合同，因此而不能强制执行。法官否决了该主张，其理由是：首先，在本案中，该保密和发明协议明显是附和合同——库比克公司拟定该合同，不给其雇员对于合同具体条款进行协商的机会，而是提供以"要么接受要么离开"（take-it-or-leave-it）为基础的合同作为在库比克公司工作的条件。其次，根据协议中的雇佣条款，马尔蒂已经获得充分的对价补偿。因此该协议是合理的，可以得到强制执行。在2012年普莱斯顿诉马拉松石油公司（Preston v. Marathon Oil Company）一案中，普莱斯顿与公司签订的包含一项知识产权转让条款（an intellectual property-assignment provision）的雇佣协议实际上也属于附和合同。[③] 普莱斯顿主张该协议是不合理的并且缺乏对价。法官否决了该主张，主要认为普莱斯顿在该协议中获得了充分的对价补偿。因此该协议是有效的，也可以被强制执行。

---

① 杨正宇：《美国对职务发明适用约定优先原则的限制——兼评〈职务发明条例草案（送审稿）〉第十八条第二款》，《电子知识产权》2014年第9期。
② Cubic Corporation v. William B. Marty, JR, 185 Cal. App. 3d 438 (1986).
③ Preston v. Marathon Oil Company, 684 F. 3d 1276 (2012).

二　美国职务发明报酬充分对价的法律适用

（一）适用情形

1. 执行雇主任务完成职务发明

在美国职务发明司法实践中，如果雇主欲依据协议强制受让雇员完成的职务发明，则是否支付充分对价补偿会是法官判断该行为有效性的重要准则。在前述库比克公司诉马尔蒂一案中，原告公司要求新入职的员工必须签订保密和发明协议，约定员工转让其在从事公司业务范围内或与公司产品相关的研究、设计或生产工作时完成的发明的所有相关权利和权益。① 雇员马尔蒂与公司签订协议后，在工作中发明出了一种训练飞行员的电子装置，他独自申请了专利并拒绝向公司转让任何与该专利相关的知识产权，双方最终诉至法院。② 加州上诉法院的判决支持了公司的权属要求。该案法官进行裁判的主要思路如下：首先，确定马尔蒂发明的训练飞行员的装置是否属于职务发明；其次，如果属于则确认合同是否能强制执行。其中，判断合同能否强制执行的关键就是马尔蒂是否获得了充分对价。法官认为，马尔蒂的该项发明很显然是职务发明，并且公司因为他完成了这项发明，让其工资有了实质性的提升。③ 不仅如此，公司还为其发明成立了专门的

---

① Cubic Corporation v. William B. Marty, JR, 185 Cal. App. 3d 438 (1986).
② Ibid..
③ 杨正宇：《美国对职务发明适用约定优先原则的限制——兼评〈职务发明条例草案（送审稿）〉第十八条第二款》，《电子知识产权》2014 年第 9 期。

项目组，提拔他担任项目经理，最终还给予其奖金。这些证据都表明马尔蒂获得了充分的对价补偿，因此公司的强制转让行为是有效的。

2. 利用雇主物质技术条件完成发明

在美国职务发明纠纷处理中，会充分尊重当事人的意思自治。如果雇员与雇主签订了相关协议，那么之后职务发明的权属原则上依据协议来确定。尽管如此，如果雇员与雇主没有签订相关协议，也不必然排除雇主获得雇员发明的某项权利。在此种情况下，雇主一般仍然有权获得雇员发明的实施权（工厂权），即雇主有非独占地实施发明的权利，同时雇员依然享有所有权。如伊利诺伊州法律规定：对于没有签订雇佣协议的雇员，该法不能优先于已有的适用于雇员发明实施权的普通法适用。① 因此，签订书面的提前转让发明并非单位拥有实施权的先决条件，对于利用单位物质技术条件完成的职务发明也是如此。

在前述普莱斯顿诉马拉松石油公司一案中，被告公司的子公司本纳克能源公司雇用普莱斯顿为公司员工。② 普莱斯顿是作为自由雇员（employee at-will）雇用的，也就是说，他与马拉松石油公司可以随时终止雇佣关系，而双方都不需任何充分的理由和承担任何责任。普莱斯顿在被雇用后与公司签订了一份协议，约定将其在任职期间发明的所有与公司业务相关或利用公司机密信息和设备完成的发明创造的知识产权转让给公司。公司以提供继续雇佣（continued employment）作为合同对价，除此之外没有其他的对价。之后，普莱斯顿在任职期间

---

① 参见 "This Act shall not preempt existing common law applicable to any shop rights of employers with respect to employees who have not signed an employment agreement", 765 ILCS 1060/2 (2007).

② Preston v. Marathon Oil Company, 684 F. 3d 1276 (2012).

利用公司物质技术条件发明了一种用于沼气提取的挡板系统。当公司准备申请该项专利时，普莱斯顿也独自申请专利，并拒绝将该项发明的相关知识产权转让给公司。最终马拉松石油公司向法院起诉普莱斯顿。本案的主要争议点就是公司与普莱斯顿入职时签订的协议是否有效，以及公司是否能根据协议享有与该发明有关的所有权。如果协议有效，那么公司享有；如果协议无效，公司只能享有实施该专利的权利。最终，法院支持了公司的诉求。法官认为，对于自由雇员来说，转让知识产权的协议不需要任何其他的对价，因为如果雇员不同意这个条款，可以随时提出终止合同而不需要承担任何责任。因此，该公司同意继续雇佣属于充分的对价补偿，公司可以根据协议享有该专利的所有权。

（二）认定标准

1. 符合充分对价的情形

综合以上案例，在美国职务发明中符合充分对价的情形主要有以下两种：第一，雇主为取得职务发明创造相关的所有权利，给予雇员奖金、工资提高、职位提升等对价补偿。这些对价补偿一般来说不需要专门以职务发明报酬的名义，雇主能够根据实际情况进行灵活选择。但无论以何种方式，都要针对特定的职务发明。当发生纠纷时，雇主有义务证明报酬是针对何种职务发明创造而给予的，并需要提供相应的证据。除此之外，报酬数额都要达到实质性补偿的程度，比如需要因为职务发明创造而实质性将工资提升一个等级，职位从普通员工变为项目经理等。第二，对于自由雇员，公司允诺继续雇佣属于为取得雇员职务发明创造相关权利而给予的充分补偿。雇主与自由雇员在签订有关提前转让知识产权协议时，以继续雇佣作为合同的对价，这种补偿符合充分对价的情形。比如犹他州法律规定：不管协议中是否列举此项对价，继续雇佣对于支持提前转让知识产权协议的可强制执行性是充分的对价。① 但有两点需要注意，首先此种情形针对的是自由雇员，其次是签订知识产权转让协议。不符合以上条件则不是充分对价。例如明尼苏达州法律规定：雇主不得以继续雇佣为条件要求雇员违反关于不属于职务发明情况的规定。② 以该条法律规定作为模板，在除犹他州外的八个州（加利福尼亚州、特拉华州、伊利诺伊州、明尼苏达州、北卡罗来纳州、华盛顿州等）的劳动法中都有类似的表述。③ 而犹他州更为倾向于雇主利益，只要其符合给予雇员在普通薪酬以外的报酬等条件，可以获得相应发明的专利权。④ 如此，在雇佣合同基础上给予额外报酬仍然是使得转让行为有效的充分对价情形。

2. 不符合充分对价的情形

根据充分对价原则，凡是原来合同上已经存在的义务，不能作为一项新允诺的对价。因此，单位在职务发明完成前已经承担的合同义务不符合充分对价。对于前述自由雇员情形，若雇主给予的补偿不符合以上两项条件，例如雇主与雇员已经协议确定了雇佣期限，此时继续雇佣属于原合同中已经存在的义务，则不符合充分对价原则。在1973 年赫维特诉萨姆孙莱特公司（Oscar C. Hewett v. Samsonite Corpo-

---

① 参见 "Employment of the employee or the continuation of his employment is sufficient consideration to support the enforceability of an agreement under Subsection (2) whether or not the agreement recites such consideration." Utah Code Ann. §34 – 39 – 3 (2012)。

② 参见 "No employer shall require a provision made void and unenforceable by subdivision 1 as a condition of employment or continuing employment", Minnesota Statues §181.78 (2013)。

③ 和育东、杨正宇：《中美职务发明限制约定优先原则的比较及启示》，《苏州大学学报》（法学版）2014 年第 4 期。

④ 同上。

ration)一案中,原告赫维特雇员是被告萨姆孙莱特公司旗下商场的领班。[1] 在工作期间,原告做出了三项发明,最终都获得了专利。公司要求原告签订一份转让协议转让这三项专利申请权,并且协议主要以继续雇佣作为对价补偿。原告不认可此种做法,将被告诉至法院。最终法院支持了原告的诉求。该案件的主要争议点就在于继续雇佣在本案的条件下是否属于充分对价补偿。法院认为,首先没有任何证据表明萨姆孙莱特公司为获得原告的三项专利相关的权利支付任何现金对价。其次对于继续雇佣问题,原告赫维特并不是自由雇员,对于原告的雇佣期限和条件,萨姆孙莱特公司与赫维特已经进行了充分的协商(mutually bargained for)。因此,在这种情况下,继续雇佣对于发明转让协议来说是不属于充分的对价补偿,被告不能根据协议取得原告的三项专利相关的所有权。

三 充分对价对完善我国职务发明奖酬制度的启示

根据上述分析,对价理论以及充分对价原则在美国合同法的发展演变中已经被越来越灵活地运用。在职务发明中,充分对价原则也已经被成熟地用于解释雇主与雇员签订的提前转让发明协议,而充分对价的情形也体现于司法判例之中,相关司法经验值得我国专利法修改时予以借鉴。

---

[1] Oscar C. Hewett v. Samsonite Corporation, 507 P. 2d 1119 (1973).

（一）将"合理的报酬"修改为"充分的报酬"

我国的职务发明奖酬制度从整体上可以分为两个部分。第一部分主要是有关职务发明奖酬的义务性规定；第二部分是有关职务发明奖酬标准的具体性规定。[①] 义务性规定主要体现在《专利法》第16条。[②] 其中，"对发明人或者设计人给予合理的报酬"体现的是给予职务发明报酬的合理性原则。该原则是职务发明奖酬制度中规定得最早的一项原则，也是约定优先及法定保障等其他各项原则的基础。虽然有关的具体性规定为职务发明奖酬实施与落实提供了依据，但当出现法律没有规定或者约定不明确时，合理性原则就起到了重要的兜底作用。然而，合理性原则在运用时产生了许多问题，包括对于"合理"的认定标准如何把握，"合理的报酬"与最低报酬标准的关系界定等。此类问题造成在实践中，企业制定内部规章制度或与员工签订合同时，对于约定报酬标准通常作有利于自己的解释；处于弱势一方的员工对于报酬数额没有发言权，能够进行约定及最终获得的职务发明报酬数额较低，却因符合最低标准而仍被认定是合理的。

因此，应借鉴美国职务发明报酬制度中的充分对价原则，将《专利法》第16条中的"合理的报酬"修改为"充分的报酬"，将合理性原则调整为充分性原则。合理性是指事物符合基本逻辑的认知，而充分性是指所需条件均满足后必然得出相应的结果。如此，企业在制定内部规章制度或与员工签订相关职务发明协议时，对于报酬的合法

---

① 肖冰：《职务发明奖酬制度公平的价值取向及立法完善》，《湖南工业大学学报》（社会科学版）2012年第3期。

② 该条规定，被授予专利权的单位应当对职务发明创造的发明人或者设计人给予奖励；发明创造专利实施后，根据其推广应用的范围和取得的经济效益，对发明人或者设计人给予合理的报酬。

性有更为具体的预期。企业不仅要考虑给予报酬的"质",也要考虑"量"的充分性,这同时保障了员工进行协商时的话语权,使其有权根据法律规定取得与自己职务发明贡献度相当的充分报酬。在发生纠纷时,法院对于报酬是否合法的认定需要做更全面、细致的审查,不能仅用法定最低标准作为基础,应充分考虑企业给予的报酬与职务发明人的贡献度、专利价值等。这不仅有利于平衡企业与员工在进行有关职务发明奖酬方面谈判的地位,同时不会过分打击单位的自主性,从而维护双方利益,减少纠纷发生。

事实上,从法律修辞角度来说,关于给予专利权人"充分补偿"在国际法层面已有体现,可以借鉴到职务发明奖酬制度中来。TRIPS 协定第 31 条第 h 款要求强制许可实施者向专利权人支付充分报酬(adequate remuneration),其计算标准应当同专利权人颁发自愿许可时能够获得的许可费相当,以此防止强制许可的非自愿性给专利权人在经济回报方面造成过度损害。因此,该条款规定特别重视对专利权人经济收益的保障。参照此规定,职务发明人是完成发明创造的智力源泉,也应当在经济利益方面获得倾斜保护,给予其充分报酬是立法上的优先选项。

(二)明确"充分的报酬"的计算标准

职务发明奖酬具体包括奖励和报酬两个方面。由于奖酬的数额标准较为固定,而报酬需要依据多种因素加以计算,因此职务发明奖酬纠纷的争议点主要不在于奖励而在于报酬。实践中,单位与员工关于职务发明奖酬的约定也越来越多样化。有些企业除了专门以职务发明奖励报酬的名义发放奖金、报酬,有时还会涉及其他方式,比如特别贡献奖、入股奖励以及工资晋升等。[①] 因此,应明确"充分报酬"的

---

① 闫文军:《我国职务发明奖励报酬纠纷分析研究》,国家知识产权局条法司《专利法研究(2008)》,知识产权出版社 2009 年版,第 55—75 页。

计算标准，健全报酬计算方法。《条例送审稿》已经有所改善，提高了法定提取比例，并且丰富了报酬的计算方式。① 由此，增加了单位支付职务发明报酬时的可选择性。

此外，对于明确"充分的报酬"的计算标准，还需考虑以下因素：（1）增加单位向发明人提供继续聘用合同作为充分补偿的情形之一。特别是对于处于试用期或者雇佣期限即将届满的职务发明人，单位提供继续雇佣合同可以视为给予了充分补偿。（2）单位给予职务发明人工资的明显提升或者岗位晋升应当作为充分对价。② 在适用时，要注意单位在发明人完成职务发明后给予的工资奖金提升必须是实质性的，而不仅是象征性；给予的岗位晋升也应当存在档次上的差别，而不能仅是平级调整。（3）报酬数额应当依据实施职务发明专利所得营业利润进行计算，而不仅是职务发明专利相对于原有技术的新增效益；③ 职务发明专利在产品中的技术贡献率可作为确定该专利对应收益的计算依据，并且报酬比例应当与发明人的贡献度相适应。

（三）明确不符合"充分的报酬"的情形

将《专利法》第 16 条中的"合理的报酬"修改为"充分的报酬"，以及明确"充分的报酬"的计算标准后，还应当对不符合"充

---

① 参见《职务发明条例（送审稿）》第 21 条第 1 款。
② 在谢文南诉明达玻璃（厦门）有限公司一案中，法院认为，原告完成职务发明创造，因工资晋升在专利有效期内多收入 28800 元，并且加上 10000 元奖金，已经超过《专利法实施细则》规定的标准，因此认定被告已经履行了向原告支付职务发明奖酬的义务。参见厦门市中级人民法院（2004）厦民初字第 346 号判决书。
③ 参见罗东川主编《职务发明权属与奖酬纠纷典型案例精选与注解》，法律出版社 2015 年版，第 251 页；参见 Georgia-Pacific Corp. v. United States Plywood Corp., 318 F. Supp. 1116，法院列出的确定合理许可费时第 9 个考虑因素："The utility and advantages of the patent property over the old modes or devices, if any, that had been used for working out similar results"。

分的报酬"情形进行列举。以此，能使企业与发明人在签订职务发明相关权利转让协议时，对于不符合"充分的报酬"的奖酬形式有合理预期。(1) 未经充分协商或者通过胁迫订立的职务发明报酬协议或者规章制度不符合"充分报酬"情形。例如，发明人是在单位制定了奖酬管理制度之后入职的，未参与报酬标准的讨论，这会降低将其强行适用于该发明人的合法性。因此，单位应当定期将奖酬管理制度进行意见征集或者修订。(2) 象征性的奖酬不应视为充分对价。法律可以规定，单位如果仅在职务发明完成后支付象征性报酬，因为严重违背了发明人的合理预期，将不能获得职务发明权利或者应增加奖酬数额。如3M公司案中，3M中国公司对于雇佣职员完成的职务发明，报酬的提成计算公式为：年销售×0.01%×产品系数×专利分配系数×发明人分配系数，可见其提成比例过低，相当于象征性奖酬，不符合充分对价要求。[1] (3) 发明人将职务发明披露给单位与单位给予特定奖酬之间必须具有对应关系，若没有证据证明奖酬支付是针对特定职务发明创造的，对于发明人而言就是不充分的。[2] 有些情况下，单位并非专门以职务发明奖酬名义给予的相关特定奖励报酬，但是主张已经支付了法律意义上的职务发明报酬。法院对此的基本观点是，只要单位能证明职务发明人得到的奖励、报酬是因完成该职务发明创造而获得的，就可以认定其履行了职务发明奖酬的义务。这既有利于职务发明人维护自己的权益，争取充分的报酬，也有利于企业灵活地采用多种奖酬方式。

---

[1] 上海市高级人民法院（2014）沪高民三（知）终字第120号民事判决书。

[2] 在徐吉浣等诉上海同济三星燃气设备公司一案中，被告三星公司认为其给予赠送原告职务发明人人民币80万元的入股奖励，履行了支付职务发明奖酬的义务。但是，法院认为被告公司的董事会决议并未明确具体奖励所针对的专利技术，因此认定被告未履行对涉案专利项下的奖酬给付义务。参见上海市第二中级人民法院（2004）沪二中民五（知）初字第95号民事判决。

第三篇　主体篇

第七章 职务发明奖酬义务主体问题

一 我国职务发明奖酬义务主体立法解读

(一) 立法现状

职务发明奖酬制度的目标是为了更进一步地激励发明人发明创造的积极性。① 职务发明奖酬主要是指发明人基于其职务发明的事实所获得的奖励和报酬,其中所涉及的利益主体为发明人及负有奖酬支付义务的单位。如何确定职务发明奖酬的支付义务主体,《专利法》对此做出了明确性的规定,并配套《专利法实施细则》形成了以"主体—数额"为中心的职务发明奖酬支付立法体系。职务发明支付义务主体是基于发明人或者设计人的职务发明而予以其一定奖励、报酬的单位。具体的规定中,《专利法》第 16 条将支付义务

---

① 参见肖冰《日本与德国职务发明报酬制度的立法比较及其借鉴》,《电子知识产权》2012 年第 4 期。

主体设定为"被授予专利权的单位"。因此,现阶段"被授予专利权的单位"为职务发明奖酬的支付义务主体是原则,由其对发明人或者设计人给予奖励且根据其推广应用的范围和取得的经济利益给予合理的报酬。[①] 此项规定的本意也是要遵循有偿性的原则,由被授予专利权的单位给予专利发明人或者设计人一定的奖励和报酬。但是,"中央集权"知识产权管理模式之下,发明人所在单位未必就是被授予专利权的单位。发明人所在单位与拥有专利权的单位中何者应该成为发明人或者设计人的奖酬义务支付主体存在争议,形成两种截然不同的价值取向。

2015年12月公布的《专利法修订草案(送审稿)》试图解决这一问题,规定在职务发明创造被授予专利权之后由"单位"对发明人或者设计人给予奖励和报酬。[②] 将职务发明支付义务主体规定为发明人或者设计人所在单位,能够有效地避免企业知识产权"中央集权"管理模式之下出现的对发明人或者设计人权利损害的情形。即"被授予专利权的单位"为第三方受让单位的情形下,发明人或者设计人也可以直接要求与自己有雇佣关系的所属单位支付奖励和报酬。这无疑是对发明人或者设计人权利的有效保护。但是与该草案第6条的"本单位"相比,仅用"单位"不足以唯一地解释为发明人所在单位,使得法律适用存在模糊空间。

值得注意的是,我国现行《促进科技成果转化法》第44条规定,奖酬支付义务主体为科技成果完成单位。即由科技成果完成时发明人所在单位为转化该项科技成果做出重要贡献的人员给予奖励和报酬。

[①] 参见《专利法》第16条。
[②] 参见国家知识产权局《专利法修订草案(送审稿)》第16条(http://www.sipo.gov.cn/ztzl/ywzt/zlfjqssxzdscxg/xylzlfxg/201512/t20151202_1211994.html)。

由此可见，该条款直接排除了所属单位与转化主体相分离的问题，在劳动雇佣关系与转化主体出现分离时坚持以雇佣关系为准的原则。但是，该条款存在三个方面的局限。一是该法影响力不及专利法，当事人选择适用的情况较少。二是该法属于一般法，而专利法属于特别法，在适用次序上较为偏后。三是没有考虑到指派发明人的情形。有可能发明人接受所在单位的指派到其他单位参与研发，并在其他单位完成了科技成果，同时指派单位因为参与研发也取得了研发回报。此时，承担支付发明人奖励和报酬义务的单位是根据该条款确定的科技成果完成时发明人所在的受指派单位，还是由具有雇佣关系的指派单位便存在争议，凸显了该条款所存在的遗漏。

（二）立法解读

对职务发明奖酬"支付义务主体"的讨论必须置于职务发明的大背景之下。"支付义务主体"产生的根源在于——发明人或者设计人完成的所有权归属于本单位的发明贡献。正是由于雇佣劳动关系的存在，基于为完成本单位任务或者是主要利用本单位物质技术条件所完成的发明贡献，发明人或者设计人才能"理所当然"地获得所属单位的奖励与报酬。这也是符合"有偿性、奖励性"的正常逻辑的。

基于"贡献—奖励"的逻辑思维来看待我国法律规定的支付义务主体—被授予专利权的单位。按照上述分析，发明人或者设计人基于其发明贡献而获得所属单位的奖励和报酬。适用《专利法》第16条的规定，确定由支付义务主体——被授予专利权的单位支付发明人或者设计人职务发明奖酬，可能会在权利移转的情况下与"贡献—奖励"的逻辑相违背。因为被授予专利权的单位与发明人所属单位未必为同一单位。不排除发明人或者设计人在发明专利授权之前"跳槽"

到之后被授予专利权的单位的情形。但是，我国《专利法》中所说的"发明人或者设计人所属单位"即发明人或者设计人完成发明时所在的单位。知识产权"中央集权"管理模式之下，企业内部知识产权的运用、管理和保护水平等都有所提高。但是，我国现行《专利法》规制之下的"支付义务主体制度"是否也能跟上企业的管理模式的变化而最大限度地保障发明人或者设计人的利益存在疑问。应当考虑到发明人或者设计人所属单位可能在专利申请之前将发明创造转让给其他单位，由其他单位申请专利的情况。此时，在被授予专利权的单位与发明人或者设计人所在单位发生分离的情形下，要求已经支付转让费的单位再次支付发明人职务发明奖酬显然是不合理的，在具体实施上也有难度。[①] 故此，将被授予专利权的单位作为支付义务主体有其症结所在，不能最大限度地保护发明人或者设计人基于职务发明所获得的权益。

二 职务发明奖酬义务主体认定的现实困境

（一）支付义务主体不固定

实践中存在支付义务主体不固定，尤其是支付义务主体并非被授予专利权的单位的情形。按照现行《专利法》第16条对于职务发明奖酬支付义务主体的规定，被授予专利权的单位对发明人或者设计人

---

① 参见国家知识产权局《关于〈专利法修改草案（征求意见稿）〉的说明》（http://www.sipo.gov.cn/zcfg/zcjd/201504/t20150402_1096196.html）。

享有发明奖酬的支付义务。前述 3M 公司案中存在着发明人所属单位与被授予专利权的单位相分离的情况。在这类案件中，被授予专利权的单位并不是发明人所在单位，发明人与前者之间无任何的雇佣关系。此时，是将发明人所在单位还是将被授予专利权的单位作为支付义务主体存在争议。

在 3M 公司案中，法院认为现行《专利法》第 16 条的初衷是保护发明人的合法权益，不能因为"中央集权"的知识产权管理模式而受到损害。虽然"3M 中国公司"并非被授予专利权的单位，但基于其为发明人所属单位、与发明人有雇佣关系的事实，理应对发明人的工作发明予以奖励和报酬。故判决"3M 中国公司"支付原告职务发明报酬 20 万元，驳回其他诉讼请求。[①] 足见法官基于立法本意与现行专利法在选择适用问题上将产生不同的结果。

（二）发明人举证困难

《民事诉讼法》对于民事纠纷采取的是"谁主张、谁举证"的原则，由原告对自己的诉讼请求进行举证。对基于雇佣关系所产生的纠纷，《最高人民法院关于民事诉讼证据的若干规定》第 6 条对由单位举证责任的情形做了列举，虽然没有"职务发明奖酬"，但却有"劳动报酬"，职务发明奖酬也属于劳动报酬，应该参照适用。因此，在职务发明奖酬纠纷中，也只能得出被告单位负有相应举证责任的结论。为此，《条例送审稿》第 40 条第 2 款规定："发明人与单位就职务发明的报酬产生争议的，单位对其自行实施、转让或者许可他人实施该职务发明获得的经济效益，负举证责任。"该款规定充分考虑

[①] 参见（2014）沪高民三（知）终字第 120 号民事判决书。该案二审维持原判。

到了发明人或者设计人在职务发明奖酬纠纷中的弱势地位，明确规定了单位的举证责任。基于现今职务发明奖酬纠纷举证责任的立法现状可以发现，即使排除企业知识产权"中央集权"管理模式下发明人或者设计人所属单位与被授予专利权的单位相分离的情形，要发明人或者设计人所属单位承担举证责任或者自行举证皆存在一定困难。

要求发明人或者设计人所属单位承担举证责任或者自行举证尚且如此困难，当出现被授予专利权的单位并非发明人或者设计人所属单位的情形，要求第三方受让单位承担举证责任或发明人自行举证则更为困难。在存在第三方受让单位的情形中，现有法律没有任何关于被授予专利权的单位举证责任的规定。在实践当中，因为缺少法律举证责任的强制性规定，被授予专利权的单位也往往消极懈怠，或者直接拒绝提供。专利的实施情况、所获取的经济利益等数据都是企业的内部信息，企业专利转让以及许可的获利金额也是不对外公开的。此时，要发明人承担举证责任，无疑构成职务发明奖酬制度适用的实质障碍。

（三）关联交易频繁

有必要关注企业之间的关联交易对于职务发明奖酬的负面影响。虽然目前我国还没有关于"关联企业""关联交易"的明确法律界定，但确有与之相关的"企业集团"概念的存在。① 典型的关联交易案件，例如英国沙克斯诉尤尼莱维尔公司案，雇主只象征性地给予报酬便取得了专利权或者专利实施许可。② 为此，《英国专利法》针对

---

① 参见唐素琴、刘昌恒《职务发明奖酬给付义务单位及其相关问题探讨——从张伟锋诉3M中国有限公司案件谈起》，《电子知识产权》2015年第7期。
② "Shanks v. Unilever Plc. & Other", *Reports of Patent, Design and Trade Mark Cases*, Vol. 126, No. 11, 2009: 331–345.

此类关联交易专门规定"雇主因与其有关系的人通过转让、转授、赠授取得基于发明或者由其产生的专利或专利申请而获得或可望获得利益,则利益的数额应按不存在此关系人时,雇主可得到的利益计算"。① 此外,关联交易在具有"母子"关系的企业集团中会更为常见,母公司基于与子公司的关系往往能对其加以控制。出于利益考量,母公司对于子公司的知识产权多采取统一管理模式。子公司内部的职务发明在完成以后便转移给了母公司,由母公司申请或者安排其他子公司统一负责专利的申请与运作,而子公司则往往"适当"地给予发明人一定的奖励,因为其本身也未必能从母公司获得价值相当的"转让费"。按照《专利法》第 16 条的规定,此时被授予专利权的单位——母公司才是职务发明奖酬的支付义务主体。虽为母子公司,但作为两个独立法人,母公司完全有理由主张已经支付转让费并拒绝发明人的奖酬申请。由此会诱导围绕职务发明产生不正当的关联交易行为。

三 学界理论与司法实践中的选择路径

随着企业规模的扩大和企业之间横向、纵向交流的日益频繁,企业知识产权的管理模式日益多样化,我国现有立法管理模式已经在企业集团知识产权管理模式以及企业内部规章制度对职务发明奖酬的影响问题中呈现捉襟见肘的态势。以下将从学界理论与司法实践两个方

---

① 参见《英国专利法》第 41 条第 2 款。

面的实质选择路径对此问题进行分析。

（一）学界理论的选择路径

学界对"职务发明奖酬支付义务主体"诟病的症结点主要集中于：企业"中央集权"知识产权管理模式下以及单个企业之间关联交易中发明人或者设计人所享有的职务发明奖酬权利的保障问题。普遍认为发明人所在单位在专利申请之前将发明创造转让给其他单位，出现被授予专利权的单位与发明人所在单位不是同一单位的情形下，发明人或者设计人根据现有《专利法》规定向被授予专利权的第三方单位要求支付职务发明奖酬存在"请求不能"的情形。为此，有学者主张通过职务发明体系的完善，实现发明人与单位利益的动态平衡，实现双方利益的最大化。[①] 也有学者提出要从"限制奖酬义务主体、限定引发奖酬义务的发明范围、限制合理审查的对象"三个角度出发，对奖酬义务的主体、发明范围、审查对象进行限制。[②] 还有学者提出"要以'执行职务'为核心，缩减职务发明的范围，简化职务发明的界定条件；以'分权制衡'为理念，重构职务发明的权利归属规则；以'权利交易'为筹码，构建职务发明人的报酬机制"。[③] 以上研究对职务发明奖酬义务主体的设定提供了原则性参考。

针对奖酬支付义务主体问题，有学者提出的实质性立法建议条款为："职务发明创造被授予专利权后，发明人或者设计人所在单位应当对其给予奖励。发明人或者设计人所在单位实施发明创造专利后，

[①] 参见顾毓波《我国职务发明制度存在的问题及完善进路》，《知识产权》2016 年第 4 期。

[②] 参见蒋舸《职务发明奖酬管制的理论困境与现实出路》，《中国法学》2016 年第 3 期。

[③] 张宗任：《职务发明的权利归属和报酬问题研究》，《知识产权》2014 年第 10 期。

应当根据其推广应用的范围和取得的经济效益,对其给予合理的报酬。发明人、设计人可以与所在单位约定或者在所在单位依法制定的规章制度中规定职务发明奖励、报酬的方式和数额。但不得违反法律和显失公平。"① 该立法建议总体上是合理的,将奖励及报酬的支付义务主体从申请单位固定在了所在单位,即无论专利的申请单位是发明人所在单位还是受转让的第三方单位,奖励的支付义务主体都是发明人所在单位。但是,由于该条中"其"主要指代所在单位,因此没有明确涵盖单位在被授予专利权之前即转让发明权益,并由第三方实施取得收益的情形,在此情形下未从"贡献—奖酬"的主观逻辑确定发明人或者设计人所属单位的支付义务主体责任。因此,不能从根本上解决《专利法》第 16 条的问题,实现对发明人权利的最大保护。

另外,有立法修改建议指出:必要时可以"刺破公司面纱",直接追溯到关联交易的母公司,最大限度地保障发明人或者设计人职务发明奖酬权利的实现。② 在法律上当出现由母公司的原因造成子公司支付不能或者缺乏履行义务的能力时,法律是允许"刺破公司面纱"的,即按照"法人人格否定"的理论,责令由母公司承担直接责任。③ 显然,这在原有保护的基础之上又为发明人或者设计人的权利保护增设了一把保护伞。但是"刺破公司面纱"有其严格的适用限制,若扩张解释会产生两方面问题,应当谨慎处理。其一,可能会动摇独立法人地位。我国对于独立法人的认识是建立在法人人格独立和责任独立的基础之上的。④ 为防止关联交易所要求的"刺破公司面

---

① 陶鑫良:《职务发明性质之约定和职务发明报酬及奖励——我国专利法第四次修订中有关职务发明若干问题的讨论》,《知识产权》2016 年第 3 期。
② 同上。
③ 参见王利明《公司的有限责任制度的若干问题》(下),《政法论坛》1994 年第 3 期。
④ 参见虞政平《法人独立责任质疑》,《中国法学》2001 年第 1 期。

纱"就必须实现对子公司的"法人人格否定",这又违背了独立法人制度的立法本意,会动摇独立法人制度的基本地位,除非发明人所在单位资不抵债,否则不应适用。其二,可能会撼动雇佣关系的基石。雇佣关系的实质是通过受雇者出卖劳动力而在雇主与受雇者之间产生的关系,其往往以某种形式的合同予以显现,并受其约束。[①] 王泽鉴教授认为,雇佣关系,"即受雇人于一定或不一定之期限内,为雇佣人服劳务,雇佣人负担给付报酬的契约"。[②] 雇佣关系之下,由雇主支付受雇者一定的劳务报酬就具有合理的应然性。而"刺破公司面纱"要求的通过"法人人格否定"理论直接追诉与发明人或者设计人无雇佣关系的母公司的行为,这与雇佣关系的本质有冲突。因此,将支付义务主体固定在发明人所在单位有其必要性。

(二)司法实践的选择路径——以3M公司案为例

司法活动的实质是对法律的适用和执行法律,是与"创设"法律为核心的立法活动所不同的"另类"法律行为。在法官判案过程中,尽管属于适用法律而非创设法律,但是并不能排除法律意义空缺问题的存在,在法律滞后性所引发的实质性条款不适用抑或是适用中明显出现不公平的情况下,允许类推适用、法律发现与法律续造。在前述3M公司案中,按照《专利法》第16条的规定,"被授予专利权的单位"3M创新公司才是发明人张某的支付义务主体,理应由3M创新公司根据发明专利推广运用的范围和取得的经济效益予以发明人报酬。但是,法院的最后判决跳开了现有的法律规定,而结合"职务发

[①] 参见[美]约翰·巴德、迪瓦希什·海沃《雇佣关系:人力资源管理的基础》,《中国人力资源开发》2011年第9期。
[②] 参见王泽鉴《债法原理》(第一册),中国政法大学出版社2001年版,第81页。

明奖酬"的立法本意创设性地裁定由发明人的所在单位——3M中国公司为发明人的奖酬支付义务主体。作为最终判决，3M公司案的判决结果得到广泛的认同。法院之所以会避开机械地适用法律的理由主要有以下三点：（1）知识产权"中央集权"管理模式下，关联企业之间的协议对发明人或者奖酬权利的损害实质存在；（2）发明人基于发明创造专利的实施，根据单位推广运用的范围和取得的经济效益而获得奖酬权利的事实存在；（3）发明人基于其与所在单位的雇佣关系，要求其所在单位按照"贡献—报酬"逻辑支付职务发明奖酬具有正当性和合理性。

因此，基于以上理由，法院为维护发明人或者设计人的合法权利而创设性地选择避开现有法律的适用。以发明人或者设计人的利益为第一要务，成功的避免知识产权"中央集权"管理模式下对于发明人或者设计人权利的损害问题，能超越法律的限制而维护了发明人或者设计人的积极性，这无疑是在司法上对关联公司发出了警示。在维护法益的同时，释放出了现行《专利法》中关于职务发明奖酬未来出路的指导性信息。

四 我国职务发明报酬义务主体规则的完善

基于上述分析，建议将我国现行《专利法》第16条修改建议如下：

"职务发明创造被授予专利权后，发明人或者设计人所在单位应当对其给予奖励。

"发明人或者设计人所在单位实施发明创造专利后,应当根据其推广应用的范围和取得的经济效益,对其给予合理的报酬。

"发明人或者设计人所在单位在专利授权之前转让第三方申请并实施专利的,由发明人或者设计人所在单位根据第三方推广应用的范围和取得的经济效益,对其给予合理的报酬。

"发明人或者设计人与所在单位对奖励和报酬有事先约定的,从其约定。违法法律强制性规定或者显示公平的除外。"

(一)从法律的应然性出发——诉诸立法本意

目前,我国现行《专利法》第 16 条对职务发明奖酬支付义务主体规制的弊端已经在关联交易背景下充分显现。出于对正当权利的保护,法院完全可以通过能动司法——续造法律对法律漏洞予以弥补。[①]前述 3M 公司案中,法官就是基于发明人的利益考量,越过现有《专利法》第 16 条关于职务发明奖酬支付义务主体规则的适用,而援引职务发明奖酬的立法本意——给予发明人应得的劳动报酬。以上建议修改的第 3 款就是对此立法本意的条文显现,明确规定在被授予专利权的单位与发明人所属单位不是同一单位情形下,固定发明人或者设计人所属单位为职务发明奖酬支付义务主体。从而形成立法本意与实质法律条文的转化,避免法官在审理类似案件时的法律适用困境,推动我国职务发明奖酬制度的发展进程。

(二)"贡献—奖酬"逻辑下的必要性

"贡献—奖酬"是我们所普遍遵循的逻辑,是法律具有应然性的

[①] 参见[德]卡尔·拉伦茨《法学方法论》,陈爱娥译,商务印书馆 2003 年版,第 249 页。

本质体现。发明人或者设计人基于其与所属单位的雇佣事实，基于发明或者设计的事实对所属单位创造了价值——贡献，那么发明人或者设计人就有从所属单位获得利益的应然权利。

以上建议修改条款内容，主要的着力点就是扩张职务发明奖酬支付义务主体的范围，使其避免仅限于被授予专利权的单位的框架之内，并且将重点实现从"支付义务主体"向"发明人或者设计人"的转移。着眼实践，从专利发明的完成到被授予专利权包含两种情形：（1）发明人或者设计人所属单位直接申请并获得专利授权；（2）受让第三方获得专利授权。建议修改法条的第二、三项中，就是分别针对以上两种情形设定的。针对不同的情形作出不同的条款设定可以避免笼统性条款适用中的模糊性弊端。

（三）解开奖酬制度的三大症结点

在企业"中央集权式"知识产权管理模式下，并不能排除企业之间有规避法律进行关联交易的行为。此种情况之下，发明人或者设计人所在单位完全有理由根据现行《专利法》第16条辩称自己并非专利申请人而拒绝支付发明人或者设计人职务发明奖酬；被授予专利权的第三方单位通常也辩称自己与发明人或者设计人不存在实质的雇佣关系，且已经支付转让费用。此时，无论是适用具体法律规范还是直接援引立法原意都会导致支付义务主体的不固定性。在法律目前还未明确第三方举证责任的情况之下，要发明人或者设计人越过自己所在单位而对第三方单位举证，举证责任难度极大。三种弊端在现行《专利法》第16条规制之下还能显现"生机"，足见规制之下有不法现象的生存空间。

以上建议条款主要就是固定发明人或者设计人的支付义务主体地

位，避免立法本意与现有立法条文适用结果不明确所带来的支付义务主体不固定问题。将支付义务主体固定在发明人或者设计人所在单位，彻底截断能够给企业带来利益的关联交易途径。在固化发明人或者设计人所在单位为职务发明奖酬支付义务主体之后，配合"劳动报酬侵权"中规定的"举证责任倒置"的条款，发明人举证困难问题便可迎刃而解。

第八章 高校职务发明奖酬法律问题

一 高校职务发明活动的特点及其理念转变

我国专利法对于职务发明及其奖酬的规定涉及单位及发明人两方面主体,但是并未对同属于单位范畴的企业单位和高等院校等事业单位作区分,也未体现两类单位中发明人地位的特殊性,而采用同一规则加以适用。例如,根据《专利法》第6条的规定便是如此。该规定并未区分企业科技人员和高校科研人员的职务发明创造。然而,高校作为我国非常重要的科技研发单位,具有法律定位的公立性和研发人员的密集性,因而其职务发明有其自身的特殊性。

(一) 高校职务发明活动的独立性

高校职务发明相对于企业而言具有三个方面的特殊性,尤其是体现了其相对的独立性。

其一,人格身份上的独立性。高校文化崇尚独立人格和自由精神。高校科研人员对于高校的依赖程度比较低，具有自身的相对独立性，而企业员工往往依附于企业，附属关系浓厚。虽然高校科技人员从事技术发明工作属于其承担的工作任务，但是高校对他们所部署的科研任务是较为抽象的。通常而言学校不会预先设定具体的研究方向和内容，而由科研人员较为自由地加以选择。如此，高校科技人员可以充分地进行学术研究方面的自由探索，能够更好地激发原创性发明。

其二，研究内容的独立性。高校科研人员的研发方向更为自由，与研发人员自身的学识水平、研究方向、兴趣爱好等密切相关，更注重基础科学的研究。学校基本没有具体特定的研究任务，主要是科研人员自行选择和发展，根据自己的研究兴趣和研究方向选择适合自己的项目，其研发基本不针对特定的生产实际，更注重基础科学研究。高校科研的组织性不强，人员较为分散，研究人员个体独立性很强，而企业对其员工具有严格的隶属关系和管理制度。高校科研人员的研究项目往往是自行申请国家级或省部级基金项目，以及其他政府部门、社会组织等的项目，与学校的学科方向只有较为松散的联系。而企业研发人员的研发方向往往与企业的发展方向高度一致，针对特定的生产实际进行。

其三，研究经费的独立性。从经费来源来说，高校科研人员在研发经费方面对于高校的依赖程度比较低，主要来自向有关政府部门或者企事业单位争取纵向或者横向课题，学校利用其经常性预算给科研人员投入的研究经费有限，因此研究人员的经费来源相对独立。而企业员工的研究经费及物质技术条件往往来源于企业自身，因此研发人员不具有独立的经费来源。从经费支出角度而言，高校科研人员，尤其是课题组负责人，对于项目经费支出享有较大的自主权，而企业人员经费支出则受到企业的严格限制。

（二）从"集体本位"到"个人本位"的理论转变

从世界范围内的立法来看，职务发明始终存在"发明人优先"和"雇主优先"两种立法思路，并且体现了"个人本位"与"集体本位"的理念差异。前者主要以美国为代表，认为职务发明的所有权基本上属于发明者个人，雇主仅享有优先受让权和非排他使用权。[①] 而法国采用"雇主优先"模式，雇主有权获得职务发明的所有权，发明者享有获得相关奖励报酬的权利。另外，针对高校职务发明的所有权问题，德国法律导向的转变值得注意。虽然德国的《雇员发明法》规定了雇主可以基于单方面的干预权对职务发明成果主张劳动法上的请求权，[②] 但 2002 年该法修改后、针对高校科研人员制定了"高校教师特权"，即高校科研人员不适用雇主强制拥有所有权的规定，并将自由科研活动和报酬等置于特殊规则的调整范围。由此可见，德国针对高校职务发明制定了不同规则，体现了高校职务发明与企业职务发明的差异。

我国现行专利立法采取"雇主优先"模式，将职务发明的所有权归于单位。但鉴于现实中单位与职工实际的不平等状况，以及由此引发的侵害雇员相关权益行为的泛滥，我国职务发明的权属也在悄然发生改变。其基本内涵体现为从"集体本位"到"个人本位"的转变，即更注重个人创造在职务发明中的作用。

---

① 参见何敏《新"人本理念"与职务发明专利制度的完善》，《法学》2012 年第 9 期。
② 1957 年德国《雇员发明法》规定了"发明人主义"，即发明人拥有对职务发明创造的初始权利，但发明人应当毫不迟延地向雇主披露自己的发明信息。雇主可以主张劳动法上的请求权，即请求将职务发明的所有权归属于自己，或者请求普通的实施许可权。与此同时，雇主负有给付合理报酬的义务。

职务发明制度理念转变的背后体现了物质资料和智力资源在职务发明创造中相对地位的变化。"目的是全部法律的创造者。"[①] 马克思主义政治经济学认为,特定的法律制度必定与特定的生产力、生产关系等经济基础相适应。社会资源由物质资源和智力资源组成,为了优化社会经济结构,实现资源的最优化配置,立法必定会对稀缺性的、重要性的、能够产生更大剩余价值的资源做出优先安排。体现在职务发明上,若国内物质资源比较稀缺,为了激励物质或资本的所有者进行物质投资和社会生产,法律一般会将劳动者所创造的智力成果归属于物质投资者,由此优化资源配置,促进社会发展。若智力资源在经济发展中的作用远胜于物质资源,则法律就会赋予智力活动者更多的权利,智力成果权也就会转到成果发明者这边来。[②] 这是社会经济对于法律制度的内在影响,是社会发展的基本规律。体现前者的是我国1984年专利法,而后者体现在美国专利制度对于财产权利归属于"真正的发明者"或者说是雇员的规定。

随着我国经济的发展,知识密集型产业的提升,智力创造在社会经济中的作用越来越重要。劳动者的知识积累、工作经验在职务发明中的作用越来越大;相反,企业的物质技术条件的作用越来越小。因此,在《专利法修改草案》(征求意见稿)中,删除了"主要利用本单位的物质技术条件所完成的发明创造属于职务发明创造"的规定,将其权利原则上归属发明人,即对于"利用本单位的物质技术条件所完成的发明创造"适用约定优先原则,无约定的,归属于发明人。这一立法动向将发明人的优先地位和主体身份予以

---

① 参见[美]博登海默《法理学:法律哲学与法律方法》,邓正来译,中国政法大学出版社2010年版,第114页。
② 参见何敏《新"人本理念"与职务发明专利制度的完善》,《法学》2012年第9期。

明确，值得肯定。

对于高校职务发明而言，由于具有前述的独立性，更为显著地体现了"个体本位"理念。高校科研人员相对于企业职工，其研发活动的独立性更高。因此，高校应首先探索落实该专利法修改草案的内容，对利用高校物质技术条件所完成的发明创造，应最大限度地给予发明人所有权，以此提高发明人的研发积极性，探索产权激励的新方式。

此外，考虑到目前职务发明奖酬的权利主体仅限于发明人，使得对于高校科技成果转化做出突出贡献的技术转移服务人员的奖酬问题未受到法律重视，因此有必要适当拓展高校职务发明奖酬的概念。对于高校而言，职务发明奖酬可以做广义解释，既包括对高校职务发明人（科技开发人员）支付的奖酬，也包括对于技术转移人员（中介服务人员）给予的奖酬，从而实现对这两类主体的充分激励。本章对于高校职务发明奖酬的论述也包括职务成果发明人员和技术转移人员两类主体。

二　高校职务发明人奖酬问题

（一）奖酬对高校职务发明的促进作用

发明创造是社会进步的重要动力。当今时代，发明创造的主体已经由单个的自然人更多地变成了集体组织。相应地，发明的特点由偶发、离散、不可预见变成了有组织创新。① 这是社会分工和高度专业化的结果，也是知识密集型产业的重要特点。发明创造的主要舞台由个人变成了企业。2005 年国内三种专利申请中，职务发明占 41% 左右；到 2014 年，这个数字提升到了 71% 左右；2017 年，该比例进一步提高到了 85.2%。而发达国家职务发明所占比例高达 90% 以上。② 职务发明对于整个社会的创新和进步的作用日益显现，也是创新型国家建设的主力军。

目前，在职务发明中，高校职务发明占比较大。虽然发达的市场经济社会中，企业研发应该在整个社会创新中占据主要地位。但在我国，由于中小企业占比大、企业对研发创新不够重视、注重模仿性发明而忽视基础性研究等原因，企业的研发在整个社会创新体系中还没有达到应有的高度。相比之下，高校由于其成熟的科研体系、集聚的科研人才、较好的研究条件，使得高校的职务发明在整个社会的创新中较为突出，影响也更为显著。

对于职务发明奖酬，虽有学者批评了单纯经济激励的弊端，认为职务发明人收益比例越大，其发明积极性越高的逻辑推论站不住脚，③ 但不可否认的是，经济激励乃最直接，甚至是最有效的激励方式。精神激励、自我满足、兴趣爱好等固然是促进发明的动力因素，但是在市场经济下资本乃最大的诱惑。

一个较为典型的例子是，中南大学在 2001 年就颁布了《关于落实国家以高新技术成果作价入股政策的实施办法》。该办法规定了两

---

① 参见蒋舸《职务发明奖酬管制的理论困境与现实出路》，《中国法学》2016 年第 3 期。
② 参见国家知识产权局、科技部关于《职务发明条例草案（送审稿）》的说明。
③ 参见王清《〈职务发明条例〉：必要之善抑或非必要之恶?》，《政法论丛》2014 年第 4 期。

个"倒三七开":科技人员创办企业,以技术类无形资产作价入股的,70%归技术持有者,30%归学校;科研课题的结余经费入股科技型公司时,课题组成员持有入股金额的70%,学校持有30%。这在当时是破天荒的创举,也引起了不小的争议,直到现在,很多高校的股权激励还没有达到这个高度。但该项办法颁布后,中南大学的创新创业氛围日益浓厚,相继创办了很多企业,其中不少已经上市。[1] 这类型企业被学校称作"学科性公司",实际上,该名称体现了学校在科研和创业两者中的尴尬地位,既要促进科技成果转化,却囿于高校的公益属性而不敢放开手脚。但不论如何,中南大学的这一规定及其引发的创业效应体现了奖酬对于职务发明及其转化的促进作用。2014年修改后的《中南大学知识产权管理办法》进一步落实了这一政策。

(二)高校职务发明人奖酬的现行规定

目前,对于高校职务发明奖酬的标准适用我国《专利法》《专利法实施细则》《促进科技成果转化法》《条例送审稿》等法律法规的统一规定。与企业职务发明奖酬一样,高校职务发明奖酬实行约定优先、法定兜底的原则,给予发明人和单位自由协商的空间。在历史发展阶段上,根据是否与企业职务发明适用同一规定,可以分为与合并阶段与分立阶段。

1. 合并阶段

2015年之前,不论是在《专利法》《专利法实施细则》还是《促进科技成果转化法》中,均将高校与企业的职务发明进行统一规定,两类主体在奖酬义务方面并未体现出区别。具体规定解读如下。

---

[1] 例如,山河智能董事长何清华专业是矿山机械,瑞翔新材料董事长胡国荣研究的是电池原材料,博云新材由中南大学粉末冶金研究院课题组改制而成。

奖励方面，根据 2010 年《专利法实施细则》，在没有约定的情形下，对于发明、实用新型和外观设计的奖励应分别不少于 3000 元和 1000 元。《条例送审稿》第 20 条规定，单位与发明人未约定奖励数额的、对获得发明专利或者植物新品种的职务发明，给予全体发明人的奖金总额不低于该单位在岗职工月平均工资的两倍，对获得其他知识产权的，奖金总额不低于该单位在岗职工月平均工资。该草案没有规定特定的数额，只规定了计算方法，其原因是考虑到工资水平的地区差异及随着时间的浮动情况，以期能够适应不同企业的情况。参考实际来看，一般能够进行产品研发和创新的企业，其工资水平不会太低，很少有低于 1000 元的情况。因此，该草案实际上提高了相关的奖励标准。

报酬方面，根据《专利法实施细则》规定、高校自行实施技术成果的，分别有 2% 和 0.2% 的报酬比例；许可他人实施的，从许可费中提取不低于 10% 用于报酬。而 1996 年通过的《促进科技成果转化法》的报酬比例就已经超过了 2010 年《专利法实施细则》，对于将职务科技成果转让的，应当从转让所得的净收入中提取不低于 20% 的比例，对完成该项科技成果及其转化做出重要贡献的人员给予奖励；自行实施的，应当连续三到五年从实施该项科技成果新增留利中提取不低于 5% 的比例用于奖励。股份制形式的企业还可以将奖励折算成股份或者出资比例。

该法所述的"奖励"，其实质等同于《专利法实施细则》的"报酬"。奖励乃一次性的、褒奖性的金钱，而报酬是转移转化所得的分享比例。在降低奖励、加重报酬的薪酬改革方向中，报酬的重要性远胜于奖励，也更能激励研究人员积极从事转化工作。《促进科技成果转化法》的直接立法目的乃促进科技成果的实际运用，因此，条文所述的奖励对象乃"对完成科技成果和转化科技成果做出贡献的人"，即上述比例的奖励对象有两类人员。虽然在理论上说，上述条文的高比例报酬是由"发明人"和"转化人"共同分享的，并且对于转化工作的重视日益提高，但毕竟在理论上，发明人可以获得较高的报酬。

在地方层面，不少省份都颁布了自己的专利条例，这些条例除结合本地区情况细化规定外，还进一步提高了相关的奖酬标准。例如，湖南省通过的《湖南省专利条例》对于奖励的数额提升为5000元和2000元，自行实施和转让许可所得收入的提取比例提升为5%、1%和20%。《广东省专利条例》《广西壮族自治区专利条例》等也有类似的规定。

此外，根据《条例送审稿》第21条，当企业与发明人没有约定时，企业自行实施职务发明的，有四种计算方式来支付发明人的报酬。转让或许可的，应当从所得收入中提取不低于20%作为发明人的报酬。该报酬比例相较于《专利法实施细则》也有较大提升。

2. 分立阶段

2015年修改后的《促进科技成果转化法》进一步提高了相关的报酬标准，并且对高校制订职务发明奖酬标准进行下限的限制。能够对高校职务发明奖酬标准作不同于企业的规定，主要是在理念上突破了高校科技成果属于国有资产，从而不能将其收益大部分分配给个人的传统观念。理念与制度上的转变有助于进一步激活高校发明的创新与转化的积极性。

该法修改后的第45条规定，将职务科技成果转让、许可的，从转让或许可净收入中提取不低于50%的比例；利用该职务科技成果作价投资的，从形成的股份或者出资比例中提取不低于50%的比例；自行实施或者与他人合作实施的，应当在转化成功投产后连续三到五年，每年从营业利润中提取不低于5%的比例。奖励的对象仍然是发明者和转化者。这是在职务发明奖酬制度备受诟病和我国相关科研单位职务发明转化率不高的背景下做出的，相较于修改前以及《专利法实施细则》已经提高了很多。

值得注意的是，该条第2款还规定："国家设立的研究开发机构、高等院校规定或者与科技人员约定奖励和报酬的方式和数额应当符合前款……规定的标准。"因此，今后高校制订和执行的职务发明奖酬标准不得低于五成。这一点在政府部门随后发布的实施该法具体办法中得到进一步落实和体现。2016年2月国务院颁布的《实施〈促进科技成果转化法〉若干规定》（以下简称国务院《若干规定》）和2016年8月教育部、科技部《关于加强高等学校科技成果转移转化工作的若干意见》（以下简称教育部《若干意见》），两份文件均重申了不低于50%的奖酬比例。此外，有关规定还打破了职务发明奖励中的平均主义和大锅饭机制。例如，国务院《若干规定》第6条第3项规定，在研究开发和科技成果转化中做出主要贡献的人员，获得奖励的份额不低于奖励总额的50%。即不再将职务发明奖励平均分配给多个发明人，而是根据其贡献区别对待。

（三）高校职务发明人奖酬制度的改进

通过以上法律法规的梳理，可以看出，对于高校职务发明人的奖励和报酬不断提高，并且呈现重报酬、轻奖励的趋势。这对于激励高校科研人员进行研究和转化有显著作用。但仍有一些法律问题值得注意。

首先是法律适用的问题。《专利法实施细则》和《促进科技成果转化法》都是现行有效的法律法规，《促进科技成果转化法》是上位法，也是新法，理应优先适用。但《专利法实施细则》是针对《专利法》所制定的行政规章，属于特殊法。因此，在涉及高校职务发明专利的情形下，应该允许发明人自行选择法律，即适用《促进科技成果转化法》或者《专利法实施细则》。

其次，收益形式多样化问题。现行法律法规只规定了自行实施、许可、转让、作价入股等常见的技术应用方式，远不能满足实践的需要。在发生诸如交叉许可、无偿转让、放弃专利权、以技术秘密方式保护、发明人离职、失踪或死亡等特殊情形时，相应的奖酬标准缺失。有学者总结了现行职务发明奖酬制度的几个问题：重实体规范、轻程序规范，报酬计算标准单一，发明收益来源种类单薄等。[①]《英国专利法》不仅对于已经获得专利并带来竞争优势的职务发明给予奖酬，而且对于职务发明本身所能带来的经济效益，也是计算奖酬的基础。换言之，发明能够带来的任何经济优势，都可以量化为奖酬的计算基础，包括侵权诉讼所获赔偿、交叉许可收益以及其他任何隐性的利益。这是一种"广义的转移转化方式"，宽范围、实质性的报酬计算基础能够减少企业和雇主用隐性方式转移、隐秘发明所带来的经济利益对发明人造成的损失。

此外，高校科研人员的发明创造所获得的政府性奖金也应该纳入奖酬的范围。政府性奖金是对于科研人员的一种奖励，必须要分配到个人才能起到奖励的效果，学校不应将其截留。并且高校要探索多样化的经济激励方式，包括直接给予股权等。高校可直接将以技术入股的公司股权给予科研人员，而不仅仅是直接分配利润。如果高校将技

---

① 参见沈伟、刘强《重构抑或调整：我国职务发明权属制度的困境及其破解》，《净月学刊》2016年第2期。

术入股所得的股份转让或拍卖，应该将所得作为技术发明带来的收益分配给发明人。在湖北工业大学与彭义霆等职务技术成果完成人奖励报酬纠纷上诉案中[①]，法院认为，"股权转让款中70%的份额，归根结底是其转让涉案技术成果所得的利益，该股权转让款仍然属于技术转让的净收入，技术成果完成人按照规定理应享有其中的收益"。由此，更能激励科研人员对于技术研发和转化的积极性。

最后，进一步提高职务发明奖酬比例问题。虽然高校职务发明奖酬处于不断提升的过程，但总体而言，高校的职务发明奖酬比例仍然偏低。换言之，大部分高校并未实际落实相关法律法规的要求，实际奖酬水平仍停留在比较低的水平。因此，一方面要落实法律法规的规定，高校已经享有了相关科研成果的所有权，可以将成果收益的主要部分分配给发明人。另一方面，要进一步细化相关规定，使之更具有操作性。如何分配相关利润应当有具体而可操作的指导，对此，高校可以根据自身实际，出台相关评价标准和衡量指标，分析各方主体对于企业市场利益的贡献大小，以使相关规定推行顺利。

三　高校技术转移人员奖酬问题

高校职务发明的另一重要问题是职务科技成果的转化难题。对科研人员来说，其职务研发更注重职称的晋升和荣誉的获得，往往在研发成果申请专利后就束之高阁，并不注重成果转化。同时，高校囿于

[①] 参见湖北省高级人民法院（2014）鄂民三终字第00109号民事判决书。

其事业单位的主体地位和国有资产流失等问题，也对科技成果转化没有积极性。因此，一方面要建立和完善高校的技术转移机构，另一方面要完善和落实技术转化人员的报酬请求权。

（一）高校技术转移人员的报酬请求权

科技的研发和转化应当是高校科技工作的"一体两翼"，都不可偏废。根据科技部颁布的《国家技术转移示范机构管理办法》的规定，技术转移是指制造某种产品、应用某种工艺或提供某种服务的系统知识，通过各种途径从技术供给方同技术需求方转移的过程。技术转移机构是指为实现和加速上述过程提供各类服务的机构，包括技术经纪、技术集成与经营和技术投融资服务机构等，但单纯提供信息、法律、咨询、金融等服务的除外。由于高校科研人员的主要专长在于技术研发，而不是从事技术的商品化、市场化，因此配备专门的技术转移机构和服务人员对于促进科技成果有效转化起到重要作用。

根据实践中已有高校技术转移机构的现状来看，[①] 我国高校的技术转移部门普遍存在定位模糊、人员不足、职责不清等问题，同时技术转化人员薪酬偏低问题也困扰着转化效益的提高。主要症结在于，技术转移服务人员在技术转化中的贡献得不到充分承认，而高校不能给予其市场化的薪酬激励。

高校技术转移人员的贡献具有独立性，起着从技术研发到技术应用的纽带作用。实际上，按照《促进科技成果转化法》的要求，应当

[①] 2007年，科技部为促进科技成果的转移转化，决定设立一批技术转移示范机构，并颁布了《国家技术转移促进行动实施方策》《国家技术转移示范机构管理办法》《国家技术转移示范机构指标评价体系》三个文件，前后共公布了六批技术转移示范机构，其中很多都是高校。据此，清华大学等一大批高校都建立了技术转移部门，例如科技处、资产公司、技术转移办公室等，以承担技术转移转化工作。

将科技成果的研发人员和转化人员同等对待，不能重研发而轻转化。高校技术转移机构对于相关人员的素质要求较高，既需要相关技术学科领域的基本知识，能够准确判定相关研究成果的创新价值和市场价值，又需要了解相关的经济、市场、法律、知识产权方面的知识以及进行管理、与企业谈判协商的能力。因此，其薪资待遇也应与普通的大学管理人员有所区别，按照市场化薪资吸引相关人才。但目前看来，这种待遇并未实现，有必要通过法律制度的完善，在承认其贡献的基础上明确其获得报酬的权利。

为此，有必要在法律上保障技术转移人员的报酬（佣金）请求权。在国家知识产权局2012年8月针对《职务发明条例（草案）》进行征求意见时，部分企业和专家代表建议对单位中从事知识产权转化、实施工作人员的权益也予以明确规定。① 由此可见，对于技术转移人员的贡献和报酬权益逐步得到重视。德国法学家卡纳里斯在论述代理商的佣金请求权时认为，"佣金请求权体现了报酬的内容，并且构成了企业主的相互联系的对待给付。这一请求权因其因果相关性，具有强烈的范围广泛的特点。佣金请求权独立于与第三人进行的业务这一特点也使得代理商合同具有强烈的利益分配特征"。"如果与第三人的合同被签订，则必须把它可以'归功于'代理商的活动作为后者报酬的条件"。② 高校职务发明人虽无义务必须进行科技成果转化，但如果没有成果转化，发明创造也就失去了最大的意义。发明人、高校与科技成果转化人员的关系在某种程度上可以看作是代理关系，由后者代理前者进行转化。因此，卡纳里斯关于代理人佣金请求权的论述

---

① 国家知识产权局：《〈职务发明条例草案（征求意见稿）〉征求意见座谈会会议记录》汇总。http://www.sipo.gov.cn/ztzl/zwfmtlzl/tlcajxyyj/1051314.htm。
② ［德］C. W. 卡纳里斯：《德国商法》，杨继译，法律出版社2006年版，第432—433、436页。

体现了规定高校技术转移人员报酬请求权的必要性。

(二) 高校技术转移人员报酬请求权的立法规定

前述已经涉及,《促进科技成果转化法》作为基本法律,对科技转化服务人员奖酬做了基本的规定。不论是转化许可还是入股投资,都规定了不低于50%的奖酬比例。同时,前述教育部《若干意见》第2条明确了简政放权、鼓励科技成果转移转化的原则。高校对其持有的科技成果,可以自主决定转让、许可或者作价投资,除涉及国家秘密、国家安全外,不需要审批或者备案。进一步减轻了高校转移转化科技成果的难度,将职责完全赋予了高校。同时进一步细化,除了两个50%外,又增加了"在研究开发和科技成果转化中作出主要贡献的人员,获得奖励的份额不低于总额的50%"的规定。其中"科技成果转化中做出主要贡献的人员"涵盖了技术转移服务人员,并就对其给予奖励的总额划定了底线。国务院《若干规定》重申了该法的这一规定,使得高校技术转移人员报酬权益有了更为有力的政策支持。2017年,国家食品药品监管总局《关于促进科技成果转化的意见》认为,"科技人员为企业提供的技术开发、技术咨询、技术服务等活动,是科技成果转化的重要形式,应通过合同约定服务价格"。从政策层面肯定了食品药品研发实施领域技术咨询、技术服务等技术中介服务的作用。在此基础上,进一步规定"以技术开发、技术咨询、技术服务等活动转化科技成果的,应当从技术开发、技术咨询、技术服务等活动所取得的净收入中提取不低于50%的比例用于奖励"。

此外,部分省份也颁布了相关的地方性法规或者规章。《湖南省专利条例》规定:"对专利申请、转让、推广运用做出突出贡献的其他人员,职务发明创造专利权人应当给予适当奖励。"山东省人民政府颁布的《关于加快科技成果转化提高企业自主创新能力的意见(试行)》中规定,鼓励高等院校、科研院所职务发明成果所获收益,按至少60%、最多95%的比例给予科技人员。2017年《黑龙江省促进科技成果转化条例》将奖酬比例进一步提高,规定"在研究开发和成果转化中做出主要贡献的人员,所得奖励份额应当不低于奖励总额的60%"。

(三)高校技术转移人员奖酬请求权的制度设计

总体而言,从法律到地方规章,我国对于转化人员获得报酬的权利都进行了规定,但规定繁杂,程序缺失,加之在理念上对于转化人员的贡献还没有足够的重视,导致操作性不强,沦为形式。

针对上述情况,有必要从以下几个方面进行改革完善。首先,应当在法律上明确高校技术转移人员的薪酬请求权。在数额认定上,可以比照职务发明人奖酬认定的方式,采用约定优先为原则,同时设定法定的最低标准。高校要制定自己的相关规定,合理分配研究人员和转化人员的奖酬,制订相关的考量标准。可以初步建议转移转化人员的报酬占总体报酬的30%。一方面,对转移转化人员的报酬待遇不能高于研发人员,高校职务发明中,研发人员是主体,是社会创新的源泉;另一方面,对其给予的待遇也不能太低,否则就失去了有效激励的作用,起不到实质的激发转化的作用。

其次,要进行高校科技成果转化人员薪酬的市场化改革,从市场竞争的角度看待转移转化人员,认识到转移转化人员与学校常规管理服务人员的不同。在转移转化机构和薪资方面直接与市场上的其他转化机构进行竞争。

再次，要完善相关立法，细化高校技术转移转化人员报酬请求权的实现程序。在高校没有及时合理支付相关报酬时，转化人员应当有相应的申诉程序，争取自己的合法利益。行政调解和司法审判中也要注重保护转移转化人员的利益，按照法律法规和学校的规章给予其较高的合理薪酬。

第四篇　行为篇

第九章 职务发明股权报酬法律问题

一 职务发明股权投资对报酬的作用

专利权作为资产要素进行作价入股是知识产权资本化的表现，也是职务发明专利实现经济价值的重要途径。其本质就是将资本和专利价值进行相互转换，是技术由知识产权形态转化为股权形态的一个动态过程。我国公司法已经放开无形资产在公司股本中的限制，但是由职务发明所形成的股权及其收益分配机制仍不完善。

通过股权投资可以实现职务发明的市场价值，同时也可以使发明人获得以股权形式体现的报酬利益（以下简称"股权报酬"）。这两方面的作用使得股权投资成为备受青睐的职务发明转移模式。包括股权在内的职务发明报酬依然应当使用约定优先原则，同时采用法定最低标准给予保障，但是国家及地方层面的法律法规缺乏体系和整合，在职务发明以作价投资的新型转化情形下，发明人报酬认定缺乏可操作性的规定。针对现状，有必要剖析投资入股对职务发明转化的推动作用及其在实施过程中面临的法律障碍，以便充分发挥该途径的功能。

（一）股权属于职务发明报酬形式

首先，我国公司法为职务发明专利权出资提供了法律基础。《中外合资经营企业法》最先规定可以利用工业产权进行投资，之后，我国《公司法》第27条①规定股东可以用知识产权作价出资，积极促进知识产权产业化。2013年修改《公司法》时取消了原"全体股东的货币出资金额不得低于有限责任公司注册资本的百分之三十"的规定，即专利权等无形资产出资比例无上限限制。《促进科技成果转化法》第16条进一步规定，职务发明人可以采用专利权等科技成果作价投资并折算为股份或者出资比例。② 实践中，专利使用权也被积极试点作为出资形式，从而不再限于专利权本身才能作为公司资本。③ 利用职务发明作价投资来实现科技成果转化的方式，越来越受到我国研究开发机构、高等院校及企业的青睐。

其次，股权可以作为发明人报酬的形式。单位将职务发明作价入股设立目标公司时，可以用现金方式给予发明人报酬，也可以将所获得的部分目标公司股权作为报酬转移给发明人。例如，武汉工程大学陶瓷膜科研团队研发的8项专利作价2128万元入股湖北迪洁膜科技

---

① 《公司法》第27条：股东可以用货币出资，也可以用实物、知识产权、土地使用权等可以用货币估价并可以依法转让的非货币财产作价出资；但是，法律、行政法规规定不得作为出资的财产除外。

② 《促进科技成果转化法》第16条第5款：科技成果持有者可以采用下列方式进行科技成果转化……（五）以该科技成果作价投资，折算股份或者出资比例。

③ 2014年12月，湖南省科学技术厅、湖南省工商行政管理局、湖南省知识产权局联合出台《关于支持以专利使用权出资登记注册公司的若干规定（试行）》，规定"专利使用权出资是将其作为资本进行投资，与资金投资方提供的资金共同投资入股"，并且要求"专利许可方式为在中国境内独占许可，即双方应签订独占专利实施许可合同"。

有限公司，该校将此次收益的90%即1915.2万元奖给了研发团队。①
我国现行《专利法》及其实施细则等并未限定单位给予发明人的报酬仅限于支付金钱，《促进科技成果转化法》则明确规定可以将单位拥有的股权作为报酬。② 根据高校科技成果混合所有制改革试点做法，在申请专利时单位和当事人便可以进行权利分割，由该科技成果所形成的股权也将按相同比例由两者分别享有。西南交通大学2016年制订的《专利管理规定》中规定："委托合同或合作开发合同中约定学校享有专利权的，可以在合同中明确约定学校与职务发明人共同申请该专利，并按30%：70%比例共同享有该专利权。"在职务发明作价入股的情形下，单位通过利用职务发明以投资入股形式实施转化获得目标公司股权和分红，发明人基于该股权收益按一定比例获得报酬，不论是一次性获得金钱报酬还是其他形式体现，都体现发明人的经济利益，彰显智力成果的价值。

（二）股权投资能够提高职务发明转化效益

将职务发明投资入股可以促进发明专利更好地转化为实际生产力。美国阿贡实验室技术转移办公室的经验证明，知识产权运用最好的方式是对它进行投资。③ 其一，可以避免专利权人将技术进行商业化能力不足的问题。专利权人固然对技术较为了解，为了补偿开发成本也使其有动力进行转化实施。但是，随着专利转化的产业链延长，

---

① 宋效忠：《武汉工程大学一组专利作价2128万元入股》，《楚天都市报》2017年1月21日第9期。
② 《促进科技成果转化法》第45条："利用该项职务科技成果作价投资的，按照从该项科技成果形成的股份或者出资比例中提取不低于百分之五十的比例的标准对完成、转化职务科技成果做出重要贡献的人员给予奖励和报酬。"
③ 宋河发、沙开清、刘峰：《创新驱动发展与知识产权强国建设的知识产权政策体系研究》，《知识产权》2016年第2期。

技术研发单位自身不具备该成果的生产能力，或与企业自身行业关联度差异较大，专利权人可能并非是将其实施的最优主体。英国《经济学人》杂志在 2005 年指出："专利权是可转让的财产，而到了 20 世纪早期，完成技术发明的人可能并非将其商业化的人。这反映了一个事实，善于进行发明创造的人并不必然是将该发明投入市场的最佳人选。"[1] 因此，在作为专利权人的原单位转化能力不足的情况下，有可能通过与具有商业化资源的主体进行合作，共同投资设立新的企业进行产业化实施。其二，投资入股可以避免专利转让、许可或者质押行为的短期性。完成发明创造是将其转变为实际生产力的前提条件，但是在转化过程中仍然不可避免地需要原专利权人及其研发团队的深度参与，而并非仅在法律上进行权属的转移。专利转让、许可及质押一方面可以为专利权人立即带来经济收益，使得职务发明单位及发明人能够保证自身收益，但另一方面可能降低其为技术成功实施而持续投入资源的积极性，导致技术受让方利益受损和社会财富的损耗。尤其是，在司法实践中，对专利转让、许可合同解释中专利权人在保障技术实施效果方面的义务比较模糊，导致专利权人不愿意积极提供后续技术服务，影响专利权转化效果。[2] 投资入股则可以使得专利权人及其发明人的利益与技术实施经济效益长期捆绑在一起，这有利于激励发明人的改进创新积极性，从而提高技术转化的成功率和效益，也可以促进职务发明转化机制多元化，从而改变大部分技术躺在角落并等

---

[1] "A Market for Ideas", *The Economist*, 2005-10-20.
[2] 毕某某与胡某某专利技术转让合同纠纷案中，法院认为涉案专利转让合同依法成立并生效，毕某某、胡某某应当按照合同约定全面履行合同义务。虽然胡某某上诉提出订立《专利转让协议书》后，发现原告所生产的清雪设备出现故障，并销路不畅，但此属商业经营通常均会可能遇到的风险，其在订立转让协议之前即应充分评估及衡量，不能以此为由否认双方协商一致所订立的协议的效力，更不能以此为由抗拒对已经生效的协议的继续履行。参见黑龙江省高级人民法院（2014）黑知终字第 12 号民事判决书。

待流失的现状。

(三) 投资入股可以提高发明人报酬权益

由于发明人的报酬收益是以职务发明专利权所取得的经济利益为基础的，因此在投资入股能够提高职务发明专利权转化收益的情况下，发明人拥有更多分享职务发明剩余价值的可能性，也就能够提高发明的报酬权益。除此以外，投资入股还可以在两个方面保障发明人的利益。

第一，投资入股有利于发明人控制专利转化过程。专利权转让、许可对于权利人来说最为明显的弊端是其失去了对技术利用活动，尤其是产品制造和销售过程的控制。美国学者杰伊·德拉特尔论道：许可人一般会尝试通过许可协议中所商议的条件来保持某种控制，但是基于某些原因使得这种契约控制极少地能够产生完全的预期结果。[①] 利用职务发明投资入股设立新的目标企业转化职务发明时，发明人可以通过报酬形式获得一定比例的股权成为股东，再利用这一身份对目标企业生产、销售行为进行控制，并直接从目标公司而非其所在单位取得红利分配，从而更能保障自身报酬权益能够得到有效实现。

第二，股权激励可以将发明人的抽象价值具体化。在实际中，部分职务发明作价入股投资设立的企业可能并未实施该发明，其原因在于合作单位或者投资者看中的并非该专利权本身，而是职务发明人及其研发团队给目标企业在研发能力及经济效益上带来的提升作用，以及其在技术积累或者业界声誉方面的抽象价值。但是，这

[①] [美] Jay Dratler, Jr:《知识产权许可》，王春燕等译，清华大学出版社2003年版，第24页。

些抽象价值并不能用法定财产权利及其价格来加以衡量,也难以折算为具体股权,可能会给职务发明人获得合理比例的报酬带来障碍。因此,通过将该团队的某些职务发明作价入股可以比较方便地折算为股权,由单位作为职务发明报酬给予发明人,从而实现对发明人的激励。

二 职务发明股权报酬机制面临的困境

(一) 职务发明占股比例问题

在以投资入股方式对职务发明转化实施时会面临许多困境。职务发明报酬制度的构建,不应单方面保障发明人或者单位中一方的利益,而应保证发明人与企业参与分配特定利益的资格。[1] 首先,职务发明的价值评估一直是理论和实践中面临的重要难点。职务发明人获得报酬的依据在于其发明具有价值,并且能为单位带来经济效益,因此必须得到合理估价。《公司法》规定非货币财产出资要求由专门的评估机构对其评估,并将其价值折算成货币计入公司资产,并给予股东相应的股份。评估专利权时不仅要考虑通过研发或者转让获取专利权时付出的成本,更为重要的是预测专利获得收益的可能性及其蕴含的风险。[2] 由于受自身权利状态以及客观环境的影响较大,不确定因

---

[1] 肖冰:《日本与德国职务发明报酬制度的立法比较及其借鉴》,《电子知识产权》2012年第4期。

[2] 孙洁丽:《创新驱动发展时代企业知识产权评估方法研究》,《闽西职业技术学院学报》2016年第4期。

素较多，职务发明的价值往往难以准确预测。另外，专利权作为具有独特性的无形资产，其价值评价缺乏可比性，没有采用市场价格评估法时应具备的相应参照物，更增加了专利权投资入股价值评估的难度。① 一方面，对职务发明进行严格定价的成本较高且不具有可操作性，另一方面，我国没有建立统一的专利价值评估指标体系。因此，实践中，以技术入股的占股计算也主要经验资机构自主结合预期市场效益等因素进行验资并出具证明，最终由当事人之间依此进行协商定价。这种缺乏统一标准的价值评估缺乏合理性和科学性，往往不能真实体现职务发明本身真正的价值，从而损害发明人、单位或共同投资人的利益。

（二）发明人占股比例问题

除了职务发明本身的估值困境之外，职务发明人贡献度等因素导致了其报酬难以得到保障。② 当事人固然可以就发明人占股比例进行约定，但是若没有约定或者约定不明，则不得不依赖法定比例来加以认定。《专利法》及其实施细则并未对作价入股情形下的法定分配比例进行规定。而《促进科技成果转化法》规定，利用该项职务科技成果作价投资的，对实施发明创造专利后应对发明人、设计人支付的具体报酬比例规定为50%以上。尽管从横向比较上看，该比例并未高于同一条款中专利权转让、许可时的报酬下限，但是仍然明显高于之前立法中的法定比例，这会导致两个问题。一方面，严格支付比例貌似合理和具体，但实际上并不能客观反映不同地区、行业、技术领域、企业主体以及发明的特

---

① 王歆：《知识产权评估制度》，《文史博览（理论）》2016年第2期。
② 俞风雷：《日本职务发明的贡献度问题研究》，《知识产权》2015年第6期。

定情况。一项发明获得经济效益须基于多种因素的协调作用,职务发明对整个产品或者工艺经济效益的贡献很难从中分离,而我国也缺乏判断职务发明报酬标准是否合理的程序性规范。另外,限制了法官对于专利法上"合理报酬"的自由裁量权,不利于法官根据发明人的实际贡献度裁定报酬比例。同时,单位在研发与转化中承担的经济风险也应当考虑在内。因此,不对职务发明创造及发明人的贡献进行合理评判,按照上述法律规定提供高额报酬将挫伤单位的创新积极性。

(三)发明人持股分散化问题

当前,由于科技研发分工合作的细化,一项职务发明往往由多个发明人合作共同完成。单位利用职务发明投资入股时,若以股权方式给予发明人报酬,则会出现多个发明人各自所享有股权的分散化持有问题。一方面,发明人一般属于技术人员,对于公司事务的商业决策并不熟悉,如果其精力从专注于科研分散到公司事务则不利于进一步创新。另一方面,每个发明人所持股权的比例不高,难以统一行使股东权利并有效形成公司决策。多个人同时占股容易导致股权分散,而我国的公司治理不像英美市场导向的股权高度分散的治理模式。在英美法系国家的公司治理模式中,解决代理问题的关键是通过有效的司法制度确保信息透明。[①] 而我国在股东知情权等方面机制构建尚不完善,对股东权利保护以及执法力度方面相对较弱,小股东的权利难以得到有效保护。因此,多个发明人如何通过股权有效实现报酬利益是急需解决的问题。

---

① 尹中立:《股权分散不适合中国国情》,《证券时报》2003年11月21日。

（四）发明人股权报酬纳税问题

当前，我国未针对知识产权收益制定特别税收政策，因而已表现出一定的滞后性，在某种程度上对知识产权的创造、流通和实施有所阻碍，并无法对日益复杂的知识产权贸易进行适当的规范。[①]就职务发明作价入股而言，单位以股权作为职务发明报酬，将会导致发明人承担相应的个人所得税问题。根据《个人所得税法实施条例》，应纳税的"工资、薪金所得"包括"与任职或者受雇有关的其他所得"，而作为职务发明报酬的股权也涵盖在内。在具体操作时，负责征管的地方税务局会要求其获得股权时即行缴纳，或至少将应缴税款登记备案。实际上，该股权在形成时并未给发明人带来直接的现金收益，非上市公司的股权交易比较困难，而上市公司股份则一般有三年左右的绑定期。若此时要求其缴纳所得税将对发明人造成经济上的成本和负担，使得其在获得实际收益之前便要支出所得税。为此，在促进科技成果转化的政策背景下，财政部和税务总局于2016年出台了《关于完善股权激励和技术入股有关所得税政策的通知》（以下简称财政部《通知》），第一条即规定符合条件的非上市公司股票期权、股权期权、限制性股票和股权奖励实行递延纳税政策："非上市公司授予本公司员工的股票期权、股权期权、限制性股票和股权奖励，符合规定条件的，经向主管税务机关备案，可实行递延纳税政策，即员工在取得股权激励时可暂不纳税，递延至转让该股权时纳税"，这一规定也能适用于职务发明报酬中的股权取得问题。此外，该条还规定"股权转让时，按照股权转让

[①] 赵昌华：《促进企业自主知识产权成果产业化的税收政策建议》，《中国税务》2008年第7期。

收入减除股权取得成本以及合理税费后的差额,适用'财产转让所得'项目,按照20%的税率计算缴纳个人所得税",由此为合理界定个税缴纳时机提供了依据。然而,若发明人获得股权后采用集中持股方式,可能会将取得的股权转让至某一机构或者个人名下,按照现行规定仍将进入纳税范围,这一问题有必要得到解决。

(五) 职务发明再转让易导致诉讼纠纷

实际转化职务发明的目标公司从其他方面的需求出发,也有可能将职务发明进行再转让。这种情形下,对于发明人来说,职务发明经济价值的发挥又转换成直接买断形式,这就违背了职务发明人及其单位将职务发明作价入股进行转化实施的初衷,职务发明人及其单位重新失去对发明专利的控制。发明人股东原本依附职务发明获得股权很大程度上就是为了促进发明进一步升级,实现专利转化利益最大化,从而使转化单位及股东受益,再转让行为则让这一目标落空。因而,在未有事前约定情况下,职务发明单位、发明人与实际转化单位很容易就此产生诉讼纠纷。例如,在魏某等诉航天信息股份有限公司等一案[①]中,原告所在单位中国航天科工集团公司将涉案职务发明创造转让给被告,并将所获得的转让费转化为所持有的被告股权,当原告主张依据被告近年所获得营业利润计算报酬数额时,法院驳回了该请求并仍然根据原转让费及法定报酬比例加以计算。由于该专利转让时间为较早的2001年7月,距离起诉时间过去了将近15年,虽然法院未因此认定其超过诉讼时效,但是也不支持其依据作为上市公司的被告的营业利润计算报酬,使得发明人不能分享该专利在转让后所产生的

---

① 魏某等上诉航天信息股份有限公司职务发明创造发明人、设计人奖励、报酬纠纷一案。北京市高级人民法院 (2015) 高民 (知) 终字第890号民事判决书。

丰厚利润。在股权投资对象公司自行实施或者再次转让后均会产生类似问题。

另外，多个发明人股东在分散持股的情形下要实现股权报酬，其内部对于作为奖酬的股权分配可能出现较大的意见差异，个别发明人股东可能基于自身利益拒绝股权形式的职务发明报酬，而要求报酬变现等。诸如以上情形也较容易产生相关股权报酬诉讼。

三 职务发明股权报酬机制的改进

（一）职务发明占股比例的认定机制完善

破解作价入股单位的占股计算难题要借助权威的专利评估机构，另外也要由市场机制决定最终价值。现阶段我国并没有建立科技成果定价机制，也未建立进行定价的权威验资机构。《公司法》规定股东以非实物出资的要经过依法成立的验资机构进行验资，但知识产权尤其是专利估值的专业性和技术性较强，对其价值的判断需要根据系统、统一的估值指标核算才能进行合理判定。实践中，部分验资机构因缺少统一的专利价值评估指标体系而饱受估值缺乏合理性的诟病。在职务发明作价入股的过程中，企业、科研机构和高校等对目标专利进行自行估值往往成本过高，还要投入大量人力物力，另一方面自行估值的数据因缺乏可信赖性，在投资入股时往往不被对方认可。因而，建立权威的估价机构及统一的机制评估指标体系，并从制度上建立技术估值机制是必然之需。①

关于职务发明的评估指标体系中涉及的估值评价因素,既要包括技术本身层面的影响因素还应当综合考量其市场层面、法律层面等相关影响因素。②技术层面上,要考虑技术本身的成熟度,技术应用的困难程度,技术垄断程度以及技术寿命。一项职务发明技术越成熟、垄断性越高,其技术寿命一般也越高,其经济价值也相应较高。市场层面上,不仅要考虑职务发明在市场上的预期收益,还要结合职务发明的形成成本进行综合考量。法律层面上,主要考虑目标发明权属完整性状况、使用期限以及受保护程度的大小。在对于专利权的技术价值因素和部分市场价值因素进行评估时,应当保障职务发明人参与的权利。一方面可以提高评估过程的科学性和专业性,防止外行评估内行;另一方面也可以使得职务发明人的报酬权益得到保障,减少专利权交易价格的信息不对称性。若单位拒绝发明人参与专利权的价值评估过程,则后者有权在事后提出异议并不予认可,法院也不应将该评估结果作为认定合理报酬比例的依据。

(二)股权报酬法定比例的合理设定

职务发明股权报酬的比例确定,与职务发明本身价值及在完成发明创造的过程中发明人所做出的贡献密切相关。在日本 2005 年修改的专利法中,在原 35 条基础上增加了企业可依据雇佣合同、有关雇员规则等公司规则来确定职务发明奖酬标准的规定,并规定了判断报

---

① 用于折股的科技成果的折股比例应由依法登记的具有评估资格和科技成果评估能力的资产评估机构评估作价后确定,也可以由股权激励实施方与激励对象自行约定,涉及国有资产的应当符合国家有关规定并办理备案手续。
② 陈静:《知识产权资本化的条件与价值评估》,《学术界》2015 年第 8 期。

酬是否合理的程序性要求，以此保障法律的良性实施。①《条例送审稿》首次规定单位在确定报酬数额时，应当考虑每项职务发明对整个产品或者工艺经济效益的贡献，以及每位职务发明人对每项职务发明的贡献等因素。该草案就借鉴了日本的做法，规定单位可以在其依法制定的规章制度中规定或者与发明人约定给予奖励、报酬的程序、方式和数额。该条无疑给报酬数额的确定提供了指引，明确了报酬数额计量参数。在改进时，该条款有必要将发明人在单位所处职位以及已取得的普通薪酬也纳入参考因素，同时要考虑到合作单位对职务发明人及其团队的信任在建立共同投资关系中的作用，从而合理地确定发明人应获股权比例及金额。

在股权报酬法定比例方面，应当客观反映各行业在职务发明转化时发明人应当获得的最低限度的报酬保障，因此不宜设定得过高而有失偏颇。《促进科技成果转化法》将股权报酬的法定比例规定为50%，固然可以保障发明人的报酬权益，但是也会对单位利用投资入股转化发明的积极性造成损害，因此将法定比例调整为20%—30%较为合理。如此，也有利于保障法官在裁定报酬比例时有适当的自由裁量权。法院在认定发明人所占股权比例时，有必要遵循判定合理报酬的机制，从实体上保障发明人的报酬权益。

（三）分散持股问题解决途径

对于职务发明人分散持有问题，为了使发明人股东的权利行之有效，可以通过利用公司法中规定的隐名股东、股份代持方法加以解决。发明人可以与所在单位签订股权代持协议，对各方权利与义务进

---

① 安迪言：《我国职务发明奖酬制度缺乏科学性和可操作性》，《电子知识产权》2009年第11期。

行事前约定，由后者代为持股，对此达到集中行使股权的目的。如此，该单位和发明人都可以最大限度地实现在目标公司的权益。另外，若部分发明人希望自行实现股权集中，也可以委托其中一人或者共同另行选择第三方代为持有其股份，由名义持股人代表各发明人的共同意志行使其股权。在发明人为多数人的情形下，公司内部可以成立发明人团体整体机制，根据发明人在研发过程中的位置和作用，确立一套发明人内部代持股、股权转让体系，这样既利于发明人对职务发明升级改造，同时又整合了股权，便于形成有效的公司决策。

（四）发明人股权报酬税收问题解决建议

为了解决因代为持股所产生股权转移的个税缴纳问题，可以借鉴其他国家在这方面的先进经验。日本、韩国都规定了较为完善的职务发明奖励报酬政策，韩国法律规定，知识产权实施收入可减免所得税或法人税，职务发明专利转化收入免征个人所得税。[1] 我国在职务发明股权报酬机制方面，可以在财政部《通知》基础上进一步明确，以代为持股为目的的股权转移不在缴纳个税范围之内，从而有效解决代为持股中股权转移可能产生的征税问题，为发明人更好地利用该机制提供政策保障。

（五）争议纠纷预防机制

职务发明单位作价入股实施专利时，应当与实际转化单位就职务发明的再转让问题进行协商。一般而言，出于对职务发明进一步优化升级和长期效益的考虑，职务发明单位往往不愿意将发明专利进行再

---

[1] 郭秀明：《以无形资产投资入股的纳税处理》，《商业会计》2008年第19期。

转让。就此,职务发明单位可以与转化单位签订禁止再转让协议,或者约定再转让需获得发明单位或发明人的同意,并可以将有关协议向所在地省、自治区、直辖市知识产权管理部门或者国防知识产权管理部门备案。[①] 如此,可以减少因未事先约定而产生的交易诉讼。

针对发明人为多数人的情形,职务发明单位应当建立股权报酬公示制度。在单位与发明人的劳动合同中可以针对职务发明股权报酬问题订立条款,要求股权报酬名单进行公示透明化,并约定建立发明人之间的股权转让以及股权代持等问题的内部解决机制。一旦出现个别发明人不同意以持股作为报酬,或者持股之后想变现股权利益等事宜,发明人之间首先就可以通过内部进行股权变动消化,这样一方面能够保证发明人对职务发明的控制;另一方面,也减少了发明人就股权报酬与发明单位或实际转化公司产生的诉讼。对于发生的职务发明纠纷,相关知识产权管理部门也应当建立纠纷解决机制,对职务发明股权报酬纠纷依法调解和处理。

[①] 《国务院办公厅印发〈国务院关于新形势下加快知识产权强国建设的若干意见〉重点任务分工方案的通知》中要求建立职务发明人维权援助机制。各级地方知识产权管理部门和国防知识产权管理部门要建立和完善职务发明人维权援助机制,指定专门机构为单位和职务发明人提供维权援助服务。对于发生的职务发明纠纷,各级地方知识产权管理部门和国防知识产权管理部门应当及时依法调解和处理。

第十章　关联交易中职务发明报酬问题

一　关联交易对职务发明合理报酬可能产生的危害

关联交易是现代公司运营过程中普遍存在的现象，其行为本身是一种中性的商业行为，会给企业集团带来可观的收益。[①] 从事合法合理的关联交易，是企业集团减少成本、增加效益，并且快捷、有效的运营手段，为众多公司所运用。[②] 具体来说，关联交易有降低交易成本、优化加强企业间的合作、减少企业的税务负担等三个方面的积极效应。[③]

[①] 企业集团，是指国内外包括跨国公司在内的由在法律上是多个彼此独立的企事业单位组成，而相关经营活动却是一体化进行的关联企业群。

[②] 陶鑫良、张冬梅：《"中央集权"IP管理模式下职务发明报酬若干问题探讨——从张伟锋诉3M职务发明报酬诉讼案谈起》，《电子知识产权》2015年第7期。

[③] 李小敏：《关联方交易的特点及披露原则》，《同济大学学报》（社会科学版）2003年第2期。

但是，在商事交易过程中，由于关联方之间的人格形骸化与关联交易本身所具有的隐蔽性与非公允性，对于职务发明报酬制度的有效运行和发明人的合理利益极易产生危害。

职务发明中的关联交易可以区分为两类：一类是产品的关联交易，另外一类则是涉及专利权益的关联交易。其中，涉及专利权益的关联交易又细分为申请专利的权利的转让、专利申请权的转让以及获得授权后专利的转让或者许可三种类型（见图10-1）。各种关联交易均会在一定程度上损害职务发明人的报酬利益。

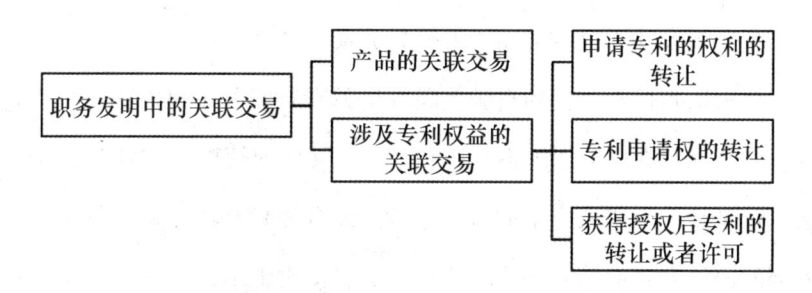

图 10-1 职务发明中的关联交易

（一）关联交易导致责任主体的错位

现行《专利法》第16条与《专利法实施细则》第78条，都明确规定了支付职务发明人报酬的责任主体为"被授予专利权的单位"。从表面上来看，该主体设置具有一定的合理性，即职务发明人所在单位依法享有申请专利的权利。因为在一般情况下，职务发明人按照公司任务完成的职务发明均为企业所需技术，企业也不会轻易让渡申请专利的权利。

然而，在关联交易中，如果各个关联方隶属于同一企业集团，则具有高度的利益一致性，因此会出现"人格混同"。特别是在实行

"中央集权"知识产权管理模式的企业集团中,各子公司、分公司等关联企业群内的知识产权实行统一经营管理,专利权会集中于某一子公司。如果专利权的转让发生在本单位被授予专利权之后,仍然可以由其作为责任主体承担支付报酬的义务。但是,在关联企业中,职务发明可能尚未被授予专利权就进行了转让,而由关联方负责专利申请并获得授权。在这种情况下,由被授予专利权的关联方承担支付报酬的义务,而作为职务发明人雇主的本单位被免除了相应义务,会给职务发明人寻求司法救济带来一定的障碍,因为被授予专利权的关联方与职务发明人并不存在劳动或者劳务关系。

从司法判例看,必须克服关联方均无需对职务发明报酬承担支付责任的情况。在3M公司案[1]中,法官采取目的解释的方法,认为立法本意是给予发明人应得的劳动报酬,该合法权利不应由于跨国企业内部的协议安排而受到损害。因此,即使3M中国公司并非涉案发明的专利权人,但其系张某的雇主,仍应当向张某支付职务发明报酬。同样,在前述魏某等诉航天信息股份有限公司等一案[2]中,法官依旧采用寻求立法本意的解释方法,只要求发明人所在单位承担支付责任。可预见性与公正性的矛盾是试图通过管制促进创新的政策制定者不得不面对的现实问题。[3] 部分案件中采用的司法模式实际上否定了现行立法关于报酬支付责任主体的可预见性,而是基于公正性的考虑,肯定了职务发明人所在单位的支付义务。

通过公司法上的法人人格否认制度,能够否定职务发明人的所在单位或者关联方的法人人格,由关联交易的双方承担支付报酬的连带

---

[1] 上海市高级人民法院(2014)沪高民三(知)终字第120号民事判决书。
[2] 最高人民法院(2015)民申字第2945号民事裁定书。
[3] 蒋舸:《职务发明奖酬管制的理论困境与现实出路》,《中国法学》2016年第3期。

责任。我国《公司法》第 20 条第 3 款未就债务类型进行限制。按照学理解释，债务应是广义的，包括合同之债、侵权之债、劳动之债、税收之债等。① 职务发明人作为公司雇员是公司的非自愿债权人之一，具有内部债权人地位，若提起揭开公司面纱之诉，会因为公司实际利润信息的缺失，很难掌握股东滥用公司独立法人人格的恶劣行为。根据公司法的规定，债权人只要证明公司与股东在人格上难以区分，并且自身受到严重的损害即可。② 但随之而来的问题是，作为原告的职务发明人，在诉讼过程中首先需要承担人格混同的举证责任，其次需要证明公司未支付的职务发明报酬金额，这无疑加重了职务发明人的负担。发明人本应只需要证明企业具有不支付合法报酬的行为即可，却需要借助人格否认制度来促使单位支付报酬，在司法救济过程中绕了一个大圈，不利于其实现权利救济。

（二）影响报酬金额的计算

职务发明报酬的计算标准采用约定优先、法定保障的原则，即在尚未约定的情况下，按照利用该项专利所获得的营业利润或者许可费用的一定比例来确定报酬。对于职务发明人而言，要获得报酬首先需要掌握利润信息。但是，职务发明人虽作为公司内部工作人员，一般情况下均不是高级管理人员，而是具有专业技术能力的企业基层职工，并不能直接参与到公司的治理当中去。他们既不能直接参与到公司的交易缔结程序，也无相应权利去请求查阅公司账簿，对于企业实施的关联交易更难察觉。即使职务发明人获得报酬的权利受到侵害，他们也可能处于毫不知情的状态，难以及时维护自身权利。

---

① 王保树、崔勤之：《中国公司法原理》，社会科学文献出版社 2006 年版，第 68 页。
② 朱慈蕴：《公司法人格否认：从法条跃入实践》，《清华法学》2007 年第 2 期。

由于公司处于信息的优势地位，其直接的结果是公司利用信息的不对称性实施相应的机会主义行为，例如不提供或者虚假提供该项专利的营业利润。这就意味着公司作为信息优势者，降低了其履行法定义务的成本，而职务发明人如果需要获得充足的合法报酬，就需要额外支付较高的监督成本。

在报酬支付实务中，确实存在职务发明人无法获取报酬计算依据的现象。国家知识产权局条法司于2012年发布的《职务发明制度实施情况及完善发明人调研报告》（以下简称条法司《调研报告》）中指出：实际调研结果显示，目前影响职务发明人获得合理报酬最主要的原因是大多数（51.3%）受访者无法获得单位的营业利润，因此也就难以对报酬数额合理与否进行评价。另有部分（20.5%）受访者表示单位并未按照营业利润支付报酬，而是依据职务发明价值给予奖金。15.4%的受访者所在单位按照营业利润的一定比例给付报酬，主要集中在2%—10%，他们大多数对现有比例表示满意。[1] 无法获取特定专利的营业利润信息，成为了职务发明人获取合法报酬的现实障碍。

按照《专利法》《专利法实施细则》《条例送审稿》的相关规定，即使是在关联方之间进行转让或者许可，报酬数额仍然是根据转让费或者许可使用费来确定。在关联交易中，基于其所特有的不公平性，双方约定的关联价格往往低于公允价格，最终导致职务发明人所获报酬明显低于以合理价格计算得出的报酬。

在司法实践中，法院已经注意到了在关联交易的非公允性会导致报酬金额的减损，并且进行了司法变通。例如在广东省高级人民法院

---

[1] 国家知识产权局：《职务发明制度实施情况及完善发明人调研报告》（http://www.sipo.gov.cn/ztzl/ywzt/zwfmtlzl/zthdybg/201403/t20140331_925629.html）。

审理的"深圳市金沙江投资有限公司与潘锡平职务发明创造发明人奖励、报酬纠纷上诉案"的判决书中就明确指出："在没有同类专利许可使用费作为参照的情况下，仅以两个关联公司约定的专利许可使用费作为发明人报酬的计算依据并不客观。"① 采用了法官酌定报酬金额的判决方式。这种立法与司法实践的矛盾，已经日益显著。

二 职务发明关联交易的规制路径

（一）关联交易规制路径的选择

有必要从两个方面对职务发明报酬制度进行完善。一是通过职务发明人、单位与关联方之间的权利配置重构，以事前机制的完善恢复职务发明转让市场的公平运转，从而避免市场的失灵。二是通过司法途径，对职务发明报酬制度进行事后的救济，包括诉讼主体设定、举证责任的分配、报酬数额的计算标准以及惩罚性责任。

其中，权利配置重构路径试图通过职务发明人实质性地参与交易，恢复较为完全的市场竞争机制。在市场竞争机制中，竞争者固然要争夺经济利益和市场支配地位，但是在主观上要追求经济资源效益的最大化，在客观上也将有利于社会。在市场机制所期望实现的合理竞争中，除了竞争者法律地位平等以外，还强调竞争者在经营决策上是相互独立的，这是市场价格机制有效运转的重要保证。② 然而，在

---

① 广东省高级人民法院（2011）粤高法民三终字第316号民事判决书。
② ［英］亚当·斯密：《国富论》，杨敬年译，陕西人民出版社2006年版。

第四篇 行为篇

现行法律框架规制下,关联方与发明人并非进行合理竞争。首先,这表现为发明人与关联方的不平等的竞争地位。如前文所述,发明人通常是具有专业技术能力的企业基层职工,与企业之间是管理与被管理的关系。其次,关联方也并非独立的市场主体。由于关联方与企业之间一定的经济利益联系纽带,而存在直接或间接的控制关系或重大影响关系。① 最后,由于关联交易的隐蔽性,关联方与企业之间形成封闭的交易市场,相对人无从获取交易信息。权利配置重构目的就在于化解关联交易中的不合理竞争因素,使得关联方与发明人之间形成合理竞争,将被关联交易扭曲的职务发明交易价格回到较为公允的市场价值。如此,可以避免通过成本较高的司法手段予以救济。

若对权利配置的重构尚未通过法律完善得到落实,或者市场机制仍未得到有效恢复,则不得不退而求其次地在司法救济过程中对职务发明人给予倾斜保护,从而保证其能够比较有效地主张权利,并抑制单位的关联交易动机。

(二) 关联交易遏制机制的交易成本分析

以规避报酬支付义务为目的的关联交易属于典型的机会主义行为。机会主义行为是新制度经济学的基本假设,经济学家奥利夫·威廉姆森认为,该行为是为追求自身利益最大化而实施的偷懒、欺骗、误导等行为。② 其对于有效率的交易结构具有破坏作用,扭曲了市场机制对资源的有效配置。③ 职务发明报酬制度的目的在于通过经济手段,保护职务发明人和单位的合法权益,充分激发职务发明人和单位

---

① 时建中:《论关联企业的识别与债权人法律救济》,《政法论坛》2003 年第 5 期。
② Oliver E. Williamson, *Markets and Hierarchies, Analysis and Antitrust Implications: A Study in the Economics of Internal Organization*, Free Press, 1975: 51.
③ 刘强:《机会主义行为规制与知识产权制度完善》,《知识产权》2013 年第 5 期。

的创新积极性,从而推动知识产权的运用实施,促进经济社会发展。但是,关联方实施的关联交易虽然带来了某些积极效应,却由于人格混同、隐蔽性、非公平性的特征,导致了极易产生侵害报酬权益的机会主义行为。减少产生此类机会主义行为的有效措施之一就是加大行为成本,使其远远大于收益,从而降低行为的意愿。

然而,即使单位被判决未支付足额报酬,其承担的通常也只是填平性赔偿责任。侵权行为的成本过低,缺乏惩罚性法律责任的承担,也直接导致了侵害职务发明报酬的机会主义行为盛行。这种机会主义行为及其威胁的增加,又进一步提高了职务发明制度运行的社会成本,扭曲了职务发明保护和交易关系。[①] 在缺乏惩罚性赔偿责任的立法模式下,关联交易过程中无法使职务发明人获得足额的报酬。并且,填平性赔偿责任无法充分补偿权利人和威慑侵权人,惩罚性赔偿的引入是必需的也是可行的,从而形成填平性赔偿与惩罚性赔偿相结合的责任承担模式。[②] 填平性赔偿的主要目的是补偿权利人的损失,剥夺侵权人的非法获利;惩罚性赔偿则旨在惩戒、威慑侵权人并预防侵权行为。

对于职务发明人来说,即使其职务发明创造具有很高的经济价值,但是通过诉讼、仲裁等途径寻求救济其维护权利的成本依然较高,造成职务发明人创造积极性的减弱,市场上具有高价值的职务发明将会减少。对于仅具有低经济价值的职务发明创造,即使存在关联交易也不会对职务发明人的利益造成很大的减损,不至于过多地减损其创造积极性。在机会主义行为中,由于个体的理性会导致整个市场

[①] 刘强、马德帅:《机会主义知识产权诉讼行为及其法律控制——美国法的经验和启示》,《湖南大学学报》(社会科学版)2014年第3期。

[②] 罗莉:《论惩罚性赔偿在知识产权法中的引进及实施》,《法学》2014年第4期。

的不理性，最终将引发"劣币驱逐良币"的现象，形成"柠檬市场"，造成整个交易市场的成本沉淀。① 该现象的存在，会降低职务发明在知识产权领域的重要地位，从而造成知识产权市场的发展减缓以及不必要的资源消耗。

在承认交易成本不为零的前提下，不同的产权安排将导致不同的效率成果。② 在关联交易中，由于机会主义行为的存在，导致了交易成本的沉淀与增加。交易成本为机会主义行为提供了滋生的土壤；而机会主义行为及其潜在威胁又会推动交易成本的上升。③ 关联方与单位之间需投入成本以便掩盖关联交易的本质。而职务发明人为了防范与反抗关联交易会采取相应的措施。在产生纠纷进行诉讼时，同样会产生司法资源的消耗。所以在职务发明中的关联交易中，职务发明人、本单位与关联方之间不同的权利分配，对于交易市场来说会产生不同的效率效果。完善的权利设置，虽然不可能完全消除交易成本，但是会在更大程度上减少交易成本。在条法司《调研报告》中，反映最集中的问题是发明人处于弱势地位（在单位知识产权管理相关规章制度设计、报酬方面谈判等方面），很多权利难以有效保障，占受访者的57.1%。应当说在职务发明报酬制度的实际运行中，职务发明人对于制度中权利的重新配置具有很大的期望。

（三）职务发明关联交易规制的域外借鉴

英国专利法关注了企业专利权关联交易对职务发明奖酬的负面影

---

① ［美］乔治·阿克洛夫：《柠檬市场：质量的不确定性和市场机制》，《经济导刊》2001年第6期。
② Ronald Coase, "The Nature of the Firm", *Economica*, Vol. 4, No. 16, 1937: 386 – 405.
③ ［英］亚当·斯密：《国富论》，杨敬年译，陕西人民出版社2006年版。

响。该法为规制此类行为，在第41条第2款专门规定："雇主因与其有关系的人通过转让、转授、赠授取得基于发明或者由其产生的专利或专利申请而获得或可望获得利益，则利益的数额应按不存在此关系人时，雇主可得到的利益计算。"即关联交易应当按照非关联交易价格来计算，防止雇主通过关联交易转移本应获得的专利权经营收益，从而减损发明人应当获得的职务发明奖酬数额。必须限制围绕专利转让或者许可进行的关联交易对于技术人员薪酬取得权的损害。在英国2009年由专利法院判决的英国沙克斯诉尤尼莱维尔公司案（Shanks v. Unilever PLC & Others）案[1]中，法官援引《英国专利法》第41条第2款的规定，认为在计算雇主获得的专利利益及其应当向雇员支付的经济补偿时，如果雇主向具有关联投资关系的市场主体转让或者转授专利的，其转让或者许可专利的价格应当采用非关联交易时的市场价格加以计算。审理该案的曼恩（Mann）法官认为，要在法院审理时合理确定专利交易价格，必须假设一个虚拟的第三人作为交易相对人，其能够以合理的努力通过商业运作获得专利的市场回报。[2] 法院不能从法律条文的字面上理解，而仍然以现实中的交易相对人为对象，而假设其不具备关联关系即可。因为，如果现实交易中雇主选择的交易对象市场运作能力显著低于通常能力，则即便是其没有关联关系也无法对于专利交易付出合理的市场价格，因此仍然不能实现专利法保护发明人报酬取得权的目的。当然，如果由于关联关系的存在，使得雇主的交易对象只付出了象征性的价格就取得了专利权或者专利实施许可，则可以认为雇主没有付出合理的努力去寻找合适的交易对

---

[1] "Shanks v. Unilever Plc. & Other", *Reports of Patent, Design and Trade Mark Cases*, Vol. 126, No. 11, 2009: 331 - 345.

[2] Ibid..

象，发明人应当按照超出其真实交易价格而计算得到的报酬。可以认为雇主没有付出合理的努力去寻找合适的交易对象，发明人应当按照超出其真实交易金额的价格而计算得到的报酬。该案在英国上诉法院二审时，法院将专利受让人取得的收益作为被告应当取得的专利经营收益。[1]

三 职务发明关联交易的权利配置重构

（一）发明人的优先受让权

关联交易的特性来自没有完全的市场环境，缺乏外部竞争制度。当前职务发明的权利归属规则设计得过于单一，使雇主和雇员之间无法形成分权制衡机制，双方利益在制度上严重失衡和直接对立，最终造成雇主和雇员对相关发明的权利归属进行贴身肉搏式的直接争夺。[2] 在制度的设计上，需要加入外部的市场竞争，赋予职务发明人更有效的权利，从而与单位之间形成权力制衡，让关联方同其他市场竞争主体处在相同的谈判地位，以防止单位对职务发明人权益的侵害。

事实上，我国《合同法》第 326 条已经赋予了职务技术成果完成人对于职务技术成果的优先受让权，但是并不能与《专利法》中的

---

[1] "Shanks v. Unilever Plc.", *Reports of Patent, Design and Trade Mark Cases*, Vol. 128, No. 12, 2011: 352–360.

[2] 张宗任：《职务发明的权利归属和报酬问题研究》，《知识产权》2014 年第 10 期。

"职务发明创造"等同对待。《合同法》上的职务技术成果，是执行法人或者其他组织的工作任务，或者主要是利用法人或者其他组织的物质技术条件所完成的技术成果。职务发明创造首先应当在满足《专利法》对于授予专利权的基本要求，其次对"执行本单位的任务"解释的范围进行限定。① 对比上述定义，两者之间存在着交叉和差别，可以利用韦恩图进行解释。

从图 10-2 可以看出，职务技术成果并不能涵盖所有的职务发明创造，但是从立法目的上来看，《合同法》应当对职务技术成果与职务发明创造予以统一并形成协调的规范模式。同时，《专利法实施细则》的法律位阶低于《专利法》与《合同法》，并且只能对《专利法》进行解释，而不能作用于《合同法》。在权利主体方面，职务技术成果完成人所享有的优先受让权，作为《专利法实施细则》所限定的职务发明人其并不能享有该种权利，在立法规制上造成了一种不必要的割裂性，使得法律制定不协调、不充分。

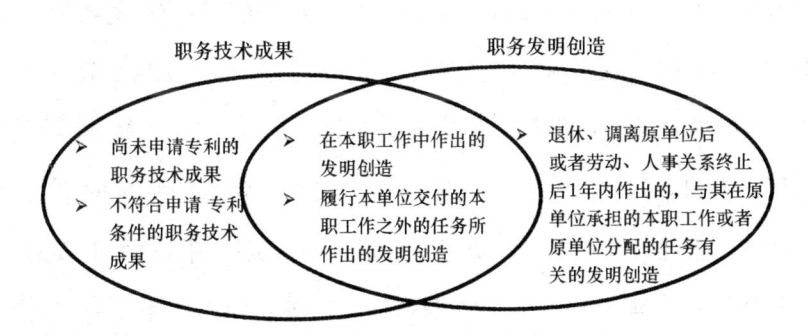

图 10-2 职务技术成果与职务发明创造的共性及其差异

---

① 可以将职务发明创造划分为三种类型：（1）在本职工作中做出的发明创造；(2) 履行本单位交付的本职工作之外的任务所作出的发明创造；(3) 退休、调离原单位后或者劳动、人事关系终止后 1 年内做出的，与其在原单位承担的本职工作或者原单位分配的任务有关的发明创造。

应当在《专利法》中明确引入职务发明人的优先受让权,使职务发明人的权益受到更加完善的保障。具体条款可以规定为:本单位欲转让该职务发明创造的申请专利的权利、专利申请权或者专利权给他人,职务发明人得以同等条件优先于他人予以受让的权利。通过赋予优先受让权可以引入市场竞争,让职务发明人具有跟单位协商的话语权,从而使得交易价格不再只是关联方之间达成的虚假合意,而是具有市场竞争、符合市场规律的公允价值。

优先受让权类似于公司法中的股东优先购买权,解释论上认可转让人修改其转让股权之意思表示,在受让人与其他拟收购股东之间形成一种内部拍卖市场,从而使闭锁公司拟转让之股权能获得最优的、公平的市场价格,克服闭锁公司之股权交易缺乏公开市场而衍生的弊病,被忽略的价格形成机制需要重新发现和得到重视。[1] 比照股东优先购买权,可以发现职务发明制度中设置优先受让权也具有同样的法律效果。在小型企业中,该制度不仅会使高质量专利的数量增加,更重要的是会提高企业内部整体专利质量。但由于相关发明创造性的不确定性非常高,进而很难计算出每个专利的个别贡献。[2] 优先受让权既赋予发明者知情权和一定限度的参与权来保障自身利益的实现,[3]又避免了上述计算过程,促成了有效的价格形成机制,这并非仅对单位行使权利产生限制,而会使得单位、职务发明人、受让方三者均受益。

---

[1] 蒋大兴:《股东优先购买权行使中被忽略的价格形成机制》,《法学》2012 年第 6 期。

[2] 转引自[日]上野剛史《成長を加速するイノベーションのための職務発明制度のあるべき姿》,《知財管理》2013 年第 6 期。

[3] 王重远:《美国职务发明制度演进及其对我国的启示》,《安徽大学学报》(哲学社会科学版) 2012 年第 1 期。

(二) 单位的通知义务

根据我国《专利法》的规定，转让专利申请权或者专利权采用登记生效主义，[①] 而申请专利的权利的转让则并不要求登记。不论在何种情况下，单位转让职务发明均无须通知职务发明人，导致后者对于转让合同的达成无从知晓。需要建立职务发明交易行为的通知制度，单位应当在与受让人进行转让时通知职务发明人，若在法定期限内（例如30天）职务发明人不行使优先受让权，单位方可将权利进行转让。如此，使得职务发明人具有了行使优先受让权的前提条件。条法司《调研报告》同样对通知制度的设置进行了调研，指出对于单位在自行实施或者转让、许可他人实施的情况下，应当将实施、转让或者许可等有关情况通报给职务发明人。对于这一建议，绝大多数（92.5%）受访者表示赞同。因此，有必要在此方面予以完善。

四 职务发明关联交易的司法救济措施

(一) 诉讼主体范围

在确定涉及关联交易的诉讼主体范围时，既需要结合关联交易的一般特征，也需要将职务发明中的关联交易区别对待。在产品关联交

[①] 根据专利法规定，转让专利申请权或者专利权的，当事人应当订立书面合同，并向国务院专利行政部门登记，由国务院专利行政部门予以公告。专利申请权或者专利权的转让自登记之日起生效。

易中，由于未涉及专利权益的让渡，被授予专利权的主体应当是职务发明人的所在单位，发明人只能请求该单位承担支付报酬的责任。其争议点在于能否请求进行产品交易的关联方承担连带责任。多数情况下关联方交易的确存在着人格混同，但是若只涉及产品关联交易，职务发明报酬的责任主体仍然限于发明人所在单位。首先，从实际诉讼过程来看，若要关联方承担连带责任，职务发明人需要以证明其存在人格混同的前提，才能揭破公司的面纱。在实际判例中，揭破公司面纱的案例也是少之又少，究其原因是证明公司人格混同的举证责任过大，不利于职务发明人行使司法救济权。其次，基于专利权用尽原则的阻断作用，专利权人授权专利产品首次销售后即丧失对该专利产品进行再销售、使用的支配权和控制权，作为只享有报酬请求权的职务发明人，自然也就丧失了对关联方请求报酬的权利基础。所以，在产品关联交易中，应当只以职务发明人所在单位设置为诉讼主体。

在涉及专利权益的关联交易中，交易的客体并不是专利产品，而是职务发明创造本身。申请专利的权利与专利申请权的转让，会导致被授予专利权的主体并非是职务发明人的所在单位。但是，职务发明人所在单位都不应当逃避承担报酬的责任。在认定应当将涉及专利权益的关联交易中关联方作为共同被告从而承担支付报酬的连带责任时，仍然是以公司人格混同，否则不能直接将关联方作为支付报酬的连带责任主体。

（二）举证责任的分配

职务发明报酬纠纷中，需要对于诉讼举证责任进行重新分配。职务发明报酬的给付必须基于该发明已经实施并且产生了积极经济效益。根据"谁主张，谁举证"的原则，作为职务发明报酬权益主张者的职务发明人，其初步举证责任一般在于应当证明涉案的职务发明已经实施，以及产生了积极经济效益，并且原告是该职务发明的发明人。鉴于职务发明报酬计算一般依据的具体财务数据和资料等职务发明报酬计算的关键证据多掌握在企业集团一方，并且由于关联交易的隐蔽性、非公平性，职务发明人一般无法接触，故应当由企业集团一方就职务发明报酬的财务资料及其计算进行举证。

（三）报酬数额的计算标准

由于关联交易的非公平性，交易价格往往是非公允的，导致如果依据交易额来确定职务发明报酬，职务发明人的利益将必定会受到损害。必须限制围绕专利转让或者许可进行的关联交易对于技术人员薪酬取得权的损害。在产生纠纷时，就需要确定在关联交易中职务发明人报酬的合理计算标准。《英国专利法》第41条第2款规定："雇主因与其有关系的人通过转让、转授、赠授取得基于发明或者由其产生的专利或专利申请而获得或可望获得利益，则利益的数额应按不存在此关系人时，雇主可得到的利益计算。"职务发明人的报酬应当按照不存在关联方的情况下，按照市场交易价格来进行计算，防止雇主通过关联交易转移本应获得的专利权经营收益，从而减损发明人应当获得的职务发明报酬数额。

我国《专利法》对于关联关系和关联交易没有特别规定，可以参照公司的相关规定，防止职务发明交易中的利益输送对奖酬的减损。《公司法》对于关联关系有明确界定，其范围是指公司控股股东、实际控制人、董事、监事、高级管理人员与其直接或者间接控制的企业之间的关系，以及可能导致公司利益转移的其他关系。因此，对于具有关联关系的公司之间进行专利权交易的行为，如果因此产生职务发明奖酬纠纷的话,应当以非关联交易作为价格参考对象加以认定。此外,在我国还可以考虑认定发明人作为企业内部债权人的地位,允许其行使《合同法》第73条规定的代位权和第74条规定的撤销权,从而避免作为雇主的企业通过关联关系放弃或者转移其专利权经营收益,并逃避对发明人应当支付的奖励和报酬。

此外,针对关联交易中专利权合理许可费用的计算标准,应当借鉴专利侵权损害赔偿计算中关于专利价值的计算方法。在美国所采用的有既成许可费、乔治—太平洋法则、原始的分析法、考虑最佳非侵权替代品情况下的分析法、成本节约法、拇指规则、整体市场价值规则等。① 法官可以结合案情,运用自由裁量权来确定合理许可费用。在关联交易中,可以借助合理的专利许可费用计算职务发明人所应当获取的报酬。

(四) 惩罚性责任

有必要确立针对职务发明报酬恶意侵权行为的惩罚性赔偿规则。在2016年11月4日颁布的《中共中央国务院关于完善产权保护制度依法保护产权的意见》中就强调:"加大知识产权侵权行为惩治力度,提高知识产权侵权法定赔偿上限,探索建立对专利权、著作权等知识产权侵权惩罚性赔偿制度,对情节严重的恶意侵权行为实施惩罚性赔偿,并由侵权人承担权利人为制止侵权行为所支付的合理开支,提高知识产权侵权成本。"企业在关联交易中实施侵害职务发明人报酬行为应当付出更多的代价,从根源上灭除侵权动机。

在关联交易中引入职务发明报酬的惩罚性规则,既避免了职务发

---

① 阮开欣:《解读美国专利侵权损害赔偿计算中的合理许可费方法》,《中国发明与专利》2012年第7期。

明人要求关联方承担支付报酬的连带责任时证明责任过大的困境，又避免了单位减损职务发明人报酬而只需承担填平性补偿导致规制无力的情形。同时，法律需对涉及专利权益的关联交易的受让方进行规制，要求承担故意减损职务发明人报酬的惩罚性责任，而无须承担对职务发明报酬的填平性责任。在非关联交易下所应当获取的报酬减去在关联交易下获取的报酬所得的差额，只能够由转让方独自承担，受让方不应承担该部分的连带责任。

若设置了通知制度与优先受让权制度，则类似于股东优先认购权，出让方未行使通知义务并不能成为合同无效或者可撤销的条件。由于关联交易的隐蔽性，职务发明人可能并不能及时行使优先受让权，关联交易方应当对其优先受让权受到损害的部分承担侵权责任。对于关联交易价格非公允的填平性赔偿责任，职务发明人的优先性不应以损耗第三人的精力、时间和金钱为代价，后者没有义务为预先征求优先受让人的意见而耗费缔约成本，作为债权效力优先受让权不能产生对抗第三人的效力。① 所以，涉及专利权益的关联交易中，受让方没有义务承担职务发明人报酬的填平性赔偿责任，而只需对其优先受让权受到损害的责任部分，与职务发明人所在单位共同连带承担侵权责任（具体见图10-3）。

此外，涉及专利权益的关联交易合同通常是有偿合同，受让人需要支付相应的对价，因此需要维护其合理的期待利益。未取得职务发明人放弃优先受让权的承诺而进行权利变动时，所在单位应当同关联受让方一道承担侵权责任，但是只限于承担以非关联交易价格计算出的职务发明报酬的填平性赔偿责任。

---

① 史浩明、张鹏：《优先购买权制度的法律技术分析》，《法学》2008年第9期。

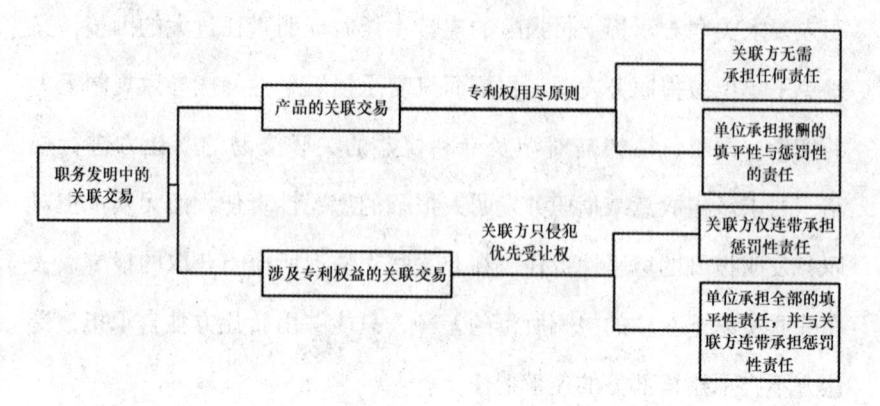

图 10-3　职务发明中的关联交易与责任承担

第十一章 职务发明报酬数额影响因素问题

一 职务发明报酬影响因素概述

我国专利法要求单位给予发明人合理的职务发明报酬，这是对后者积极从事研发活动提供的经济保障和激励。在职务发明报酬纠纷案件中，法院固然可以依据约定优先原则尽可能地承认当事人对于报酬约定的效力，但在当事人没有约定或者约定不合理时，法院依然不可避免地要对具体报酬数额加以实体上的认定。然而，法院在司法裁判中并无明确的依据用于计算并认定合理报酬，尤其是对涉及报酬数额的影响因素未得到有效厘清。因此，导致单位和发明人对于报酬计算标准及其具体数额的主张经常存在较大差异，缺乏应有的可预见性。我国《专利法》第四次修改及《条例送审稿》试图对此问题加以澄清，有必要借此契机予以明确。

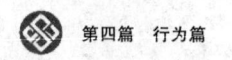

（一）我国职务发明报酬影响因素的立法概况及不足

我国涉及职务发明报酬影响因素的立法规范主要见于《专利法》《专利法实施细则》《促进科技成果转化法》等法律法规中，包括对涉及发明经济价值以及法定比例。其中，发明经济价值主要体现在"推广应用的范围""取得的经济效益""营业利润""使用费""转让净收入或者许可净收入"等因素中，而法定比例由两个影响因素叠加而成，包括职务发明在专利产品利润中的贡献比例以及发明人在职务发明中的贡献比例。这两项因素在《条例送审稿》中得到了进一步的确认。[①]

当前，我国职务发明报酬影响因素立法规定存在以下两个方面的不足。

首先，立法层级较低。相对于其他法律法规而言，《条例送审稿》在内容上更为具体明确，但是它属于国务院制定的行政法规，尚未上升到法律层面。该条例的法律效力不高导致在实施过程中可能会有局限性，缺乏配套的执行措施，执行力度将有待于加强。反观英国、日本、德国等国家，在专利法中有关于职务发明报酬数额影响因素的详细规定，相应司法标准或者实施指南也是由国家立法机关制定的。

其次，立法内容不全面。现行法律中，报酬数额的认定着重考虑产品的经济价值和发明人的贡献度这两个因素。但除此之外，还有其他客观方面和主观方面的因素没有明确的规定。例如，发明创造专利实施所产生的效益具有持续性和变动性，单位可能需要分年度给发明人支付报酬，此时就要衡量专利的可利用性和单位在产品实施过程中

[①] 参见《条例送审稿》第22条。

的贡献和过错。所以，在立法上需要从主观和客观两个方面，考虑各种影响因素并加以综合判断，制定更加细化及量化的报酬数额认定标准，从而促进职务发明经济利益在单位及发明人之间的合理分配。

(二) 职务发明报酬数额影响因素的法律价值

影响职务发明报酬数额认定的虽然主要属于经济因素，但是将其纳入法制化发展轨道对完善职务发明制度和改进司法裁判具有重要价值。

首先，有利于协调职务发明权属制度与报酬制度的关系。当前，各国职务发明权利归属主要采用雇主优先和雇员优先两种模式：前者将职务发明原始归属于雇主单位，同时规定单位有义务向发明人支付奖励和报酬，中国、法国、英国专利法是典型代表；[①] 而后者则由雇员发明人享有权利，单位享有免费非独占的实施权，美国和日本是典型代表。[②] 在职务发明报酬计算基础方面，两者也存在明显差异。对于前者而言，发明人对于职务发明本身并无支配权可言，因此其应当获得的报酬是以单位（独占）实施该发明所获得的全部收益作为基础进行计算的。对后者而言，"用人单位从该发明上所获得的利益"并非单位自己实施专利所获得的利益，而是取得排除他人实施之地位后能够取得的额外利益，因此通过专利许可获得的许可费收益更为值得

---

① 1977年《英国专利法》第39条第1款规定，根据本法和其他规定，就雇员和雇主之间而言，雇员的发明应被认为属于雇主所有。法国《知识产权法典》第L.611—7条第1项规定：雇员执行包含有与其实际岗位相应的发明性任务的工作合同，或者执行明确分配给其的研究开发任务，在此过程中所完成的发明归属于雇主。

② 2015年《日本特许法》第35条第1款规定：发明者、法人职员、国家公务员或地方公务员因性质上属于该单位的业务范围内，并且，该实现发明的行为系发明者基于现在或过去的职务而完成的发明获取专利时，或者职务发明中继承专利申请权的人取得该发明专利时，企业、法人、国家和地方公共团体对于该专利拥有普通实施权。

在确定报酬数额时进行参考。[①] 在 2005 年日本著名的蓝光二极管职务发明报酬案中，被告日亚化学株式会社认为，应当以原告发明带来的额外竞争优势或者许可费收益计算报酬。[②] 我国《专利法》第四次修改试图对于传统的雇主优先模式加以适度调整，特别是将主要利用单位职务技术条件完成的发明创造由默认属于雇主转变为默认属于雇员，也势必会影响报酬计算基础及影响因素的确定。

其次，有利于合理保护发明人权益及平衡双方当事人的利益。通过职务发明报酬影响因素的细化，可以防止发明人因不了解报酬计算要素或者信息不对称而遭受利益损失。相对于单位而言发明人处于弱势地位，谈判地位的不平等导致公司在制定报酬方面的规章制度和确定具体报酬数额时会优先保障自身的利益。所以，明确影响因素可以弥补发明人的地位劣势，保护其应有的合法权益。与此同时，职务发明报酬的利益分配机制需要尽量满足单位与发明人不同的利益诉求。明确影响因素可以使得报酬分配达到相对的平衡点，既能肯定发明人的发明价值，又体现单位的研发投入及风险承担。[③] 由此，可以在一定程度上减少报酬纠纷，降低起诉比率，节约司法资源。

再次，有利于提高司法质量和效率。在职务发明报酬纠纷中，由于法官并非技术或者市场问题专家，也未参与职务发明完成过程，因此公平合理地确定报酬数额存在客观障碍，有赖于法律规则对于影响因素的明确。我国法律对此没有详细规定，导致法院只能酌情确定数额，这一方面没有给予法院明确的指引，又赋予了法院过宽的自由裁

[①] ［日］田村善之：《日本知识产权法》，周超、李雨峰等译，张玉敏审校，知识产权出版社 2011 年版，第 330 页。

[②] Jean E. Healy, "The Application of Japanese Article 35 regarding Reasonable Compensation for Patents by Employed Inventors in Syuji Nakamura v. Nichia Corporation", *Pace International Law Review*, Vol. 17, No. 2, 2005: 387-412.

[③] Ibid..

量权。① 因此，若能在法律规定或者实施指南中明确报酬数额的计算公式，就为司法机关提供了一个科学合理的审判依据，使得法院减少对无关要素的查明，加强对影响因素之间的考查与衡量，有利于集中审判资源并做出公平合理的判决。

（三）职务发明报酬数额的域外经验

以英国为例，在职务发明创造奖酬比例方面，英国法院传统认为，发明设计人员所获得的实施专利技术的报酬，与企业在实施该技术后所获得的税后利润相联系。税后利润的产生与专利权的申请与保护应当密不可分，所以其所得到的报酬数额是企业所得利润的一定比例。凯利等诉通用电气医疗有限公司案中认为，英国法院普遍采用职务发明奖酬占净利润比例为33%以下时均属于合理比例的观点，尽管该案实际判决的奖酬比例并未达到这一比例。该案中判给研发人员的职务发明报酬略高于我国的上述法定比例。② 该案法院判定该企业分别支付100万英镑和50万英镑给技术人员凯利及池武。他们两位发明了可以用于成功诊断心脏疾病的医疗器械的系列专利。对于具体的补偿金数额，相当于该企业利用发明专利制造产品的销售额的0.1%或者净利润的3%。法院判决的理由是，如果没有企业的发展和对专利权的运用，单靠技术人员个人是无法完成专利权的创造并加以运用的。

英国专利法在职务发明奖酬影响因素方面规定：（a）雇员的工作性质、他按照本法在雇佣中或者根据职务发明已经取得的报酬或已得

---

① 参见2013年上海市高级人民法院《职务发明创造发明人或设计人奖励、报酬纠纷审理指引》第9条。该指南试图制约法官酌定报酬数额时的自由裁量权，但是又有限制过紧之嫌，不允许法官在《专利法实施细则》的法定标准之上裁定报酬数额。

② "Kelly and Chiu v GE Healthcare Limited, High Court of United Kingdom", *Reports of Patent, Design and Trade Mark Cases*, Vol. 126, No. 12, 2009: 363–406.

到的其他利益；（b）此雇员致力于该项发明所付出的努力和技能；（c）其他任何共同致力于做出此发明的雇员所付出的努力和技能，以及不是该项发明的共同发明者的另一雇员所提供的建议和帮助；（d）雇主通过提供的建议，设备以及其他帮助、提供的机会，以及他的管理和商业技术和活动对该项发明完成、开发和实施所做的贡献。孟科－梅德有限公司专利案[①]中，法院就认为如果雇主只对单个客户进行产品销售，则在对盈利的贡献方面，客户关系可能比专利权更为重要，因此难以认定专利权的存在对于企业经营收益具有显著贡献，不符合英国专利法中要求企业支付职务发明奖酬的法定条件。由此，可以避免单纯的比例要求对于报酬合理性的限制。

（四）职务发明报酬影响因素分类及计算方法

1. 影响因素的类型化

职务发明报酬数额的影响因素可以被归纳为两种类型，共七种影响因素。第一类是客观因素。此类影响因素主要涉及职务发明开发和实施过程中的技术因素和经济因素，与职务发明本身联系较紧，但是不涉及当事人的主观状态。客观因素是发明人获得职务发明报酬的基础性因素，并决定性地影响了报酬数额及能够实现的程度。根据目前各国立法规范及司法实践经验，客观因素共有五个：（1）发明经济价值；（2）发明人贡献度；（3）单位贡献度及经济负担；（4）发明人所处职位及薪酬；（5）单位的专利总收益。[②] 以上五个因素可以分为

[①] "Memco-Med Limited's Patent", Reports of Patent, Design and Trade Mark Cases, Vol. 109, No. 17, 1992: 403-420.

[②] 《德国雇员发明法》主要将客观因素作为认定标准，该法第 9 条第 2 款规定职务发明的经济上效益性、雇员在企业中担任的职务以及企业在职务发明完成中的参与度属于报酬计算的核心要素。

三个层次。第一个层次是共性因素，主要是指发明经济价值，这属于包括专利侵权损害赔偿、合理专利许可费、职务发明报酬等各种类型专利案件存在的共性问题；第二层次是个性因素，主要是第二至四项，仅涉及职务发明报酬案件；第三层次是封顶性因素，主要是指第五项单位的专利总收益。

第二类是主观因素。此类因素与当事人的主观状态，尤其是在职务发明创造、维护和实施过程中的主观过错有关。事实上，单位与发明人本可以就对方的过错行为单独要求进行赔偿，但是可能由于种种原因并未另行提出诉讼，此时可在职务发明报酬纠纷中加以考虑一并解决。因此，主观因素是职务发明报酬数额认定的调节性因素，在客观因素基础上对最终报酬数额起到一定的调整作用。由于职务发明报酬涉及单位与发明人两个主体，因此主观因素也包括单位过错程度及发明人过错程度两个方面。

2. 影响因素的计算方法

在确定了影响因素内容和范围之后，如何将各因素通过一定的计算方法加以有效结合便成为非常关键的环节。德国劳动部1959年颁布的《私营企业雇员发明报酬指南》（以下简称德国《报酬指南》）为有效确定职务发明的合理报酬数额，也采用了一定的公式加以计算。① 但是，由于其考虑的影响因素涉及面较为狭窄，也导致其计算公式不够全面，尤其是未能涉及主观因素，而雇员贡献度因素也仅为简单叠加。在借鉴前人经验的基础上，职务发明报酬数额应当根据以

---

① 该《报酬指南》规定，$V = E \times A$，其中 $E = B \times L$；$A = a + b + c$。公式中，V 代表合理的雇员发明报酬，E 代表该雇员发明的经济价值，A 代表雇员的贡献率，B 代表企业实施该雇员发明产生的营业利润，L 代表行业平均许可费率，a 代表根据完成雇员发明的任务来源决定的雇员的贡献分数，b 表根据雇员发明的技术方案情况决定雇员的贡献分数，c 代表雇员的职位因素对应的分数。

下公式计算得到，可供法院在诉讼纠纷裁决中加以参考。

职务发明合理报酬数额的计算方式为：

$$R = V - P$$
$$V = v \times i \times (1 + f1 - f2)$$
$$P = p \times (1 - r)$$

R 代表涉案发明人应得的报酬数额，V 代表根据涉案发明人贡献计算得到的报酬数额，P 代表发明人本职薪酬中应在报酬数额中扣除的部分，v 代表涉案职务发明的经济价值，i 代表发明人贡献度，$f1$ 代表单位的过错程度，$f2$ 代表发明人的过错程度，p 代表发明人的本职薪酬，r 代表发明人的本职工作与该发明的相关度。其中，$i = 1 - c$，c 代表单位贡献度。该公式较为全面地反映了影响报酬数额的各项因素，也较为合理地体现了相应的计算方法。

二　影响职务发明报酬数额的客观因素

（一）发明的经济价值

对于职务发明报酬数额的计算首先涉及对该发明经济价值的认定。[1] 法律制度要明确职务发明奖酬计算的基数和所占的比例。对于职务发明实施后的报酬而言，要考虑到专利权的实际经济价值。[2] 它

---

[1] 德国《报酬指南》在序言中指出，对于发明报酬的评估首先是对该发明经济价值的评估。

[2] 俞文华：《职务发明专利、比较优势和封锁动态——基于国家知识产权战略实施的视角》，《科学学研究》2010年第4期。

是发明人获得报酬的现实依据和计算基础，不存在发明产品收益也就谈不上对发明人在普通薪酬以外给予额外报酬。对于发明创造及其专利权的经济价值进行公允客观地评估是较为困难的，原因在于评估对象的权利客体无形性、法律状态不确定性及市场价值变动性。这种现象既体现在当事人在专利转让、许可及质押时的价值评估过程中，以及专利侵权损害赔偿认定等司法程序中，也必然会导致职务发明报酬数额的认定发生困难。在确定给予发明人的合理报酬数额时，发明的经济价值包括直接实施和间接实施所产生的营业利润，发明产品的销售收入、营业利润、许可使用费、转让费，乃至通过专利侵权诉讼获得的损害赔偿金等都是反映该产品经济价值的有力证据。

对发明产品的直接实施主要是指单位自行制造、销售该产品。就证明难度而言，直接实施所产生的利润较间接实施更加难以证明，因为前者隐含在产品销售额、产品利润等其他显性指标之中，而后者则可以直接体现在转让、许可合同里。发明本身的经济价值可以通过以下公式计算得到：发明经济价值＝产品销售额×产品利润率×技术贡献度×本发明重要程度。其中，产品利润率与产品所属行业有关，技术贡献度则需要在剔出机器设备、劳动力、原材料等其他因素以后得出，而本发明的重要度则需要排除其他技术所产生的贡献后得到。德国《报酬指南》的计算方法细分为三个方面，其一，雇主利用该发明在公司内部进行产品的优化升级，由此所提高的利润或者节约的制造成本就是该产品的经济价值。[①] 其二，以许可费率为标准计算。该《报酬指南》公布了电子、机械、化工、制药等行业的平均许可费率，

[①] 德国《报酬指南》中的"有形商业利润"包括职务发明给企业带来的节约开支、增加利润，甚至包括仅在企业内部适用的与产品、仪器或者设备，以及操作流程有关的发明。计算时需要减去原材料价格、工资、能源、维护费用。

当事人或者法院可以作为依据。① 其三，没有实际产生许可费用或销售收入的情形。此时对于合理报酬的计算则较为自由，单位和发明人可以共同对发明进行估值，并以此为依据计算报酬数额。② 此外，要考虑职务发明创造在整个产品或者工程中的技术贡献比例、职务发明创造在整个转让或者许可使用项目中的技术贡献比例，而不限于专利产品的销售。可以参照通用电气航空电子有限公司专利案中，法院将专利权对于非专利产品销售额的提高计算在奖酬基础范围内的做法。

对发明产品的间接实施主要是指单位对职务发明进行转让、许可，并从中获得许可费、转让费的活动。许可费收益是单位依据职务发明所获取的纯收益，所承担的营业风险较小。根据德国《报酬指南》，此时发明价值的认定基础就是以许可费或者转让费形式体现的净收入。当然，对于是否需要减去研发成本及必要的管理费用后计算报酬数额，德国与我国的规定有所不同。③ 如果单位通过交叉许可来利用职务发明，可以首先认定其从中所取得的利润总额，再通过估算该发明带来的收益及其在利润总额中所占的比例，从而得出发明人的报酬数额。④

德国法律中所罗列的影响因素是最为详细的，而在英国和日本则没有如此细分产品的经济价值。英国判例当中把发明产品的净利润视为发明的经济价值。凯利等诉通用电气医疗有限公司案一案中，原告

---

① 德国《报酬指南》第3条认为，发明价值可以通过基数（如营业额、产量）与许可费率（百分比或每件特定接或者数量单位的形式表示）相乘得出。第10条认定了四类工业部门许可费率供参考：电子工业0.5%—5%；机械制造业0.33%—10%；化工业2%—5%；制药业2%—10%。

② 参见德国《报酬指南》第5条。

③ 德国《报酬指南》第14条认为，需要在许可费中减去发明完成以后的研发成本和投入使用之前的完善成本，以及授权许可过程中的管理费用、谈判费用和税费，甚至包括许可颁发以后要承担的版权维护、起诉侵权和遵守承诺而产生的费用。《专利法实施细则》则直接以许可费收益作为计算标准，相对而言认定过程较为简便。

④ 参见德国《报酬指南》第17条。

凯利和池武发明了可以用于成功诊断心脏疾病的医疗器械的系列专利。法院最终判决通用电气医疗集团有限公司支付给两位原告共150万英镑的报酬，计算标准是此发明产品为企业带来的净利润价值的3%。[1] 日本将发明产品的经济价值称之为产品可利用性，企业的利润是指实施利用或独占许可该发明所得到的直接利润额。[2] 发明创造的可利用性高，则企业可以获得的经济利润就高，发明产品的报酬数额也随之增加。2002年日立制作所职务发明案以及前述蓝色发光二极管案中，都是在企业给予不合理的低额报酬后，以企业的利润为依据被判决支付高额报酬的案例。[3]

此外，应当拓展计算职务发明奖酬时认定企业经营收益的范围。适当拓展现有的职务发明奖酬计算基础有利于合理确定奖酬数额。例如，不仅专利权所带来的垄断性经济收益应当计算在内，而且除专利权以外职务发明本身所带来的技术领先收益也应当予以涵盖。例如，在专利申请到授权期间由于抢先占领市场而产生的超额收益应当作为计算基础。另外，对于专利侵权诉讼所获得的经济收益，以及尚未获得专利权的职务发明所产生的经济收益也应当计算在职务发明奖酬的范围内[4]，否则将使得企业在规避薪酬支付义务方面存在侥幸心理，不利于企业与技术人员之间建立相互信任的劳动关系。前述英国钢铁股份有限公司专利案[5]中，专利局认为，如果专利权的存在对于非专

---

[1] "Kelly and Chiu v GE Healthcare Limited, High Court of United Kingdom", *Reports of Patent, Design and Trade Mark Cases*, Vol. 126, No. 12, 2009: 363-406.
[2] 俞风雷：《日本职务发明的贡献度问题研究》，《知识产权》2015年第6期。
[3] 钱孟珊：《日本〈特许法〉职务发明规定的讨论与修改——对我国专利制度完善带来的启示》，《知识产权》2004年第5期。
[4] K. R. Wotherspoon, "Employee Inventions Revisited", *Industrial Law Journal*, Vol. 22, No. 2, 1993: 119-132.
[5] "British Steel PLC's Patent", *Reports of Patent, Design and Trade Mark Cases*, Vol. 109, No. 6, 1992: 117-130.

利产品的销售能够产生显著的实质性推动作用,例如雇主的客户是基于对专利产品的购买才认购非专利产品的,则职务发明人有权要求奖酬。不仅专利技术有经济贡献,而且更为重要的是专利申请以后对于专利技术的改进和完善,特别是使得专利技术能够商业化和规模化,①能在专利范围之内或者范围以外形成改进专利,从而对于商业化和利润获取产生重要贡献。

我国《专利法》第16条、《专利法实施细则》第77条、第78条和《条例送审稿》第17条、第21条、第24条是从经济效益等不同角度规定报酬计算依据的。② 法院据此作为影响因素来计算职务发明产品的报酬数额时,仍然需要注意以下问题:第一,我国法定报酬比例标准远低于英国、日本等国家一般水平,尤其是在共同发明的情况下,每个发明人得到的报酬可能很少,有待提高判决数额。第二,在法院审理过程中,企业每年的总营业利润容易举证证明,但就一项发明产品所获得的营业利润则举证困难。第三,当发生交叉许可、关联交易或者作为商业秘密保护不申请专利等情况时,对于发明产品的经济价值难以明确计算,或者计算结果可能小于实际的经济价值。第四,单位基于技术原因或者商业原因不利用职务发明时,发明人的权益仍然应当得到保障。③ 第五,职务发明对于单位竞争优势所发挥的作用会影响报酬数额。虽然非专利职务发明仍然应当获得报酬,但是

---

① K. R. Wotherspoon, "Employee Inventions Revisited", *Industrial Law Journal*, Vol. 22, No. 2, 1993: 119–132.

② 《条例送审稿》第24条:对于可以申请专利、植物新品种、集成电路布图设计的智力创造成果,单位决定作为技术秘密保护的,应当根据该技术秘密对本单位经济效益的贡献与发明人约定或者参照本章的规定向发明人支付合理的补偿。

③ 德国《报酬指南》对封锁专利、储备专利及其改进专利,根据其对于已实施专利所起的现有或者潜在作用为基础计算报酬,并且在技术布局状态发生变化时雇员可以根据《德国雇员发明法》第12条第6款要求调整报酬数额。对于不具有可用性、可用性待定的发明,单位可以不给予报酬或者在具有应用可能性时给予适当报酬。

如果因为泄密而造成发明内容广泛传播,则发明人将丧失获得报酬的权益。①

(二) 发明人贡献度

发明人对职务发明的完成及实施做出实质性贡献是其获得报酬的前提条件,而其贡献程度在计算报酬时应当作为重要的影响因素加以考虑。在司法实践中,对于发明人贡献度的认定也较为容易产生争议。例如,在3M公司案中,被告所制定的职务发明补偿条例中将发明人贡献比例定为专利产品销售的0.01%,原告发明人对此就持不同意见,并成为该案争议焦点之一。② 从主体上,发明人的贡献度分为全体发明人的贡献度和每个发明人的贡献度。在计算发明人的报酬时,应先考虑全体发明人的贡献度,然后再确定每个发明人的贡献比例。从内容上,要考虑发明人在提出职务发明所涉及技术问题中的贡献,及其在解决该技术问题中的贡献。此外,还要考虑合同约定或者法律规定的报酬提成比例,发明人或设计人对发明创造的个人贡献比例,其中要考虑雇主本身的贡献和其他技术参与者的贡献。不能仅以专利请求书中发明人的排序认定发明贡献。

若职务发明为一个发明人独立完成,则只需要计算他自身的贡献度。《英国专利法》第41条第4款规定,在决定雇员所应获得报酬的公平份额时,法院或者审计人员应该考虑"雇员致力于创造该发明的努力和技术"的因素。③ 日本专利法中,起初只考虑雇主拥有专利权,雇主向发明人支付其认为的"合理对价"即可,并没有考虑发明人的

---

① 参见德国《报酬指南》第25条。
② 参见上海市高级人民法院(2014)沪高民三(知)终字第120号民事判决书。
③ 1977年《英国专利法》第41条第4款(b)项。

贡献程度。奥林巴斯案的出现，使得雇主和发明人开始重视发明人的贡献度问题。① 该案中，原告田中俊平在工作期间发明了"信息读取装置"，但奥林巴斯光学工业株式会社仅支付给原告21.1万日元。经法院判决，被告获得利润5000万日元，原告的发明贡献度为5%，原告应获得合理报酬250万日元。② 可以借鉴德国《报酬指南》等规定，对发明人贡献度的构成因素加以认定，包括提出发明任务及完成发明创造时的贡献度。③ 在提出任务方面，应当考虑该发明是否属于执行雇主交付的具体研发任务，雇主是否提供了具体的解决方案，雇主是否提出了发明需要解决的技术缺陷和需要实现的技术需求，研发任务是否由发明人自行设定以及该任务是否在发明人本质工作范围之内等因素；④ 在完成任务方面，要考虑作为职务发明成果的技术方案是否得到发明人的岗位经验、业务知识及企业的支持。⑤ 如果发明人在这些因素中所起的作用越大，则其所做出的贡献也越大。⑥ 因此，应当综合发明人在职务发明完成各个阶段的作用来认定其贡献度，并且还应当拓展到其在发明实施阶段所起的作用，因为在实施过程中可能仍然需要解决相应的技术问题。

随着产品的技术集成度大幅度提高，产品发明愈来愈依靠多个发明人组成的团队完成。第一章曾提到，现代发明过程的特征是团队合作，仅有24%的发明是通过单独一个发明人研发出来的，所以在认定

---

① 俞风雷：《日本职务发明的贡献度问题研究》，《知识产权》2015年第6期。
② 刘国赞：《论职务发明之相当对价请求权——以日本诉讼实务为中心》，《智慧财产月刊》2008年第7期。
③ 参见德国《报酬指南》第30条。
④ 参见德国《报酬指南》第31条。
⑤ 参见德国《报酬指南》第32条。
⑥ F. Narin, A. Breitzman, "Inventive productivity", *Research Policy*, Vol. 24, No. 4, 1995: 507–519.

发明人的贡献度时要考虑每个人在发明过程中所起的作用。①《英国专利法》规定，法院或者审计人员应该考虑"其他致力于创造该发明的人员的努力和技术，以及其他没有参与该发明的发明人所提出的意见和帮助"的因素来确定雇员的公平份额。② 根据《德国雇员发明法》，发明人在发明产品的过程中越是主动地去发现或者解决问题贡献度就越大，获得的报酬份额就越多。

《条例送审稿》第 17 条第 2 款将发明人贡献度作为报酬数额因素，第 22 条规定了在共同发明中根据每位发明人的贡献度问题，涉及了独立发明和共同发明两种情形。但在我国的司法实践中，基本均采用各个发明人平均分配的办法。因此，不仅要将发明人的贡献度写进更高位阶的法律条文中，司法机关也应当注意区分每位发明人所做的贡献，尤其是不能漠视主要发明人的突出作用。

（三）单位贡献度及其经济负担

发明人固然对职务发明做出了直接贡献，但是单位同样投入了经济资源并承担了商业风险，也需要在计算报酬时加以体现。当然，单位的贡献度和发明人的贡献度呈现互补关系，相结合应成为一个整体，从数值上而言两者相加起来等于 100%。单位的贡献应当包括两个方面，即对职务发明完成的贡献度和对职务发明实施的贡献度。

第一个方面，单位对职务发明完成的贡献度，一般是指在发明过程中提供的物质技术条件。法院在认定时，可以着重考量发明人发明产品所占用其单位的物质资源、经费资源和技术资源。如第四章所

---

① Dietmar Harhoff and Karin Hoisl, "Institutionalized incentives for ingenuity patent value and the German employees' inventions Act", *Research Policy*, Vol. 36, No. 8, 2007: 1143 – 1162.

② 1977 年《英国专利法》第 41 条第 4 款（c）项。

述,在《日本特许法》2015年修改后,第35条提出在确定单位应当支付的"合理对价"时,可以考虑"单位与该发明相关的负担、贡献"以及其他事项而决定之。1977年日本大阪地方裁判所审理的象印公司真空保温瓶制造方法案,以及1994年大阪高级法院审理的聚乙烯对苯二酸酯纤维方法案时,认为雇主的贡献度分别为80%和60%。[1] 在日本蓝光二极管案中,单位贡献度也从一审时的50%增加到二审的95%,使得其需要支付的报酬数额大幅度降低。从上述判决可以看到,法院十分重视单位贡献度这一要素。我国的相关法律没有明确指出这一影响因素,但一般认为,单位为职务发明完成所提供的物质技术条件是判断是否为职务发明的条件。[2]

第二个方面,单位对职务发明经济价值实现的贡献度,是指其在发明完成后为制造、销售产品并实现利润所起的作用。《英国专利法》把单位贡献度作为确定报酬数额的影响因素,不仅考虑了单位在完成发明过程中的贡献,而且还强调了单位在开发、实施发明产品环节中的作用。[3] 我国法院判决时也会考虑公司的产销规模来确定职务发明人的报酬数额。[4] 但总体来说,我国对于单位的贡献度没有比较明确的认定标准,法院在判决时往往重视产品带来的经济利益,而忽视了单位的贡献度这一重要因素。

---

[1] 俞风雷:《日本职务发明的贡献度问题研究》,《知识产权》2015年第6期。
[2] 《专利法》第6条:执行本单位的任务或者主要是利用本单位的物质技术条件所完成的发明创造为职务发明创造。
[3] 1977年《英国专利法》第41条第4款(d)项规定,在决定属于雇主的发明之中雇员所应获得报酬的公平份额,法院或者审计人员应该考虑:雇主为完成、开发、实施该发明所付出的贡献,即提供建议、工具和其他帮助,提供机会,以及提供管理性和商业性的技能和活动。
[4] 范兴全诉眉山宽庭环保家居用品有限公司案中,法院综合考虑案件所涉专利类型、当事人陈述使用涉案专利后对产品质量的改善情况、眉山宽庭公司产销规模、使用时间等因素,酌定眉山宽庭公司应向范兴全支付报酬18万元。参见四川省成都市中级人民法院(2012)成民初字第1521号民事判决书。

此外，要考虑职务发明在非一般专利转让或者许可中的贡献给予充分认定，包括在交叉许可或者侵权诉讼中所获得的收益。确定职务发明奖酬时，不仅要考虑企业为其他在技术具有关联，但是并未实施的专利技术开发所花费的成本，也必须考虑由于职务发明没有获得工业产权保护而给雇员造成的经济损失，从而平衡企业的专利技术开发与实施风险和技术人员获得报酬的权利。对于交叉许可等没有实际许可收入或销售收入时，发明者和雇主共同估计发明的价值，雇员取得估计价值的一定比例。

（四）发明人所处职位及薪酬

就职务发明报酬计算而言，发明人的职位是指其本职工作岗位的层级，及其工作内容与涉案职务发明的关联程度，而薪酬是指发明人根据劳动合同所获取的除职务发明报酬以外的普通薪酬。可以参照《英国专利法》的规定，在提高报酬比例的基础上，对于雇主已经支付的额外薪酬要计算在内，而不能仅因其没有标明是针对某项专利或者发明就否定其属于职务发明奖酬的性质，避免由于雇主意思表示的缺失而造成利益失衡。

如果发明人所处的本职岗位层级越低，本职任务与研发任务越不相关，则获得的报酬也应当随之增加。在德国《报酬指南》中，发明人的任务和所处的职位是包含在发明人的贡献率中的。该指南规定把雇员划分为八个类别，将奖励授予给期望从公司获得较少的员工。若雇员在公司中没有特殊资质，例如非熟练工人或学徒，他们被授予最大等级分。相反地，在公司顶端的人，包括研发部门的经理和大型企业的技术经理，他们的发明只能得到较低等级分。雇员所得到的分数直接影响个人的贡献率高低。不仅如此，《英国专利法》也规定要考虑雇员工作的性质，他的报酬和其他所获得的或者已经取得的来源于他的雇佣关系或者关于发明的利益。① 我国也有必要将发明人所处岗位与应获报酬联系起来加以考虑。

发明人的普通薪酬与职务发明报酬是有所区别的。原则上，普通薪酬不得抵扣职务发明报酬，以免单位逃避应当支付的报酬。在我国法院的判决中，发明人的工资、津贴等不能作为对特定的职务发明产品的报酬。② 尽管如此，发明人的薪酬仍然可以作为认定报酬数额的因素之一。1995 年《荷兰专利法》第 10 条规定，只有当发明人所获普通薪酬不足以体现其贡献度时，才能获得额外报酬。在美国，雇员发明被分为受雇发明和一般雇佣发明。受雇发明就是发明人基于研究创造发明产品为基础的雇佣关系而发明产品，所以受雇发明人的工资即为发明该专利产品的报酬，此外无须再支付报酬；而一般雇佣发明的发明人工作目的不是为了研发专利产品，所以一般雇佣发明需要在支付工资之外支付相应的报酬，并且专利权归属于发明人。除非发明人是为执行公司的特定任务，否则发明人的薪酬不能包含报酬。法院在认定时，应借鉴德国、英国的认定标准，把发明人职位与薪酬也考虑在报酬数额之中，对于不同岗位雇员给予的报酬数额也应有所区分。

（五）专利产品总收益

单位的专利产品总收益是指公司内部发明产品所获得的全部利润，是发明人的智力成果为公司赚取的营业净收入。在报酬数额认定中，专利总收益是作为封顶性影响因素加以考虑的，避免单位因报酬

---

① 1977 年《英国专利法》第 41 条第 4 款（a）项。
② 刘长任诉烙克赛克密封系统公司案中，法院认为，在原告刘某工作期间，被告公司每月支付其产品研发与技术支持总监级经理岗位津贴 3600 元，该津贴并非针对涉案专利的特别奖励。参见上海市第一中级人民法院（2012）沪一中民五（知）初字第 179 号民事判决书。

支付使得盈利预期受到过大的冲击。德国《报酬指南》对于超高额的营业利润情形，适当限制了发明人能够获得的报酬比例，从而体现单位的规模效应在发明实施中所起的作用。① 日本规定的报酬上限是以公司全部专利的总收益为标准的，因专利所产生个人所得的上限为每年专利收益的 25%。此外，也有部分日本企业取消了报酬的上限，例如武田药品工业株式会社和日立制作所。②《条例送审稿》第 21 条规定，发明人的报酬累计不超过实施该知识产权的累计营业利润的50%，但是在实践中难以获取用以证明单项专利累计利润的证明材料。所以，法院可能会参照《专利法》第 65 条侵权赔偿的规定，酌情确定不高于 100 万元的报酬数额，从而形成报酬数额的上限。③ 在诉讼过程中，双方当事人更容易对公司的专利总收益的证据进行举证和质证，因此可考虑以此为标准设定一定比例的报酬上限。

三 影响职务发明报酬数额的主观因素

（一）单位过错程度

当单位发生关联交易、侵犯雇员信息知晓权、无故拖欠或拒不支

---

① 德国《报酬指南》对雇主高于 300 万德国马克（可换算成欧元）的营业额制定了分级递增的报酬扣减比例。其中，超过 1 亿马克的部分需要扣减 80%。
② 武彦、李建军：《日本职务发明利益补偿机制的创新理念和保障机制》,《自然辩证法通讯》2009 年第 2 期。
③ 参见广东省深圳市中级人民法院（2015）深中法知民初字第 947 号民事判决书。判决书中写道：专利许可使用费未能查清，本院参照《专利法》法定酌情赔偿的规定，酌情确定深圳金沙江公司向潘锡平支付职务发明创造发明人的报酬共计人民币 100 万元。

付报酬等过错行为时，会直接或者间接地损害发明人的报酬权益。因此，报酬数额就不能只考虑实际的营业利润或者许可收入。比照专利侵权损害中有惩罚性赔偿制度，在确定报酬时可以基于单位过错给予发明人额外补偿，从而提高实际报酬数额。

1. 企业关联交易

如第十章所述，关联交易是指公司与关联方之间的经济资源交换行为，在《公司法》中对此有明确规定。① 关联交易不仅可能损害股东和债权人的权益，也会降低发明产品的实际价值，损害发明人的利益。

企业针对职务发明的关联交易可能产生三个弊端。其一，先行转让成果权利。《专利法》第16条规定支付报酬的应是"被授予专利权的单位"，关联的双方若在专利权被授予之前就进行了转让，那么支付发明人报酬的主体就变为关联方，而不是发明人所在单位。② 这造成了本该支付报酬的本单位被免除了义务，给发明人获得合理报酬增加了困难。为维护发明人权益，在报酬给付主体方面应当由本单位和关联方共同承担责任，在数额方面应当适当增加以体现发明人为避免损害而付出的额外成本。

其二，压低交易价格。由于关联交易中，单位与第三方具有关联关系，所以成交价往往低于正常的交易价格，导致发明人获得的报酬低于合理数值。英国《专利法》第41条规定，雇主因转让、转授、赠授得到或者期望得到的职务发明利益，应按照对象为非关联关系人

---

① 《公司法》第21条：公司的控股股东、实际控制人、董事、监事、高级管理人员不得利用其关联关系损害公司利益。违反前款规定，给公司造成损失的，应当承担赔偿责任。

② 参见张伟峰诉3M中国有限公司案、魏庆福等诉航天信息股份有限公司案，上海市高级人民法院（2014）沪高民三（知）终字第120号民事判决书、最高人民法院（2015）民申字第2945号民事裁定书。

时可以合理预计的金额计算。我国应借鉴英国的做法,并且对于本单位的主观过错行为进行惩罚,适当增加发明人最终获得的报酬数额。

其三,消极应对专利无效宣告请求。单位可能在关联方针对职务发明专利提起无效宣告时消极应对,并导致其被宣告无效,进而试图免除对发明人的报酬给付义务。在翁某诉上海浦东伊维燃油喷射有限公司案中,原告提起诉讼后不久,电装公司即向专利复审委宣告涉讼专利权无效,法院认为"被告伊维公司在收到无效宣告请求审查决定后3个月内未能采取有效措施挽救专利权"属于"消极行为",并认为"无效宣告事实的发生显然事出有因",在判决时将提取比例适当调高至30%。[1] 该比例远高于法定最低10%的标准,体现了法院对于单位过错行为的惩治目的。

2. 侵犯发明人的知情权

职务发明人所享有的知情权包括两个部分,单位应当在侵权时支付额外补偿。一是对单位职务发明报酬相关规章制度的知情权。如果由于单位过错,导致发明人在获取信息方面支付了额外成本,则应当在报酬数额方面做出补偿。《日本特许法》2004年修改时就已经规定,如果单位确定"合理报酬"的标准和具体数额时没有和发明者进行协商、没有将报酬标准予以公开或者听取发明者的意见,法院可认定其为程序不合理,并通过国家强制力对其发给经济补偿的行为进行干预。[2]《条例送审稿》第19条与日本的上述规定相类似,单位在确定给予职务发明人的奖励和报酬的方式和数额时,应当听取职务发明人的意见。此法条中规定是"应当"而不是"可以",说明职务发明

---

[1] 上海市第一中级人民法院(2005)沪一中民五(知)初字第220号民事判决书。
[2] 武彦、李建军:《日本职务发明利益补偿机制的创新理念和保障机制》,《自然辩证法通讯》2009年第2期。

人有发表意见的权利，单位有听取职务发明人意见的义务。此规定保障了在制定报酬规章时，发明人与单位的地位是平等的。二是对于营业利润等确定报酬数额客观影响因素的知情权。需要赋予发明人类似于公司中小股东的会计账簿、会计凭证的查阅权和复制权，并且发明人行使知情权的成本应当由公司承担，从而使其有足够的信息保障自身报酬权利得到有效主张。

3. 无故拖欠或拒不支付报酬

《专利法实施细则》分别规定了三个月的奖励支付期限，以及专利权有效期内的报酬支付期限，单位应在规定期限内给予职务发明人报酬。[①] 若单位违反此项义务，发明人可以寻求法律救济，要求单位支付相应报酬。在前述日本蓝色发光二极管案中，该公司为了达成和解协议同意因拖延给付报酬而额外支付2亿多日元的补偿。[②] 因此，法院在裁定职务发明报酬时，也应当考虑单位延迟支付给发明人带来的损害并增加额外补偿。

此外，根据《法国知识产权法典》R.611-10规定，为了保障发明的新颖性，雇主和雇员都应避免对发明相关信息的披露。[③] 不论发明产品是作为专利或者技术秘密进行保护，雇主和雇员都有义务对外保密。《条例送审稿》第16条规定，发明人对职务发明有保密的义务，单位对于非职务发明有保密的义务。单位基于公司利益的考虑，会对职务发明进行保密；非职务发明的权利属于发明人，当发明人向单位报告后，法律对发明人的权利进行保护。单位如果违反保密义

[①] 《专利法实施细则》第77条、第78条和《条例送审稿》第23条。

[②] Jean E. Healy, "The Application of Japanese Article 35 regarding Reasonable Compensation for Patents by Employed Inventors in Syuji Nakamura v. Nichia Corporation", *Pace International Law Review*, Vol. 17, No. 2, 2005: 387 – 412.

[③] 陈驰：《法国的雇员发明制度及其对我国的启示》，《江西社会科学》2008年第2期。

务，泄露或者使用非职务发明，发明人可以通过法律手段保护自己的利益，但是并非作为增加职务发明报酬数额的影响因素。

单位的过错程度影响发明人的报酬数额。单位若有侵犯发明人信息知晓权、无故拒付发明人的报酬、进行关联交易的行为，则应在合理的范围内适当提高支付数额。假设对单位的过错行为（$f1$）进行量化，数值设定在 0—1。按单位的不同过错程度可以划分为五个等级，如表 11-1 所示。

表 11-1　　　　　　　　　单位过错等级表

数值	0	0.25	0.5	0.75	1
过错程度	单位不存在主观过错	单位制定报酬规定时未听取多数职务发明人的意见	单位无故拒付发明人报酬	单位进行关联交易	单位进行关联交易且无故拒付发明人报酬

（二）发明人过错程度

在职务发明领域，发明人负有发明报告义务、配合单位申请专利义务以及保密义务。若违反以上义务，发明人在获得报酬时可能会被克减相应的金额。在计算发明人过错程度（$f2$）时，要对以上情况综合考虑。

1. 发明报告义务

为使单位能够确定发明的内容是否为职务发明，《条例送审稿》规定发明人、设计人向单位报告的期限为两个月。发明人延迟对发明创造的报告，可能会造成单位错过获得专利权的先机。延迟报告的时间越长，错过时机的可能性就越大，对单位申请知识产权越不利，所以建议制定发明人未遵守发明报告义务的相应惩罚措施。可以以职务发明完成的时间为节点,对发明人的延迟程度($f21$)进行量化,数值在0—1。如表11-2所示。

表11-2　　　　　　　　发明人报告行为过错等级

数值	0	0.25	0.5	0.75	1
过错程度	发明人遵守发明报告义务	发明人延迟报告一至三个月	发明人延迟报告三至六个月	发明人延迟报告六个月至一年	发明人延迟报告一年以上

2. 配合单位申请专利的义务

为提高单位申请专利的积极性,同时为防止单位规避报酬义务而将其作为商业秘密保护,保障发明人能得到应获得的利益,发明人应当配合单位申请专利。为此,发明人主动向单位提交申请材料,提交身份证明和撰写发明说明书等材料。由于这属于附随义务,只能适用过错归责原则。只有当发明人主观上有过错并因未配合单位申请而造成单位利益受损时,才能要求发明人承担过错。同样,可以对发明人的配合程度($f22$)进行量化,数值在0—1。如下表11-3所示。

表11-3　　　　　　　　发明人配合行为过错等级

数值	0	0.25	0.5	0.75	1
过错程度	发明人遵守配合申请义务	发明人过失未配合单位申请知识产权造成单位利益受损	发明人故意不配合单位申请知识产权	发明人故意不配合单位申请知识产权造成单位利益受损	发明人故意不配合单位申请知识产权造成单位重大利益受损

3. 保密义务

发明人的保密义务包括不得公开发明,不得私自申请专利和不得向第三人转让成果。若发明人违反了保密义务,可能引发对发明专利的权属纠纷。若单位通过法律途径解决权属纠纷，发明人仍可以在职务发明的权利重新归属到单位后主张自己报酬的权利。在刘某诉烙克赛克密封系统公司案中，法院认为："原告刘某曾以自己的名义将工作期间的职务发明创造申请专利权的事实并不能成为被告烙克赛克密封公司依据专利法的相关规定支付职务发明创造的发明人相关奖励、报酬的阻却事由。"[①] 所以，发明人虽有过错行为但仍然拥有报酬取得权，但是在报酬数额上应当得到相应减少。同样，对发明人违反保密义务的行为（$f23$）也可以进行量化，数值在0—1。如表11-4所示。

表11-4　　　　　　　　发明人保密行为过错等级表

数值	0	0.25	0.5	0.75	1
过错程度	发明人遵守保密义务	发明人泄露商业秘密给第三人	发明人自行公开该发明	发明人私自申请知识产权	发明人私自转让给第三人

综上，分别对发明人的三种过错行为进行量化，发明人过错度可以通过以下公式计算得到：$f2 = (f21 + f22 + f23)/3$。当雇员违反了这三项法定义务，单位可以根据发明人的过错程度，主张减少其应支付的报酬数额。

[①] 上海市第一中级人民法院（2012）沪一中民五（知）初字第179号民事判决书。

第十二章　职务发明报酬纠纷举证责任问题

在职务发明创造被转化实施并产生经济效益后，发明人若未能从单位获得法定的合理报酬，可以通过诉讼途径寻求救济。近年来，我国职务发明报酬纠纷数量也正在逐步上升，[①] 在报酬谈判中处于弱势地位的职务发明人，在民事诉讼中的举证能力方面也存在不足，其获得合理报酬的权益难以得到有效支持。职务发明报酬纠纷中的举证责任问题尚未得到足够重视，司法实务中对举证责任的分配还存在不合理之处。因此，深入研究该问题对保障发明人权益与完善职务发明制度具有积极意义。

一　职务发明报酬举证责任法律特征

举证责任又称"证明责任"，是指在民事诉讼中"应当由当事人

[①] 根据中国裁判文书网等来源所取得的判决书统计#我国各级法院审理职务发明奖励、报酬纠纷案件数量在2004—2010年维持在4件以下。2016年则提高到了10件。随着法律法规的不断完善，此类纠纷数量可能还会逐步增长。参见本书第十三章。

对其主张的事实提供证据并予以证明，若诉讼终结时根据正常证据仍不能判明当事人主张的事实真伪，则由该当事人承担不利的诉讼后果"。① 在职务发明报酬纠纷中，通常由发明人作为原告主张基于职务发明完成及实施的事实，向被告单位请求获得法律所保护的报酬。② 待证事实包括两个方面，一是发明人有权获得职务发明报酬所涉及的基础性事实，包括单位与发明人之间存在劳动关系、发明人对该职务发明曾做出贡献、单位已实施该职务发明技术等；二是计算职务发明报酬数额所依据的价值性事实，包括职务发明经济价值、发明人贡献、发明人职位及普通薪酬等。基于"谁主张，谁举证"的一般原则，发明人应当对以上事实承担举证责任，至少应当初步证明其存在。然而，由于发明人举证能力的不足，若完全由其举证将使其承担过于严峻的败诉风险，致使其合理报酬权益难以得到保障。

职务发明报酬纠纷中的举证责任涉及两个方面。一是证据提出责任或称为行为责任，即当事人为主张事实而提供证据的行为或活动；二是诉讼结果责任，即当事人有举证责任而未善尽时所产生的败诉风险负担。③ 发明人及单位中若未能尽到举证行为责任，就不得不面临败诉的证明结果责任。如果在诉讼过程中双方均在一定程度上举证证明了案件事实，但是上述两类主要争议事实仍然处于真伪不明的状态，法官则需要运用举证规则判定负有客观证明责任的当事人败诉或者驳回其相应部分的诉讼请求。④

---

① 参见汤维建《民事诉讼法学》，北京大学出版社 2008 年版，第 259 页。
② 由于职务发明奖励仅以专利授权作为前提条件，并且数额与专利经济价值没有直接关联，举证责任规则较为明确，因此本章不作具体讨论。
③ 参见吴汉东《知识产权侵权诉讼中的过错责任推定与赔偿数额认定——以举证责任规则为视角》，《法学评论》2014 年第 5 期。
④ 参见欧元捷《论"事实真伪"不明命题的抛弃》，《政治与法律》2016 年第 11 期。

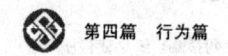

（一）举证责任共性问题和个性问题兼具

在职务发明报酬纠纷的待证事实方面，既包括发明的经济价值等各类专利纠纷共同的证明对象，也包括发明人贡献度等特殊问题，所涉及的举证责任分配问题既有专利纠纷的共性问题，也有职务发明报酬纠纷的个性问题，两者叠加导致发明人举证能力受到很大限制。

1. 专利诉讼举证责任共性问题

在涉及专利侵权损害赔偿、合理专利许可费及职务发明报酬等内容的诉讼中，不可避免地需要对专利经济价值进行估值和认定。[①] 然而，专利具有客体无形性、保护范围不确定性、价值实现间接性、经济价值变动性等特点，在诉讼过程中相对于有形财产而言其经济价值较难证明。以专利侵权诉讼为例，原告欲获得胜诉须通过证据证明专利的经济价值，即在产品利润中的贡献度，并计算被侵权人的实际损失或者侵权行为人所获得非法收益。这是长期困扰当事人及法院的举证问题，导致在司法实践中适用法定侵权赔偿额的案件比例过高。该问题同样延续到职务发明报酬纠纷中。《条例送审稿》第22条指出，确定报酬数额应当考虑"每项职务发明对整个产品或者工艺经济效益的贡献"，这是对专利经济价值在认定标准中所处地位的明确。有学者提出，应当以自由选择为基础的认定方式、以市场价值为基础的全面计算、以权利类分为基础的损害计量等为考虑因素确定知识产权的价值。[②] 但是在专利经济效益的计算中，其在产品利润中的贡献度等因素仍然需要法官进行价值判断。法官考虑的市场因素与计算标准不

[①] 《专利法》第16条将职务发明"推广应用的范围和取得的经济效益"作为判定合理报酬的首要依据。

[②] 参见吴汉东《知识产权损害赔偿的市场价值基础与司法裁判规则》，《中外法学》2016年第6期。

同，所得出的结论亦不同，会陷入专利经济价值难以计算的困境。

2. 职务发明报酬纠纷举证个性问题

发明人对职务发明的完成及实施做出实质性贡献既是其有权取得报酬的基础性条件，也是认定其取得报酬份额的重要因素。在职务发明报酬纠纷中，原告在证明专利经济价值的基础上，还需要证明其在完成发明中的贡献度等因素，两类证明责任的复合存在使得其面临更为沉重的举证负担。德国《雇员发明法》第9条规定，在决定职务发明报酬时，"要考虑该职务发明的商业实用性、雇员在公司的职务和职位，以及该公司对该发明的贡献等"①。此项规定尽管列举的因素较为全面，但是在诉讼过程中对其加以证明并进而确定报酬数额仍较为困难。②《专利法》及其实施细则尚未将职务发明人的贡献度作为计算职务发明报酬的考虑因素，但是《条例送审稿》已将其纳入进来。③ 此外，涉案发明人还面临与其他发明人共享贡献度和分割报酬利益的问题。若涉案职务发明创造的发明人只有一位，则仅需要举证他自身的贡献度即可。若职务发明由团队完成，还需要就每个发明人的贡献度举证证明。因此，发明人若不能对其贡献度进行举证，将面临适用法定报酬标准的诉讼后果。英国2009年的凯利案中，法院认为发明人应当证明自己有权取得的"合理份额"（fare share），但是不

---

① 在德国法上，职务发明人的法律地位与独立发明人不同，因为前者并不承担开发和实施发明技术的风险和分享其收益。发明人在提出职务发明所涉及的技术问题、解决该技术问题中的贡献，以及其所处岗位及职责均对报酬数额有重要影响。

② Julia Schonbohm, Pascal R. Kremp, "Employee Inventions and Copyrights", J. Kirchner et al. (eds.), *Key Aspects of German Employment and Labour Law*, Springer-Verlag Berlin Heidelberg, 2010: 117–124.

③ 参见贾丽萍《浅议职务发明法律法规之协调及制度优化》，《中国发明与专利》2016年第2期。

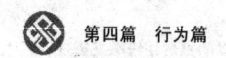

必达到专利侵权诉讼中专利权人对利润损失的证明程度。[①] 发明人贡献度受到智力资源与物质技术条件等多重复杂因素的影响，增加了原告的证明难度。

（二）举证能力不足问题和举证行为过错问题交织

在职务发明报酬纠纷中，存在举证能力不足与举证行为过错双重问题，并且都会阻碍发明人和单位有效证明职务发明的经济效益。由于报酬涉及因素的多样性，发明人与单位都可能面临举证不能的困境，导致法院不得不以法定标准认定报酬数额。适用法定标准属于对经济事实的法律推定，与客观事实可能存在一定差距，在裁判时应当尽量避免。

1. 举证能力不足的问题

举证能力是当事人承担证明责任的客观条件，首要判断标准为其是否掌握或者能够获取相应的证据材料。在职务发明报酬纠纷中，对比单位和发明人掌握的证据材料与所承担的证明责任，两者均可能面临举证能力不足的问题，具体而言包括单方不足和双方不足两个方面。一方面，单方（尤其是发明人）的举证能力存在不足。发明人获得报酬利益的条件是该发明取得营业利润，但是证明利润数额的证据资料均在单位掌握之中，发明人是难以取得的。《最高人民法院关于民事诉讼证据的若干规定》第6条以及《条例送审稿》第40条第2款都将该情形作为重点规制对象。[②] 如果当事人一方提出诉讼主张并完成一定的举证行为，则另一方必须尽到合理的证明责任，否则前

[①] James Duncan Kelly & Kwok Wai Chiu v. GE Healthcare Limited ［2009］EWHC 181（Pat）.

[②] 2010年《证据规定》规定，在劳动争议纠纷案件中#因用人单位作出减少劳动报酬等决定而发生劳动争议的，由用人单位负举证责任。

者的主张应当予以认定并得到支持。有学者将该情形称之为"举证责任的转移"。① 《英国专利法》也存在由单位举证证明其获得职务发明专利权后所产生的"额外利润"的规定。② 另一方面，对于某些事项双方可能均存在举证能力不足。例如，对于单位或者发明人的贡献度问题即是如此。日本蓝光二极管案中，合理报酬金额从一审认定的600亿日元到二审调解的8亿多日元，从侧面体现了对于发明人贡献等因素的认知差距和证明困难。③ 从证据材料形成角度来看，如果单位在研发过程中并未保留相应资料则不能举证；从证明标准来看，即使保留了相应资料也可能难以达到贡献度的证明要求。在此情形下，法院即使将举证责任进行转移或者倒置也无助于事实查明，因此将不得不根据相应的参考因素酌情认定或者根据法定标准计算报酬数额，这在某种程度上相当于免除了当事人的举证责任。④

2. 举证行为过错问题

在德国法上，因一方的过错行为或者因违反诚实信用原则的诉讼或者非诉讼行为，使得举证成为不可能，或者使之受阻或者变得困

---

① 参见何暄《举证责任转移的适用条件问题研究——从知识产权民事诉讼举证责任分配原则谈起》，《电子知识产权》2015年第12期。

② Dietmar Harhoff, Karin Hoisl, "Institutionalized incentives for ingenuity—Patent value and the German Employees' Inventions Act", Research Policy, Vol. 36, No. 8, 2007: 1143-1162.

③ Jean E. Healy, "The Application of Japanese Article 35 regarding Reasonable Compensation for Patents by Employed Inventors in Syuji Nakamura v. Nichia Corporation", Pace International Law Review, Vol. 17, No. 2, 2005: 387-412.

④ 法定报酬比例标准不仅可以帮助法官认定当事人约定报酬比例是否合理，而且可以在双方举证不能时起到适当免除当事人举证责任的作用，有利于纠纷合理解决，具有较高的法律价值。德国等虽然未在专利法中明定法定报酬标准，但是仍然在1959年德国《报酬指南》等规范性文件中对于许可费率等报酬标准因素予以明确。国内有学者认为应当取消法定报酬比例，实际上是对其法律价值和外国经验的误读，不利于发明人在举证不能时维护自身权益。

难,将导致证明责任的"转换"或者"倒置"。①职务发明报酬纠纷中,非诉讼过错行为多数是单位拒不支付报酬、混同薪酬与报酬利益和实施关联交易等行为,导致发明人法定利益受到侵害;或者发明人延迟报告职务发明、隐瞒职务发明成果等侵害单位职务发明权益的行为。对于非诉讼过错行为,原则上仍应当根据"谁主张,谁举证"的一般原则。但是,非诉讼过错行为可能引发诉讼中的过错行为,并由此带来举证责任的转移或者举证妨碍责任。例如,在实施低价关联交易时,单位虽然提供了发明交易额证据,但是明显低于合理的市场交易价格,并未真实反映产品经济效益的证据,属于"虚假"证据。此外,单位拒绝配合或者拒绝提供产品销售额等资料,会造成职务发明的经济效益处于真伪不明的状态,必须通过举证妨碍制度加以规制,由其承担不利的法律后果,以此实现对其诉讼过错行为的惩戒。

(三)影响举证责任的内部因素和外部因素共存

由于职务发明产生经济效益的规模既受到单位内部完成发明和制造产品过程的影响,也受到市场环境和行业特点的影响,折射到纠纷中的证据来源方面,也会使得举证责任分配受到内部因素与外部因素双重因素的影响。

1. 内部因素

内部因素主要是指单位内部开发和实施职务发明的情况,及其所产生的单位与发明人在证据材料掌握方面的力量对比。其一,单位掌握证据程度成为分配举证责任的关键。单位对其规章制度、财务账簿、产品说明等资料,应当承担举证责任。其二,单位对实施职务发

---

① 参见[德]莱奥·罗森贝克《证明责任论——以德国民法典和民事诉讼法典为基础撰写》,庄敬华译,中国法制出版社 2002 年版,第 198 页。

明方式的合理性要承担责任。尤其是以商业秘密等非专利方式实施时，发明人对于营业利润等要素的证明难度更大，应当由单位举证。[①] 其三，发明人在公司所处职位及其所获普通薪酬，单位所支付的职务发明报酬与特定发明创造的直接联系，此类事实的证明责任也应当由单位承担。[②]

2. 外部因素

职务发明经济利益的产生不仅受到单位内部活动的影响，也受到外部市场环境的影响，因此借助行业平均利润率等外部证据来证明发明产品利润率等报酬因素，也是重要手段。外部因素是指不被单位所掌握，但是能够通过间接证据加以证明的因素。其一，证明资料可能来源于当事人之外的主体，包括纳税资料、专业评估报告等，其证明对象仍然是职务发明实施本身的经济事实。其二，证明对象存在于职务发明之外，但是与其利润产生相关联，例如行业平均利润率等。外部因素的加入，使得当事人的证据来源更为丰富，有助于解决其举证能力不足问题。

二　职务发明报酬的外部证据问题

职务发明报酬数额的认定几乎是所有此类纠纷案件的争议焦点，

[①] 德国《雇员发明法》并未排除单位未申请专利时的报酬支付义务。甚至，发明人只要对于为雇主带来与获得一项工业产权相当的有利地位的技术改进建议并被雇主采用，即有权从雇主处获得合理的报酬。

[②] 美国司法案例将发明人是否因为完成职务发明获得职位的实质性提升作为报酬是否充分的依据。Cubic Corporation v. William B. Marty, JR, 185 Cal. App. 3d 438 (1986).

发明人在此方面均存在不同程度的举证困难。因此，本章以下三个部分将围绕着这一焦点问题，结合外部证据、举证责任倒置和举证妨碍等规则展开论述。其中，允许使用外部证据从正面提高发明人的证据范围和举证能力，举证责任倒置则是免除发明人的部分举证责任，两者均属于以当事人主义和辩论主义为诉讼原则的制度安排。举证妨碍规则属于法官依职权调查证据时的辅助制度，可以起到抑制单位机会主义诉讼行为的作用。

（一）适用外部证据的情形

在证明职务发明经济效益时，当事人传统上采用销售数据、专利授权证书等形成于职务发明创造完成及实施过程中，能够直接证明报酬有关事项的内部证据。外部证据也可以称为环境证据，与职务发明本身无关，但是可以客观地反映单位收益和营利情况，在内部证据不足时可以使用，缓解当事人举证不能的困境，促使纠纷合理解决。

外部证据可以分为纯外部证据和半外部证据。纯外部证据本身形成于职务发明创造和实施行为之外，在诉讼开始时被除当事人以外的其他主体所掌握，比如同行业的平均销售利润率、专业评估等。半外部证据则形成于职务发明创造和实施行为过程中，但是掌握在除当事人以外的其他主体手中，如单位纳税资料等。当单位并不能掌握有关证据资料时，应当允许发明人通过外部证据加以证明。①

发明人作为普通劳动者，在举证能力上存在当然不足，因此有借助外部证据的需求。首先，部分需要进行价值鉴定的职务发明产品价

---

① 在中山市粤华电器有限公司与佛山市顺德区巨科电器有限公司侵害发明专利权纠纷一案中，因为原被告都不能有效地证明侵权损失或者获利额，故法院最终以被告在侵权期间所缴纳的增值税额为依据确定原告的损失，中山市中级人民法院（2006）中法民三初字第58民事判决书。

值高昂，对于发明人来说提供该产品的可能性较小。① 其次，发明人并非单位管理者，很少有机会接触到有关职务发明营利的商业数据等资料，法律没有赋予发明人调查单位商业秘密的权利。再次，单位可能没有完善健全的财务制度，无法保障发明人了解其有关财务情况。最后，发明人与单位签订劳动合同时，要根据单位内部知识产权管理规定承担保守商业秘密的义务。② 若发明人在举证时自行公开与单位有关的职务发明经营资料，则有侵犯单位商业秘密的嫌疑。

（二）外部证据的认定

1. 税务资料

税务资料是直观反映单位经营状况的有效证据。③ 单位销售产品或许可他人所收取的费用都必须缴税。因此，当职务发明营业额等无法直接认定时，可以将单位销售涉及该专利产品时的完税凭证作为依据。在陈某与萍乡水煤浆有限公司职务技术成果完成人奖励、报酬纠纷一案中，法院在计算上诉人的营业额时参考了企业正常生产涉案专利产品的增值税额。④ 当然，税收资料的证明须由单位或者税务机关提供，法院有权依据发明人的申请，主动调查单位有关纳税资料，并做好保密工作。

2. 专业评估

专业评估作为审判实务中通行的判断专利价值的方法，对确认单

---

① 凌宗亮：《职务发明报酬实现的程序困境及司法应对》，国家知识产权局条法司《专利法研究（2013）》，知识产权出版社2014年版，第186—195页。
② 参见阎天《劳动者保守商业秘密的法定义务辨析》，《北京社会科学》2016年第1期。
③ 参见宋河发《激励知识产权创造运用和创新的增值税优惠政策研究》，《知识产权》2016年第12期。
④ 江西省高级人民法院（2013）赣民三终字第02号民事判决书。

位的经营收益具有积极意义。① 在确定职务发明专利的经济价值时，可以参照知识产权的市场价值标准。② 专业评估机构可以综合考虑技术、经济、法律、管理、风险五个方面的影响因素，确定职务发明的评估价值。③ 当发明人与单位就职务发明的价值判断出现严重分歧时，法院可以委托专业的评估机构进行评估。专利价值评估已在侵权诉讼中得到采用。在昆山睿基新能源科技有限公司与中信博新能源科技（苏州）有限公司侵权责任纠纷一案中，法院参考了《价值咨询报告书》中涉案专利的评估价值确定损失赔偿额。④ 在职务发明报酬纠纷中，专业评估可以克服单位在关联交易中以明显不合理低价转让职务发明，并导致的发明人报酬数额明显低于合理水平的问题。1977 年《英国专利法》第 41 条规定，雇主单位将职务发明转让给关联交易方，应当以转让给非关联方时所获利益为基础计算给雇员发明人的报酬。此时，由于非关联交易并未实际发生，有必要借助专业评估认定交易价格。

3. 同行业平均利润率

同行业平均利润率可以有效地体现发明产品的市场条件，尤其是所属行业的平均盈利水平，并作为法院认定单位产品利润的有力参考。在专利侵权诉讼中，行业平均利润率已为不少案件所采用，作为衡量专利发明在产品利润额中所产生作用的影响因素。2016 年广东省

---

① 参见张华松《知识产权司法鉴定之价值评估》，《中国司法鉴定》2017 年第 1 期。
② 在山西恒泰制动器股份有限公司与襄汾县恒泰制动器有限公司专利权转让合同纠纷一案中，原被告双方对涉案专利的价值存在分歧，为达成新的合作协议，双方一致同意对专利进行了重新评估，以确定转让费。太原市中级人民法院（2014）并民初字第 519 号民事判决书。
③ 参见苑泽明、李海英等《知识产权质押融资价值评估：收益分成率研究》，《科学学研究》2016 年第 6 期。
④ 在该案中，因为涉案专利并未发生真实转让，故无相应的市场价格可以参照。江苏省高级人民法院（2016）苏民终 491 号民事判决书。

高级人民法院审理的维蒙特荷兰公司（VMI Holland B. V.）诉揭阳市双骏橡胶机械有限公司案中就采纳了原告主张的20%的行业利润率。[1] 因此，在职务发明报酬案件中也可以比照适用。对于不同行业的职务发明，其价值可以基于该行业的特定许可费或者贡献比例加以认定。

此外，政府机构就行业平均利润率发布官方指引，可以减轻当事人举证责任，也有利于增强证据的权威性。前述德国《报酬指南》曾针对电子行业、机械行业、化工行业、制药行业制订了合理许可费率，[2] 作为计算职务发明报酬的依据，由此在一定程度上免除了发明人的举证责任。事实上，《专利法实施细则》等规定的法定报酬比例是在对全部行业平均利润率进行测算后，并结合发明人普通贡献率的基础上得出的。法定比例具有很高的权威性，也属于证明平均利润率的特殊外部依据，经常被法院援引评判当事人约定报酬是否合理以及认定发明人的合理报酬数额。法定报酬标准的设定将报酬纠纷中的事实问题转化为法律问题，从而免除了当事人对于合理报酬数额的证明责任，节约了诉讼成本。

三 职务发明报酬的举证责任倒置问题

（一）举证责任倒置的法律依据

在职务发明报酬纠纷中，由于双方举证能力的差异，应当在必要

---

[1] 广东省高级人民法院（2016）粤民终1390号民事判决书。
[2] 例如电子行业0.5%—5%，机械行业0.33%—10%，化工行业2%—5%，制药行业2%—10%。

时进行举证责任倒置,以缓解发明人举证困难的问题。举证责任倒置是原告证明责任的相对免除,能够平衡当事人举证能力与所负举证责任之间的落差。① 适用举证责任倒置时,主张方(如发明人)对特定的要件事实只负主张责任而不负证明责任,相对方(单位)则应从反方向(即不存在该要件事实的角度)负举证责任。② 其实质是免除了发明人的证明责任,转而由单位以相反证据推翻前述免证事实。

我国《专利法》等现行法律规范对职务发明报酬纠纷尚未规定举证责任规则,但是在《条例送审稿》第40条第2款规定了单位就自行实施、转让或者许可他人实施职务发明获得的经济效益负有举证责任。有必要适时地将其上升到专利法中,并拓展至职务发明报酬的关联性等领域。该项规定是在发明人出现举证不能,而单位具有相应举证能力时,为保护前者权益所做的一种倾斜性保护。

当然,适用举证责任倒置的基础,必须是原告(发明人)完成相应的初步举证责任,有学者将之称为"举证责任的转移"。③ 例如,发明人获得报酬的前提条件是其所完成的职务发明与单位所获得的经济利益之间具有直接的因果关系。前述英国1992年的孟科-梅德有限公司案中,法官在原告没有证明被告取得销售收入主要来源于职务发明之前拒绝颁发调取被告财务资料的命令,可见发明人应当承担初步的证明责任。④ 若确有证据证明该因果关系,则单位有义务提供适

---

① 参见吴汉东《知识产权侵权诉讼中的过错责任推定与赔偿数额认定——以举证责任规则为视角》,《法学评论》2014年第5期。
② 参见安晨曦《举证责任倒置:一个迷思概念的省思——以知识产权侵权诉讼的举证责任分配为中心》,《湖北社会科学》2015年第11期。
③ 参见何喧《举证责任转移的适用条件问题研究——从知识产权民事诉讼举证责任分配原则谈起》,《电子知识产权》2015年第12期。
④ "Memco-Med Limited's Patent", Reports of Patent, Design and Trade Mark Cases, Vol. 109, No. 17, 1992: 403 – 420.

当证据证明营业利润等数据。

(二) 举证责任倒置的适用情形

1. 产品利润问题

产品的经济效益是确定报酬数额的关键依据。当单位实施职务发明时，与该专利有关的所有商业数据完全由其掌握，而发明人无法接触到，使得其举证时存在困境。在兖州市量子科技有限责任公司与孟某专利权权属纠纷案、湖南鑫源矿业有限公司与赵百科职务发明报酬纠纷案中，法院均要求公司就其自行实施涉案专利的盈利数据进行举证。[①] 同时，职务发明产品利润的计算也受到单位产品是否落入职务发明的保护范围、单位以商业秘密等非专利方式利用职务发明、职务发明专利须在整体产品与单项专利之间区分利润等因素的影响，只有单位才具有实现有效举证的可能性。因此，举证责任分配需要进行"倒置"。

在判断单位的产品是否落入职务发明保护范围，从而构成对该发明的实施时，单位作为专利权人和产品制造者，有能力提交相应的证明或者将职务发明产品进行司法鉴定。例如，在许某诉中国钢研科技集团有限公司等一案中，即由被告举证证明其所生产的产品并未落入职务发明保护范围。[②] 借鉴劳动法"倾斜保护"的原则，应当由单位就有关的证据资料进行举证。

当单位选择以商业秘密的方式保护利用职务发明时，其各项信息都处于严格的保密之中，发明人只要完成初步举证就完成了举证责

[①] 山东省高级人民法院（2015）鲁民三终字第104号民事判决书；湖南省高级人民法院（2013）湘高法民三终字第74号民事判决书。

[②] 许祖泽与中国钢研科技集团有限公司等职务发明创造发明人报酬纠纷上诉案，北京市高级人民法院（2011）高民终字第3343号民事判决书。

任。在严某等诉马鞍山钢铁股份有限公司一案中，被告主张一项技术成果产生的效益与商业秘密的贡献具有密切联系。法院最终支持了被告的这一主张。[1] 在分配举证责任时，法院应当积极适用举证责任倒置，缓和发明人举证能力不足的问题。[2]

当职务发明属于专门为特定产品研发时，应当以整体产品的利润计算职务发明的利润。对于非为特定产品研发的职务发明则可以单独计算单项发明的利润。在赵某与上海陆杰电子科技有限公司一案中，二审涉案专利是专门为单位特定型号打印机产品进行的研发，不能用于其他型号的打印机。原告赵某不能有效举证该单项专利的营业利润，也不能举证证明整体打印机产品的利润。被告举证证明了所有整体设备的销售量，但是其主张按照单项涉案专利计算利润，不包括整体设备的价值。法院则认为就该涉案专利而言，只有在整体产品中才具有产生利润的可能，故计算利润时不能单独计算。最终，法院按照被告提供的销售量以整体设备计算涉案专利的利润，认定原告所应得的报酬。[3]

2. 职务发明报酬关联性问题

职务发明报酬的支付具有特定性和关联性的特征。[4] 单位在有义务支付职务发明报酬的情况下，应就其已经支付的报酬与特定职务发明的关联性，即已经针对涉案职务发明向发明人支付报酬承担举证责任，否则要承担败诉的风险。[5] 为此，单位一方面要证明支付的薪酬

---

[1] 合肥市中级人民法院（2007）合民三初字第123号民事判决书。
[2] 参见邓尧《论商业秘密民事诉讼的举证责任分配》，《华南农业大学学报》（社会科学版）2007年第4期。
[3] 上海市第一中级人民法院（2007）沪一中民五（知）初字第298号民事判决书。
[4] 参见本书第三章。
[5] 参见原告徐吉浣、秦朝蓉、袁林森诉被告上海同济三星燃气设备公司专利权纠纷一案，上海市第二中级人民法院（2004）沪二中民五（知）初字第94号民事判决书。

中已经包含了职务发明报酬，另一方面也要证明该职务发明报酬与特定专利存在关联性。荷兰和意大利的两个案例分别说明了这一问题。2002 年 TNO v. Ter Meulen 案中，荷兰最高法院判决认为，雇主负有举证义务以表明雇员的工资、奖金或者其他形式报酬中已经包含额外的补偿。① 雇主对已经给付报酬的举证义务，能够在一定程度上协调雇员发明人与企业之间的不平等关系，促使企业主动与雇员协商并在缔约之时就明确报酬。② 意大利米兰法院 2015 年审理了一起职务发明案件，被告单位的美国子公司申请了专利，当发明人要求支付额外报酬时，单位被法院要求提供证据证明向发明人支付的报酬与涉案专利具有关联性。③ 发明人的普通薪酬与职务发明报酬是有所区别的，其工资、津贴等不能作为对特定职务发明创造的报酬，单位必须对此进行专门的证明。

（三）司法上的举证责任倒置

除法定的举证责任倒置情形外，法官可以在具体案件中根据当事人的举证能力，针对产品销售额与利润的证明责任，在当事人之间进行合理分配，从而构成个案上的举证责任倒置。学理上，是否允许法官在举证责任方面进行自由裁量存在争论。④ 德国法律允许法官进行自由的证明评价，即根据其自由的、有根据的心证，能够并应当将某

---

① 参见 Dutch Supreme Court 1 Mar. 2002，ECLI：NL：HR：2002：AD7342，TNO v. TerMeulen.

② 参见彭耀进《荷兰职务发明奖酬制度及其借鉴意义》，《福建江夏学院学报》2017 年第 4 期。

③ Remuneration for an invention by an employee：new ruling（http://www.modiano.com/eng/remuneration-for-an-invention-by-an employee-new-ruling/.）

④ 参见安晨曦《举证责任倒置：一个迷思概念的省思——以知识产权侵权诉讼的举证责任分配为中心》，《湖北社会科学》2015 年第 11 期。

一主张认为是真实的。① 《最高人民法院关于民事诉讼证据的若干规定》（以下简称《证据规定》）第 7 条被称为民事侵权损害举证责任之兜底性补充规则。② 它赋予法官一定程度的自由裁量权，综合个案情况进行衡量，并根据公平和诚实信用原则分配举证责任。在潘某与深圳市金沙江有限公司等职务发明创造报酬纠纷一案中，由于金沙江公司未提供证据证明其许可另一公司实施涉案专利所得利润，而已有证据也不足以证明其许可涉案专利所收取的使用费，故最终法院酌定计算报酬数额。③ 若职务发明纠纷中双方都存在举证障碍，法官可以依职权进行证据的查实，并在审判中合理地判定发明人的报酬利益。

四　职务发明报酬举证妨碍问题

（一）举证妨碍规则的法律渊源

举证妨碍是指不负有证明责任的一方当事人通过作为或者不作为的方式，阻碍负有证明责任的一方当事人对其事实主张进行证明。④

---

① 参见［德］莱奥·罗森贝克《证明责任论——以德国民法典和民事诉讼法典为基础撰写》，庄敬华译，中国法制出版社 2002 年版，第 187 页。

② 《最高人民法院关于民事诉讼证据的若干规定》第 7 条：" 在法律没有具体规定，依本规定及其他司法解释无法确定举证责任承担时，人民法院可以根据公平原则和诚实信用原则，综合当事人举证能力等因素确定举证责任的承担。"

③ 法院认为两被告之间的无偿许可实施合同，对处于股东地位的金沙公司而言也会获得隐形的 "经济效益"。故在计算发明人报酬时#就不能机械地依据许可使用费作为 "经济效益" 的依据。深圳市中级人民法院（2015）深中法知民初字第 947 号民事判决书。

④ 参见宋建宝《举证妨碍制度在于侵权案件中的具体适用》，《人民司法》2005 年第 1 期。

罗森贝克认为，如果对方当事人通过阻挠调查证据使人认识到，他担心调查证据的结果出现，法院根据经验法则，能够将有争议的主张视为已得到证明。[1] 我商标法已经引入了该制度，并将拓展至专利侵权诉讼领域。单位侵害发明人报酬利益的行为属于广义的侵权行为，也可以予以适用。

在职务发明报酬纠纷中，单位作为证据资料的控制方以作为或不作为的方式，故意阻碍发明人举证，造成职务发明经济效益等事实处于不明状态，属于举证妨碍行为。单位如果确实掌握职务发明产品及财务账簿等证据，发明人可以申请法院进行证据保全，法院亦可依据职权要求单位提供证据资料。《证据规定》第75条[2]、《最高人民法院关于适用〈民事诉讼法〉的解释》第112条、《最高人民法院关于审理侵犯专利权纠纷案件应用法律若干问题的解释（二）》第27条等司法规范都对当事人在诉讼中掌握优势证据但拒不提供的法律后果有具体规定。

（二）举证妨碍的适用情形

在客观方面，单位应当实施了妨碍举证行为。[3] 单位为了逃避支付报酬，会采取各种手段以妨碍发明人进行有效举证。

其一，单位以积极作为的方式妨碍发明人举证。单位在法院责令其提供证据时，毁灭记录职务发明产品的有关财务数据、销售记录等资料，以及提供虚假的证明材料，以达到逃避或者减少支付发明人报

---

[1] 参见［德］莱奥·罗森贝克《证明责任论——以德国民法典和民事诉讼法典为基础撰写》，庄敬华译，中国法制出版社2002年版，第199页。

[2] 《证据规定》第75条：有证据证明一方当事人持有证据无正当理由拒不提供，如果对方当事人主张该证据的内容不利于证据持有人，可以推定该主张成立。

[3] 参见胡学军《具体举证责任视角下举证妨碍理论与制度的重构》，《证据科学》2013年第6期。

酬的目的，客观上构成了妨碍。对于跨国公司的职务发明专利或者产品，单位为了达到少缴税款的目的，也会变相地减少交易记录或者销售额。① 在3M公司案中，原告主张的"销售额"是3M公司公布的数额，但公司则认为该销售额数据是指全球总销售额，而计算报酬的"销售额"应该是中国地区的销售额，但是3M公司又不能提供中国地区的销售额数据。② 作为一个专业的、具备健全财务制度的集团公司，必须依据《公司法》等法律规范记录并公布有关的销售财务信息，若无法提供显然违反法律规定，构成积极的妨碍行为。③ 报酬的计算要以客观的经济效益为依据，单位如提供变造或者伪造的证据，也应当被认为是提供虚假证据，属于积极的妨碍行为。

其二，单位以不作为的方式妨碍发明人举证。单位拒不提供其掌握的有关职务发明产品销售的数据或者不配合法院依职权调查的行为，都构成不作为。专利侵权诉讼中，法院已经对举证妨碍行为进行了认定和规制。④ 在职务发明纠纷中，单位不作为给发明人带来了客观的举证障碍，使得相关事实无法证明的，同样构成了举证妨碍行为。

---

① 参见朱一青《知识产权跨境交易反避税法律原则研究》，《福建金融管理干部学院学报》2016年第3期。
② 上海市第一中级人民法院（2012）沪一中民五（知）初字第240号民事判决书。
③ 在深圳市理邦精密仪器股份有限公司与深圳迈瑞生物医疗电子股份有限公司侵害技术秘密纠纷一案中，法院认为理邦公司作为上市公司，按照相关公司法律法规及会计准则，财务账册应当是相当完备的，其有义务按照原审法院的要求提交相关财务账册，但其无正当理由拒不提供，已构成举证妨碍。参见广东省高级人民法院（2014）粤高法民三终字第831号民事判决书。
④ 在广东美的制冷设备有限公司与珠海格力电器股份有限公司侵犯发明专利权纠纷一案中，法院认为由于美的公司掌握的侵权获利数额，可以依据其销售的四款侵权空调的销售数量、售价和利润等情况计算得出，而上述资料应当由美的公司掌握，在美的公司没有对外披露的情况下，格力公司很难查知，故美的公司负有证据披露的义务，据此原审法院责令美的公司提交相关证据。但美的公司拒绝提供其中三款空调的相关数据，且没有正当理由，没有完整地履行证据披露义务，构成举证妨碍。承担不利法律后果。广东省高级人民法院（2011）粤高法民三终字第326号民事判决书。

在结果方面,单位妨碍举证造成事实真伪不明的状态。职务发明报酬纠纷中,事实认定存在真、伪以及真伪不明三种状态。[①] 单位拒绝配合提供有关职务发明产品的销售额等资料,会给发明人带来举证难题。发明人对报酬数额的计算完全依赖于单位销售职务发明产品的有关数据资料。法院在审理时无法准确认定发明人所提供证据的真实性,有关职务发明产品经济效益的事实就处于真伪不明状态。

(三) 举证妨碍的法律后果

由于举证妨碍行为属于诉讼过程中的过错行为,其所产生的法律后果比举证责任倒置更为严厉。后者仅是对某项待证事实做出不利于相对方的认定,而前者将会导致法官直接在诉讼结果上倾向于对方当事人。如果单位能够提供而拒不提供,甚至转移、毁灭证据的,法院可以结合发明人诉讼主张的合理性,推定发明人的相关诉讼请求成立,无须再次对该事实进行举证。[②] 当然,对于单位有正当理由不提供的情形,法院应当及时做出说明,不能机械地推定发明人的主张成立。

(四) 立法完善

我国可以在《专利法》或者《职务发明条例》中明确规定,单位实施举证妨碍行为将承担不利的诉讼结果,尤其是针对其能提供证据而拒不提供的行为。[③] 它包含四个方面的条件:其一,发明人完成

[①] 参见许尚豪《证明责任理论的证据语境批判》,《政治与法律》2016 年第 11 期。
[②] 参见刘晓《证明妨碍规则在确定知识产权损害赔偿中的适用》,《知识产权》2017 年第 2 期;凌宗亮《职务发明报酬实现的程序困境及司法应对》,国家知识产权局条法司《专利法研究(2013)》,知识产权出版社 2014 年版,第 186—195 页。
[③] 参见刘晓《知识产权损害赔偿中证明妨碍规则的成本收益分析》,《证据科学》2016 年第 5 期。

了初步举证。发明人有证据证明单位实施了职务发明专利并且产生了经济效益；发明人为适格的职务发明主体；单位没有支付报酬。其二，单位有提供证据的能力。单位掌握着职务发明专利产品及财务账簿等资料；单位提供该资料不会对其生产经营造成重大影响，也不会损害国家利益。其三，法院责令单位提供。法院基于发明人申请进行的证据保全，或者依据职权责令单位提供与职务发明专利产品相关的账簿资料，单位若不配合就会对其处以罚款等。其四，单位拒不提供无正当理由。若单位行为满足以上四个条件，无论是作为还是不作为，只要具有过错并对发明人举证证明产品经济效益产生妨碍效果的，即为举证妨碍行为。在此情况下，法院可以结合原告诉讼请求和其他证据认定报酬数额。

第五篇　实践篇

第十三章 我国职务发明奖酬司法实证分析

一 我国职务发明奖酬司法裁判文书统计

（一）数据来源

本章所涉及的职务发明奖酬案件主要通过中国裁判文书网等途径加以收集。[①] 截至 2017 年 3 月 3 日，获得职务发明奖酬案件共计 60 个。以上述案件为对象，从当事人、所属省份、涉案专利、原告诉求及最后生效判决结果等方面进行分析。

（二）司法裁判文书的统计分析

1. 案件数量年度变化趋势分析

从职务发明奖酬案件的审结年度来看，案件数量呈逐步增加趋

[①] 此网站由最高人民法院设立，具有一定的权威性，其涵盖了众多已发生效力的法律文书。

势。由表13-1可知，2004—2010年，奖酬纠纷案件数量较为平稳，维持在4件以下。2011年开始，案件数量比之前开始有所上升。一方面，职务发明总量增加所致。依据国家知识产权局统计，2004年，全国发明申请量共计151328件，其中职务发明申请量62565件，占41.3%；而2016年，全国发明申请总量1204981件，其中职务发明982971件，占81.6%。[①] 职务发明数量的增加致使职务发明奖酬纠纷也相应增加，因而纠纷发生的数量大致与职务发明的数量呈正相关的发展趋势。另一方面，我国职务发明奖酬的重要法律依据《专利法实施细则》于2010年修改过，并且大幅度提高了法定奖酬标准，使得发明人维权意识和诉讼意愿也随之提高。近年来，随着知识产权法治建设的推进，职务发明相关各个主体的法律意识都有一定程度上的提高，职务发明人在维权时有充分的法律依据，更使其偏向用诉讼的方式来解决纠纷，达到维护自身合法权益的目的。

表13-1　　　　职务发明奖酬案件数量年度变化趋势

年份	案件数量（个）	年份	案件数量（个）
2004	1	2011	9
2005	1	2012	9
2006	2	2013	9
2007	2	2014	4
2008	3	2015	5
2009	4	2016	10
2010	2		

[①] 参见 http：//www.sipo.gov.cn/tjxx/jianbao/year2015/a/a5.html. 最后访问日期：2017年3月5日。

2. 案件数量区域分布分析

从地域层面上看,职务发明奖酬纠纷的发生概率大致与经济发展情况成正比例关系。其中北京市有8个案件,上海市有11个案件,广东省有16个案件,这三个地区的案件总量达到收集案件的58%。(见表13-2)。究其原因,主要有如下几方面。首先,经济发达地区的职务发明总量多,职务发明人对奖酬的预期较高,引起奖酬纠纷的可能性也就越大。其次,经济较为发达地区审理案件更有效率。尤其是我国在北京、上海、广州设立知识产权法院后,更加缩短了这些地区知识产权案件审理的时间,有利于发明人的合法利益得到及时的保护。再次,健全的规则使得职务发明人更加偏向于用诉讼的方式维护自身的合法权益。如上海市高级人民法院2013年出台了《职务发明创造发明人或设计人奖励、报酬纠纷审理指引》,它一方面昭示着此类案件发生的频繁性,另一方面可以为发明人、设计人主张奖酬权益提供明确的法律依据。

表13-2　　　　　　职务发明奖酬案件数量区域分布表

省份	案件数量(个)	省份	案件数量(个)
广东省	16	江西省	2
上海市	11	云南省	2
北京市	8	江苏省	1
四川省	7	山东省	1
重庆市	3	湖南省	1
河南省	2	辽宁省	1
浙江省	2	安徽省	1
湖北省	2		

3. 案件数量的审级分析

从生效判决的层面上看，所有案件中一审判决直接生效的案件有18个（占比30%），二审被驳回上诉、维持原判的案件有25个（占比42%），二审改判的案件有12件（占比20%），再审的案件有5个（占比8%）（见表13-3）。相对来说，无论是一审判决直接生效的还是通过二审被驳回上诉，维持原判的判决而使一审判决生效的案件占据了所收集案件的主要部分。根据我国的级别管辖，由中级人民法院作为专利侵权案件的一审法院。一方面中院对于法律的适用相对于基层人民法院来说有更深刻的了解；另一方面来说奖酬纠纷涉及的金额一般较大，由中院来审理更为合适，这也表现出我国对专利侵权纠纷案件审理所持的谨慎态度。但是不容忽视的是，二审改判案件所占的比例也不低，如在詹光前诉重庆长江轴承股份有限公司一案中，一审重庆市第五中级人民法院判决被告长江轴承公司支付詹某实施实用新型专利《递进式推料排料装置》奖励报酬467元[①]；而二审重庆市高级人民法院改判报酬金额为4000元。[②] 在王某诉海洋王照明科技公司一案中，一审广东省深圳市中级人民法院判决被告支付原告奖励金额500元[③]，而二审广东省高级人民法院驳回了王荣的诉讼请求。[④]

[①] 参见重庆市第五中级人民法院（2012）渝五中法民初字第00165号民事判决。
[②] 参见重庆市高级人民法院（2013）渝高法民终字第00011号民事判决。
[③] 参见广东省人深圳市中级人民法（2014）深中法知民初字第923—925号民事判决。
[④] 参见广东省高级人民法院（2016）粤民终1507—1509号民事判决。此案反映出，在审理酬纠纷案件的过程中，法官在判定单位是否应向发明人支付职务发明奖酬前，首先需要对支付奖励、报酬的主体是否适格加以判断，若被诉主体不是须支付奖酬的主体，原告诉求也无法得到法院的支持。同时，从另外一方面也反应出我国职务发明奖酬标准在可操作性方面存在的缺陷，无法使职务发明人能迅速判断其应起诉的被告主体。

表13-3　　　　　　　　职务发明案件审级分布分析

审级	案件数量（个）	所占比重（%）
一审直接生效	18	30
二审驳回上诉	25	42
二审改判	12	20
再审	5	8

4. 法院判决奖酬数额分析

从奖酬数额的角度来分析，生效判决支持原告诉请的职务发明奖酬全部数额的有3个案件，占5%；部分支持的37个案件，占62%；被驳回的20个案件，占33%（见表13-4）。其中，原告诉讼请求奖酬数额为10万元以下的，占31%；请求数额为10万—30万元的，占17%；请求数额为30万—50万元的，同样占17%；请求数额为50万以上的，占35%（见表13-5）；但法院最后判决奖酬数额为10万元以下的，占39%；判决数额为10万—30万元的，占18%；判决数额为30万—50万元的，占5%；判决数额为50万元以上的占5%；被驳回诉讼请求的占33%（见表13-5）。从这组数据中可以看出，职务发明人所请求的奖酬数额与法院最后判决的数额还是存在一定的差距。究其原因，一方面，对于职务发明奖酬计算所依据的"营业利润"基数难以确定。实践中，单位的营业利润常记载在会计账簿上，职务发明人是无法查阅单位账簿的，单位往往会以涉及公司商业秘密为由拒绝提供本单位的账簿。在此种情况下，法院无法得到单位营业利润的准确数额，因而只能酌情判定应给予职务发明人的奖酬数额。如在潘某诉深圳市金沙江投资有限公司等一案中，原告潘某无法用证据证明被告通过实施涉案专利所获得的利润，因此法院只能依据涉案专利的销售状况来酌情确定应支付给原告报酬100万元。① 另一方面，对于应获奖酬的时间段计算存在争议。② 在翁某诉上海浦东伊维燃油喷射有限公司一案中，原告翁某请求法院判令被告应向其支付报酬200万元，从涉案专利被许可实施开始至2007年4月止。但是法院经过审理查明，涉案专利已被宣告无效，原告只能请求被宣告无效前的报酬。因此，法院最终判决只支持276461.57元作为报酬支付给原告。③

表13-4　　　　　　判决支持原告诉讼请求情况分析

判决结果	案件数量（个）	所占比重（%）
全部支持	3	5
部分支持	37	62
驳回	20	33

表13-5　　　　　　判决支持原告诉讼请求情况分析

金额（元）	原告诉讼请求案件比重（%）	法院判决案件比重（%）
10万以下	31	39
10万—30万	17	18
30万—50万	17	5
50万以上	35	5

5. 职务发明奖酬的技术领域分布分析

按照国际专利分类（International Patent Classification），将所搜集的案件根据技术领域计算平均判决的奖酬数额并加以对比（见表13-

---

① 参见广东省深圳市中级人民法院（2010）深中法民三初字第65号民事判决；广东省高级人民法院（2011）粤高法民三终字第316号民事判决。
② 参见《专利法》第16条。
③ 参见上海市第一中级人民法院（2005）沪一中民五（知）初字第220号民事判决；上海市高级人民法院（2008）沪高民三（知）终字第23号民事判决。

6)。其中 A 类人类生活必需技术领域的平均奖酬数额显著高于其他领域。一方面,由于其自身的性质是生活所必需,受众群体较广,因而其奖酬数额会较大。如前述在潘某案中判决被告向原告支付奖酬是参照专利侵权纠纷法定赔偿数额定格判决的。此外,由于职务发明报酬的认定要考虑到每件专利在最终产品中的贡献度及每个发明人在专利技术开发中的贡献度,因此如果专利产品技术构成较为复杂会导致报酬数额认定也较为困难。从专利产品的结构来看,A 类产品由于为人类生活所必需,其专利产品结构相对较为单一,很多情况下一项专利对应一件产品,因而职务发明人在专利产品中的贡献度也较易认定。其他类别的产品,特别是电子信息和通讯等领域,某一产品所包含的专利较多,对个别职务发明人的在专利产品中的贡献度难以认定;并且即便是能够认定,其由于产品中存在的专利较多,其奖酬也会相对较少。

表13-6　　　　各技术领域职务发明奖酬判决金额分析

IPC 分类	案件数量（个）	平均判决金额（元）	IPC 分类	案件数量（个）	平均判决金额（元）
A 部：人类生活必需	8	284163	E 部：固定建筑物	2	35000
B 部：作业；运输	13	175754	F 部：机械工程；照明；加热；武器；爆破	9	70882
C 部：化学；冶金	17	16455	G 部：物理	4	77416
D 部：纺织；造纸	0	0	H 部：电学	7	27166

二 我国职务发明奖酬司法实践涉及的主要法律问题

(一) 职务发明奖酬裁判法律依据问题

就我国目前的奖酬标准规范体系下,职务发明奖酬的规定散落在法律、行政法规、部门规章、地区法规、地方政府规章中,在不同法律层级的规范性文件中均有所体现。[①] 并且不同法律层级的规范性文件对奖酬规定的相互又不一致。从适用客体方面看,《专利法实施细则》秉承《专利法》的规定,其客体包括发明、实用新型和外观设计;《促进科技成果转化法》关于报酬的客体是高校及研发机构的职务发明(科技成果);《条例送审稿》针对的客体包括专利权、植物新品种权及集成电路布图设计专有权。三者间适用的客体存在不同又重合的部分,易使司法实践中出现法律选择适用的困难。

从法院适用方面看,尽管存在法律中位阶的适用关系,但在未事先约定的情形下,法院在判定奖酬数额时可以选择性适用。针对同一发明,根据不同的奖酬计算标准,可能会得出不同的奖酬数额,容易造成奖酬纠纷更为频繁地出现,也造成司法成本的浪费。在陈某诉四

[①] 唐素琴、岳琳:《对〈职务发明条例(草案)〉相关疑问的思考》,《电子知识产权》2013年第3期。

川光大制药有限公司案①、赵某等诉中钢特工股份有限公司案中,法院依据《促进科技成果转化法》判决被告应向原告支付科技成果奖励②;在彭某、田某诉湖北工业大学一案中,法院依据《最高人民法院关于审理技术合同纠纷案件适用法律若干问题的解释》第5条判决被告应向原告支付职务技术成果奖酬。③ 从案件比例来看,法官的主要裁判依据仍然来源于《专利法》及实施细则,如刘某诉烙克赛克密封系统(上海)有限公司案④、雷某诉东莞亿润电子制品有限公司案⑤、范某诉眉山宽庭环保家居用品有限公司案⑥等。范某案中,法院认为原告所完成的"一种床芯制作工艺"的发明专利系执行单位任务所完成的发明创造,因而依据实施细则中的奖酬标准,判决被告应向原告支付奖酬。

除了上述两部法律、法规外,案件中也不缺乏采用其他规范性文件作为裁判依据的案件。在肖某诉烟台华鲁热电有限公司一案中,原告肖某向法院主张被告烟台华鲁热电有限公司应支付专利转让报酬,但法院经审理查明,其主张已过诉讼时效,因而依据《民法通则》中有关诉讼时效的规定,对肖某的诉讼请求不予支持⑦;在张某诉北京有色金属研究总院等一案中,原告张某向法院主张其为项目组负责

---

① 参见四川省成都市中级人民法院(2014)成知民初字第115号民事判决;四川省高级人民法院(2015)川知民终字第31号民事判决;四川省高级人民法院(2016)川民再83号民事判决。
② 参见河南省济源市中级人民法院(2011)济中民三初字第2号民事判决;河南省高级人民法院(2012)豫法民三终字第176号民事判决。
③ 参见湖北省武汉市中级人民法院(2011)武知初字第00609号民事判决。
④ 参见上海市第一中级人民法院(2012)沪一中民五(知)初字第179号民事判决;上海市高级人民法院(2013)沪高民三(知)终字第131号民事判决。
⑤ 参见广东省高级人民法院(2014)粤高法民三终字第121号民事判决。
⑥ 参见四川省成都市中级人民法院(2012)成民初字第1521号民事判决。
⑦ 参见山东省烟台市中级人民法院(2005)烟民三初字第45号民事判决;山东省高级人民法院(2006)鲁民三终字第87号民事判决。

人，为涉案专利做出了巨大贡献，但法院依据《最高人民法院关于审理技术合同纠纷案件适用法律若干问题的解释》第6条中关于完成技术成果的"个人"的规定，判定原告张某不属于完成技术成果的个人[①]；在刘某诉深圳市海洋王照明工程有限公司等一案中，原审被告通过约定的方式排除了劳动者获得报酬的权利，而二审广东省高级人民法院依据《劳动合同法》等规定，否定了其约定的效力，判决被告公司应向原告支付奖酬。[②]

法律、行政法规、规章制度等法律规范性文件关于职务发明奖酬标准并不相同，法官在选择适用时也存在位阶问题，会直接导致司法实践难以准确地适用法律。由于众多的规范性文件中，彼此之间对于职务发明奖酬标准的规定既存在重合又存在冲突的部分，根据不同的规范性文件所计算出的职务发明奖酬数额也不尽相同，只会增加奖酬引起的纠纷。

（二）职务发明奖酬前提因素认定问题

在司法实践中，法官不仅需要判定是否给付奖酬、给付多少奖酬，更需在此之前认定是否存在劳动关系、发明创造是否属于职务发明等等一系列的法律事实。法院在审理此类案件时，裁判依据不仅仅单纯依靠此两部法律、法规，还需通过其他部门法对奖酬标准适用前提等法律事实加以认定。只有在有关法律事实认定之后，才能对是否应给予奖酬做出合理的判断。

首先，劳动关系存在问题。如在王烨文诉海洋王照明科技股份

[①] 参见北京市第一中级人民法院（2011）一中民初字第6985号民事判决。
[②] 参见广东省深圳市中级人民法院（2015）深中知民初字第731—749号民事判决；广东省高级人民法院（2016）粤民终1427—1445号民事判决。

有限公司等一案中，根据我国《专利法》第 6 条、第 16 条的规定，职务发明奖酬获得的前提是职务发明人单位已建立劳动关系，对于不存在劳动关系的，不能请求其支付职务发明奖酬。[①] 如果职务发明在获得专利权之前已经发生了转移，不会影响劳动关系在认定单位义务主体资格方面的基础性作用。例如，在 3M 公司案中，被告母公司根据内部制度将属于原告所在单位的职务发明成果转移至其他子公司申请专利，法院仍然基于劳动关系要求被告 3M 中国公司支付报酬。[②]

其次，原告发明人资格问题。也就是说只有对职务发明创造具有实质性贡献的人方可获得职务发明奖酬。在张某诉北京华夏聚龙自动化股份公司一案中，原告张志利诉称在职期间，申请了 10 项作为发明人的专利，但被告公司一直未发放奖励与报酬。经法院查明，涉案专利中的 8 项原告系真正发明人，被告应向其给予奖酬。[③] 在江某诉成都华塑电子技术开发有限公司一案中，原告江某向法院主张 30 件外观设计的专利均由其单独设计，被告成都华塑公司应向其支付 30 件外观设计的报酬。但一审法院通过查明，只有 29 件专利有证据证明原告参与了设计，对于原告无法证明其参与了的 1 件外观设计，法院在判决中并未支持其诉讼请求[④]；在前述彭某等诉湖北工业大学一案中，两原告向法院起诉称，被告前身湖北工业学院与廊坊欧克精细化工有限公司签订了关于涉案技术的合同，由此

---

① 参见广东省深圳市中级人民法院（2015）深中法知民初字第 645、655、657—659、661—665、667—669、671、672 号民事判决。
② （2014）沪高民三（知）终字第 120 号民事判决书。
③ 参见北京市第二中级人民法院（2014）二中民初字第 5591 号民事判决；北京市高级人民法院（2014）高民（知）终字第 4815 号民事判决。
④ 参见四川省成都市中级人民法院（2013）成民初字第 1361 号民事判决；四川省高级人民法院（2015）川知民终字第 81 号民事判决。

获得100万元现金及100万股股权。其中股权以拍卖的方式出售,并获得545万元转让款。被告仅分配了涉案技术的转让费,对于股权转让款尚未支付相应的报酬,故诉至法院。法院查明,两原告系涉案技术成果的主要研究人员,且对其支付了转让收益的86万元亦是对其作为涉案技术成果完成人的认定,因此,法院认定原告有主张职务技术成果奖酬的权利。①

再次,涉案专利关联性问题。确认其是否为职务发明是支付奖酬的基础,对尚未认定为职务发明的,即不需要支付奖酬。专利证书对于发明人身份的记载可以推定发明人资格存在,但是如果存在相反证明则能够推翻对该事实的推定。在赵某诉湖南鑫源矿业有限公司一案中,法院认为被告只是为了给予原告奖励而将原告名字列入了发明人名单,但被告专利申请时间与原告入职时间显然存在出入,即使专利证书上将原告列为发明人,也不代表原告即可取得职务发明奖酬。因而法院判定原告请求支付职务发明奖酬法律依据不足,驳回了原告的诉讼请求。②

复次,专利实施与否问题。只有在专利被实施情形下,职务发明人才有权利要求取得报酬,而且实施应当是对必要技术特征的全部实施。③ 在许某诉中国钢研科技集团有限公司等一案中,原告许某作为第一发明人向法院主张三被告实施了"低碳微合金化埋弧焊丝"技术,因而向三被告主张职务发明报酬50万元。一审法院查明,三被告所自制实施的技术并没有包含"低碳微合金化埋狐焊丝"技术所必

---

① 参见湖北省武汉市中级人民法院(2011)武知初字第00609号民事判决。
② 参见湖南省长沙市中级人民法院(2012)长中民五初字第0662号民事判决;湖南省高级人民法院(2013)湘高法民三终字第74号民事判决。
③ 罗东川:《职务发明权属与奖酬纠纷典型案例精选与注解》,法律出版社2015年版,第249页。

需的组分Y稀土,也就是说,三被告自制实施的技术不同于许某的专利。因而法院对许某的报酬请求权不予支持①;在前述潘某一案中,原告潘某诉称在被告公司完成了三项发明专利,且其中某项专利已成为被告公司的主导产品,为被告公司带来了丰厚的利润,但是在其转化实施后,并没有得到任何奖励和报酬,故请求法院判定被告应向其支付职务发明奖酬。被告辩称其未施行专利,仅将涉案的两项专利无偿许可给了其他公司使用。因此没有向原告支付奖酬的义务。法院依据《专利法》及实施细则的相关规定,判定被告的转让行为系对专利的实施行为,因此原告享有获得奖酬的权利,且被告公司为适格的奖酬支付主体。② 在黄某诉四川欣光投资有限公司等一案中,原告研制抗病毒冲剂系上级分配的任务。后涉案科研成果完成,原告是涉案科技成果主研人员之一。再后来,中药厂与口腔医学院以此科研成果为基础成立了公司,并且交由此公司实施该成果。一审法院认为中药厂虽未实施该科研成果,但是其通过与他人合作将涉案科研成果作为投入,一直有获得销售提成,其已通过实施的方式获得了经济效益。故最终法院判决被告公司应当向原告支付科技成果的奖励,二审法院也予以维持。③

最后,专利经济效益问题。职务发明人获得奖酬的前提必须是涉案专利为单位创造了直接的经济利益,抑或是节约了成本、资源。但在实践中,对于单位所获得的经济利益的具体数额认定并不容易。一方面,经济利益只有在账簿中体现出来,而被告会以各种

---

① 参见北京市第一中级人民法院(2010)一中民初字第465号民事判决;北京市高级人民法院(2011)高民终字第343号民事判决。
② 参见广东省深圳市中级人民法院(2010)深中法民三初字第65号民事判决;广东省高级人民法院(2011)粤高法民三终字第316号民事判决。
③ 参见四川省成都市中级人民法院(2013)成民初字第634号民事判决;四川省高级人民法院(2014)川民终字第240号民事判决。

理由拒绝提供，导致法院难以认定；另一方面，依据我国的举证规则，发明人难以计算自身的发明专利为单位所创造的经济效益，尤其在某一产品存在多种专利时，某一专利所产生的经济利益更加难以计算。在刘某诉烙克赛克密封系统（上海）有限公司一案中，原告请求法院判令被告应支付其职务发明奖励费用不少于200万元，报酬不少于7200万元。二审法院经审理查明，原告主张的报酬数额无准确的法律依据可予以支持。在此情况下，一审法院根据已有的证据未支持原告的全部诉求，酌情确定被告应给付10000元作为职务发明奖励。① 在陈某诉金城集团有限公司一案中，被告辩称其尚未施行涉案专利，因而不需要支付奖酬。法院在审理中查明，虽然被告未实施，但涉案专利交由上级单位生产并使用，可以认定为涉案专利得到了一定应用并取得了一定的经济效益。因此，被告公司应当向原告陈某支付职务发明奖酬。② 在陈某诉安源煤业集团股份有限公司等一案中，原告陈某在一审中诉称，其完成的职务发明专利为被告降低了生产成本，节约了资源。被告在一审答辩时称其已停止使用专利技术，并且使用其他技术替代了涉案专利。一审法院经查明后认为被告实施了涉案专利，故判决被告向原告支付奖酬50万元。二审法院认为，专利技术应当为单位新增留存利润，而被上诉人所提交的利润及利润表中显示均为亏损，没有新增留存利润。因而二审法院改判，对原告的主张不予支持。③

---

① 二审法院维持了原判。参见第一中级人民法院（2012）沪一中民五（知）初字第179号民事判决；上海市高级人民法院（2013）沪高民三（知）终字第131号民事判决。
② 参见江苏省南京市中级人民法院（2012）宁知民初字第2号民事判决；江苏省高级人民法院（2013）苏（知）民终字第0041号民事判决。
③ 参见江西省南昌市中级人民法院（2012）洪民三初字第19号民事判决；江西省高级人民法院（2013）赣民三终字第01号民事判决。

(三) 职务发明奖酬标准问题

单位提供较高数额的奖酬标准是推动发明人或设计人技术创新的最直接动力。[①] 通过对于奖酬标准立法现状可知，尽管奖酬标准在众多的规范中均有提及，但是却没有形成一个完善的体系，难以准确地指导实践。

法官在判定应给付的报酬数额之前，会查明单位与发明人之间是否有事先约定或单位内部是否制定了奖酬制度，在两者都没有的情形下才会根据现行的奖酬标准判定奖酬数额。在涉及的案件中，单位与发明人间约定奖酬案件并不多。更多的情况是，单位内部规章制度直接规定职务发明奖酬的分配规则，此内部规定的合理性也经常遭到质疑。

1. 单位奖酬规章制度有效性问题

在前述王某一案中，单位内部制定的《专利管理奖惩细则》规定了奖酬发放的时间，以及不予支付奖酬的情形。在此单位的内部制度中，单位以集中发放奖酬的方式限定了离职人员获得奖酬的权利。[②] 因而，法院应对单位内部奖酬制度予以实质审查，方可确保奖酬的合理性。在侯某诉中国科学院生物物理研究所一案中，被告内部规定将专利技术对外转让、许可的收益 1/3 作为向研发技术人员支付的奖励、报酬，原告认为其已获得的奖励、报酬低于被告对外许可、转让收益的 1/3，故诉至法院。法院认为，被告已足额支付了奖励、报酬，

[①] 王汇、王扬平：《关于职务发明约定奖酬制度中合理性的思考》，《中国发明与专利》2015 年第 12 期。
[②] 参见广东省深圳市中级人民法院 (2015) 深中法知民初字第 645、655、657—659、661—665、667—669、671、672 号民事判决；广东省高级人民法院 (2016) 粤民终 1172—1186 号民事判决。

故未支持侯某的诉求。① 在前述范某一案中，原告向法院主张被告应支付其职务发明奖励、报酬，而被告辩称在原告所领取的《员工手册》及《员工手册实施细则》中有职务发明奖酬的规定，且已按照规定发放了奖励、报酬。法院经审理查明后认为，被告某公司未明确区分奖励与报酬，且其相对固定的数额与"报酬"的性质与法律规定不符。因而法院认为被告未参照我国《专利法》及《专利法实施细则》中职务发明奖酬标准予以执行，损害了发明人的权益，进而否定了被告公司内部的奖酬制度可作为奖酬的依据。② 在唐某诉中国嘉陵工业股份有限公司一案中，原告向法院主张其离职后的职务发明奖酬。诉讼中，被告公司以其内部规定离职后便不可再继续获得职务发明奖酬为由进行抗辩，最终法院认为职务发明人的离职不会对专利的收益产生影响，其能够获得的奖酬也不能因其离职而丧失，因此对被告的抗辩理由不予认可，判决被告向原告支付报酬2万元。③

2. 奖酬数额行业差异问题

按照《专利法实施细则》的规定，在事先未达成奖酬约定时，奖酬的计算方式可以简单地表达为：营业利润×2%（发明专利）或营业利润×0.2%。④ 不同行业、不同产品其合理性的判断标准存在较大差异，不可能以一个固定比例或数字作为所有行业的奖酬数额。在我国不同法律效力层级的规范性文件中，并未因行业产别设置不同奖酬比例。在王某诉基点认知技术（北京）有限公司一案中，法院依据

---

① 参见北京市第二中级人民法院（2012）二中民初字第05968号民事判决。
② 参见广东省深圳市中级人民法院（2013）深中法知民初字第272号民事判决。
③ 参见重庆市第一中级人民法院（2008）渝一中法民初字第52号民事判决；重庆市高级人民法院（2008）渝高法民终字第246号民事判决。
④ 参见 http://www.sipo.gov.cn/ztzl/ywzt/zwfmtlzl/gnwlfzczd/201403/t20140331_925632.html9，最后访问日期：2017年4月11日。

《专利法实施细则》第 76 条、77 条中的规定依法判决了奖酬数额①；在前述潘某一案中，法院也是依据第 77 条的规定判决的奖酬数额。②两个案件中涉案专利并不属于国际专利分类中的同一种，但适用同一奖酬比例的合理性存在疑问。

不同行业的投入与产出不同，因而其不具有可比性。投入与产出在某些行业也并不成正比。比如在医药行业，药品的研发本就是一种高风险、高投入的行为，一种新药可能要历经千次失败后才能成功，或者可能不成功。较外观设计专利来说，尽管其职务发明奖酬提取比例的基数不同，但其提取的比例相同，那么将会造成不同行业之间显失公平的现象。在法律规定中，只对发明、实用新型与外观设计规定了不同的报酬提取比例，但未依据行业产别区分不同的标准。即在没有事先约定的情形下，职务发明的报酬按照专利的不同性质提取适当比例即可，无须根据不同的行业提取不同比例的职务发明报酬。不同行业的投入产出不同，发明人所进行的智力活动也不同，而提取报酬比例适用同一标准，明显缺乏科学性。

3. 奖酬计算标准问题

我国的职务发明奖酬标准缺乏科学性与可操作性主要体现在以下两方面。

首先，计算基数问题。在《专利法实施细则》第 77 条中规定了在没有事先约定情形下奖励的最低奖励数额，第 78 条中规定了专利在实施后的奖酬提取比例。但是，在实践中，对于营业利润与专利许可费基数的确定存在困难，尤其是营业利润在单位一般只能通过账簿

---

① 参见北京市第三中级人民法院（2014）三中民初字第 06031 号民事判决。
② 参见云南省昆明市中级人民法院（2011）昆知民初字第 105 号民事判决；云南省高级人民法院（2012）云高民三终字第 59 号民事判决。

的形式表现出来，涉及企业秘密，职务发明人根本无法查阅和复制，即使能查阅复制也存在核查成本分摊等一系列问题。① 而诉诸法院后，单位也会以涉及商业秘密为由进行抗辩，因而法院也只能以一个估算的基数来确定专利产品的营业利润，用以计算发明人的报酬。在某种特定的情形下，即使发明人能拿到公司内部账簿，但账簿中对于专利产品与营业利润的关联性却难以确定，亦无法查实相关专利产品名称、销售价格等具体的销售数据。② 如梁某起诉中技桩业股份有限公司一案中，法院由于无法计算营业利润的精确数额，因而只能酌情确定奖励数额。③

其次，奖酬计算方式问题。如今的专利产品，其本身就是多种专利的叠加，如若发明人的奖酬都以某个产品整体所产生的营业利润或是许可费作为计算技术显然是不可取的，而是只能根据每个专利在设备中的贡献度再来加以确定奖酬数额。但是，对于存在数十项乃至数百项专利的专利产品，职务发明人的某个专利在产品中贡献度的认定，其计算难度就可想而知了。故现行的奖酬标准还有待细化和完善。在前述刘某案中，原告主张以职务发明作为在节约设备成本费用中体现的作用作为计算专利实施收益的依据，但是法院认为这一作用难以单独核算所以不作为依据加以认定。④ 如此，法院实际上排除了职务发明增加企业利润的一项重要功能在奖酬认定中应有的地位。

4. 约定奖酬与法定标准关系问题

"约定优先，法定为辅"是我国职务发明奖酬标准一贯奉行的适

---

① 孙惠民：《职务发明专利报酬计算标准问题探讨》，《科学中国人》2013 年第 4 期。
② 凌宗亮：《职务发明报酬实现的程序困境及司法应对》，国家知识产权局条法司《专利法研究（2013）》，知识产权出版社 2014 年版，第 186—195 页。
③ 参见上海市第二中级人民法院（2014）沪二中民五（知）初字第 11 号判决。
④ 参见上海市第一中级人民法院（2012）沪一中民五（知）初字第 179 号民事判决；上海市高级人民法院（2013）沪高民三（知）终字第 131 号民事判决。

用原则。即在专利权人或者设计人与单位约定了奖酬的数额与方式后，即可排除对法定标准的适用。如第五章所述，民法上的意思自治原则是职务发明奖酬约定优先原则的法律基础。[1] 在钱某诉上海昂丰矿机科技有限公司职务发明创造发明人报酬纠纷案中，法院认可了当事人所签订的《专利使用协议》的效力，并据此认定了原告应当取得的报酬数额。[2] 但是，约定优先原则建立的基础是在专利权人或者设计人与单位双方地位在完全平等的基础上。在我国实践中，双方并没有完全平等的经济地位，因而其约定的职务发明奖酬的数额和方式并不一定能使专利权人或者设计人的合法权益得到保障。

另外，此原则的初衷是期望单位会约定高于法定标准的数额，而实践中众多单位为了单方面利益而试图通过事先约定达成低于法定数额的奖酬标准。我国《专利法》及实施细则并未规定低于约定比例低于法定比例是否会导致约定无效的问题，因此其也是合法的。如在梁某起诉上海中技桩业股份有限公司一案中，[3] 公司内部有关职务发明奖励标准低于法定标准，但是法院在判决书中对于按照公司内部规定给付的职务发明奖励数额给予了确认，且对于未给付的职务发明奖励也是按照公司的内部规定确定数额的。尽管判决书中说明了报酬数额不具合理性，但还是被法院予以了认可。从程序上来说，此判决合法，严格遵照了我国奖酬标准适用原则；而从实质方面来看，其约定的报酬数额显然不具有合理性。

---

[1] 李慧惠、孟璞：《职务发明奖酬之约定优先原则探讨》，《中国专利与商标》2016年第1期。

[2] 参见上海市第二中级人民法院（2012）沪二中民五（知）初字第124号民事判决书。

[3] 参见上海市第二中级人民法院（2014）沪二中民五（知）初字第11号判决书。

第五篇 实践篇

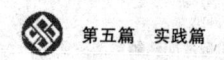

三 我国职务发明奖酬司法实践的改革路径

(一) 完善职务发明奖酬标准的原则

1. 利益均衡原则

国外有学者曾指出,法律的目的在于使个人与社会之间形成一种平衡。在赋予个人对其权利所主张的最大范围的同时,仍要与公共利益进行平衡。① 职务发明人与雇佣单位之间利益的均衡,不论是从整个社会发展的角度还是从单位自身发展的角度都非常具有现实意义。

首先,从整个社会发展的角度来说,职务发明人与雇佣单位之间利益的均衡有利于各种专利技术的推广,从而推动整个社会的发展。现如今,我国科技呈现蓬勃式发展,职务发明的作用不可或缺。职务发明人作为高新技术研发的主力军,其研发人员利益的维护不容忽视。职务发明奖酬标准作为对职务发明人奖酬的一种保障,应当对职务发明人的奖酬利益予以高度关注。

其次,从单位本身发展的角度,往往一项或者几项发明专利便能成为一个企业赖以生存的根基。若发明人的奖酬得不到落实,则单位等其他成果利用者所期待的以实施专利来获得经济效益将成为"无源之水,无本之木"。② 因此,单位应采取尽可能的方式来刺激职务发明

---

① [美] E. 博登海默:《法理学——法律哲学与法律方法》,邓正来译,中国政法大学出版社2004年版,第115页。

② 彭礼堂:《公共利益论域中的知识产权限制》,知识产权出版社2008年版,第95页。

人进行发明创新,并且在创造之后对其进行大力的推广与运用,以此来促进自身的发展,达到共赢的目的。企业在经营理念上要明确技术人员在企业获得技术竞争优势方面所起到的重要作用,其在经营上和法律上都应当获得相应的薪酬以满足其获得合理回报的需求。上面提到的东芝公司专利报酬纠纷案中的发明人桀冈富士雄对此问题评价说,如若恰当的技术成果评价系统不能建立,"日本半导体产业就没有未来"[①]。对于职务发明奖酬,应当列入企业技术开发和实施成本,而不是简单地作为偶然性的支出加以支付。企业可以在核算技术开发成本与收益的基础上做出是否进行技术开发与实施的经营决策,从而最大程度实现收益。各行业的技术研发不仅需要投入职务发明人的智力活动,还需单位的人力、物力、财力等多种因素的支撑才能得以完成。但众多的因素中,唯有智力劳动是最为关键的因素。因此,奖酬标准的完善应当以真正落实发明人的奖酬为基础。

法律对利益的调节并非是要达到一种维持绝对公平的状态,也并不是只单纯保护某一类群体的利益,更不是对一方利益主体的袒护,而是要通过法律的调节形成一种相对公平的局势,实现利益的合理分配。

2. 强化法定标准原则

按照奖酬标准,单位对职务发明人有给付奖酬的义务,而奖酬的数额可事先通过与发明人协商的方式约定,亦可由单位直接规定奖酬比例、奖酬方式。仅在未约定、内部无奖酬制度情形下,才可适用法条中的奖酬标准。但对于约定中奖酬数额、奖酬支付方式是否合理却未予以明确规定。也就是说,在有事先约定的前提下,即使低于法定

[①] 夏佩娟:《东芝—发明者获巨额补偿——职务发明补偿问题引发更多关注》,《中国发明与专利》2006年第9期。

奖酬数额也是合法的，即我国现所遵行的"约定优先"原则。此原则的初衷可能是基于通过意思自治原则，期待发明人与单位按照各自的不同行业约定与其智力活动付出相匹配的奖酬数额。在实践中，往往是反其道而行之。因发明人的天然劣势地位，无法以完全平等的地位进行协商。职务发明人又容易由于维权难、法律意识淡薄等原因而无法采用合理的方式使自身的权益得到保障，就导致了实践中对专利技术所产生的经济效益分配严重失衡的问题。因此，须对做为标准适用前提的意思自治原则加以限定，即以法定的职务发明奖酬标准为最低保障标准。通过法定的形式来规定奖酬的最低数额，一方面，可以保障职务发明人的可获得奖酬的最低数额限度，既可以在与单位协商奖酬时有法可依，又能在须通过诉诸法院的方式主张职务发明奖酬时，有充分的法律依据支撑起诉讼主张；另一方面，亦可给单位产生一定的震慑作用。在现有的标准体系下，单位与发明人之间约定奖酬具有任意性。但在此原则确立后，在其与发明人约定奖酬时，需以法定数额为基础来约定，从法律上对其产生约束。

顾及到我国各地区经济发展的差异较大，对于欠发达地区以法定的标准作为奖酬下限，而对于较发达地区有必要根据实际情况的需要提高奖酬的比例，但也不宜规定得过高。如此，既明确了奖酬的最低数额，又依据各省的经济发展程度不同作了适当调整。

（二）完善职务发明奖酬标准的具体建议

1. 以《专利法》为主导

在我国现行的法律体系下，职务发明奖酬的计算标准在《专利法》《专利法实施细则》《促进科技成果转化法》以及《条例送审稿》中均有规定。当前法律规定的标准分散且又不具有系统性，众多的法律法规间尚且不存在明确的位阶关系，在实践中，针对特殊主体，甚至可以同时适用多部法律规范性文件，给法官在选择法律的适用时造成一定的困难，同时也难以为职务发明人在实现奖酬权利时提供准确、可靠的法律支撑。

为了避免此种情形的出现，须确定一个职务发明奖酬计算的主要参照对象，即应以《专利法》为主导。一方面，其是为了积极响应知识产权战略的实施及《国家中长期人才发展规划纲要（2010—2020）》所制定。相比于其他法律法规，其能在最大程度上保障职务发明人的利益。另外，尽快制定《条例送审稿》。其作为最新出台的条例，尽管还在送审中，但是它是在综合了众多法律法规及现状的基础上所制定，因而相对来说较为全面，能基本满足现实所需。因此，应加快完善《条例送审稿》并将其关于奖酬标准的部分上升到《专利法》中，以其作为职务发明人奖励报酬计算的主要参照对象。即当《专利法》中的奖酬标准与其他奖酬标准存在冲突时，应优先适用《专利法》中的奖酬标准。[①]

2. 修改《专利法实施细则》第 76 条

职务发明奖酬制度中，《专利法》《专利法实施细则》具有较高的法律效力。《专利法》第 16 条仅规定了被授予专利权的单位有义务给予发明人奖励与合理的报酬，而具体的奖励数额与报酬比例都规定在《专利法实施细则》中。因而，修改《专利法实施细则》更符合现实所需。考虑到对于单位与发明人的约定或者是单位内部规定的奖酬标准中的数额并没有做具体的限制，导致实践中有约定的奖酬数额低于法定最低奖酬标准的情形，为了确保职务发明人的权益，建议在

[①] 徐盛辉、陈响：《关于职务发明奖励报酬的建议》，《中国发明与专利》2016 年第 11 期。

《专利法实施细则》第 76 中增设一款,即被授予专利权的单位与发明人、设计人约定或者是被授予专利权的单位依法制定的规章制度中的奖酬数额不得低于法定标准,否则将视为无效。

3. 细化奖酬标准中数额的计算方式

在现有的奖酬标准规范中,仅针对不同的专利类型规定了不同的奖酬比例,而对不同技术领域专利适用同一法定奖酬标准显然是不科学的。对于不同技术领域的专利来说,职务发明人所进行的智力活动显然是不同层次的,而在计算奖酬比例时,在单位与发明人未进行约定的前提下,其提取奖酬的数额适用同样的比例并不合理。因此,应对现有的奖酬标准加以细化。如前所述,德国《报酬指南》针对电子、机械、化工、制药等不同行业公布了专利许可费率参考标准,并作为计算报酬的依据。我国可以考虑按照行业产别确定较为各自详细的标准,这需要在众多的实践和反复的实践中得出结论。

此外,细化奖酬标准的计算方式可以从发明人贡献度等要素中加以改进。在前述德国的《报酬指南》中规定了计算职务发明报酬数额时应当考虑的三个基本要素:雇员的岗位及该发明与雇员职责的关联性,该发明的经济价值以及完成该项发明时雇主与雇员各自的贡献程度,并且对报酬的计算给出了合理的计算公式,再以职务发明人在发明中所占的贡献率,对于公式中的参数划分不同的分值,然后再根据其公式的数值算出奖酬的数额。这样既避免了不同专利适用同一标准的问题,而且能够鼓励单位各个层级进行职务发明。至于职务发明贡献率的计算,可以参照德国奖酬制度中对于任务来源、雇员在企业中的岗位和职责来加以确定,对于单位安排的发明任务,其贡献率分值越低;自主设定的任务,其分值就越高;雇员在企业中的职责越高,其贡献率的分值就越低;职责越低,贡献率分值就越高。如此,再通过确定职务发明的营业利润作为基数，便可针对不同类型的专利、不同职责的职务发明人计算出不同的奖酬数额。

4. 确定营业利润的计算方法

在《专利法实施细则》第78条及《条例送审稿》第21条中，职务发明奖酬数额的计算都以专利或者科技成果的"营业利润"作为奖酬依据。实践中对营业利润的界定还存在一定的困惑，学界中有的学者认为营业利润为所得税后利润，也有学者认为应是在销售利润基础上扣减相应税收后所得[①]，观点不一。因此有必要明确营业利润的计算规范。首先，明确计算对象。对于拥有众多专利产品的单位来说，可能同时许可实施多个专利产品，但被实施的专利产品利润不一，因而在分配各发明人的具体奖酬时，不能笼统地将所有专利产品的营业利润作为计算依据，应当按照其发明的专利产品的营业利润作为计算基数，单独进行核算。其次，明确计算期间。被实施的专利产品每年因为市场的发展不同，其利润高低不一，甚至还存在某些年度亏损的现象，因此其奖酬的计算应当每年度予以结算。如此一方面可以防止单位在有利润年份不发放发明人应得的奖酬，另一方面可以防止单位累计年份来冲抵往年亏损。最后，对于单位来说，技术研发本就是高风险的领域，单位对于每项研发出来的专利产品在研发前期都要付出大量的人力、物力、财力，而单位作为一个营利机构，这些费用应当摊销到每项专利产品上，因而营业利润应当是建立在摊销费用之后的基础上，且其摊销的费用按照其销售状况来确定。通过上述的分析，确立营业利润计算的基本规范应当是摊销当年费用后独立进行核算所得出的数额。

[①] 孙惠民：《职务发明专利报酬计算标准问题探讨》，《科学中国人》2013年第4期。

（三）奖酬认定相关制度的完善

1. 完善奖酬纠纷诉讼时效的规定

职务发明奖酬纠纷诉讼时效的认定直接影响着发明人权利的实现。我国对奖酬纠纷的时效并未有明确的法律规定，学界主要存在以下五种观点：一是只可在专利权有效期限内请求支付奖酬；二是应区分奖励和报酬的诉讼时效；三是认为仅可获得起诉之日的前两年的奖酬；四是认为诉讼时效应从专利实施的每一年度末日起算；五是按照劳动争议处理报酬诉讼时效。[①] 但上述五种计算方式，实践中均有被法院予以采用的案件。不同的法院采用不同的诉讼时效标准，所得出的奖酬数额也不尽相同，因此有必要加以完善，力求采用同一标准。

按照我国《民法总则》中诉讼时效的规定，诉讼时效为权利被侵害之日起三年。[②] 根据法理学中，法律具有统一性的原理，奖酬纠纷亦可适用此时效规定，但不同的是，奖酬纠纷存在事先有约定与未约定奖酬两种情形，其诉讼时效的计算期间也应予以区别对待。在职务发明人与单位之间未约定奖酬时，其诉讼时效期间应为权利公告之日起届满3个月之后的三年即为诉讼时效期间；而在有约定情形下，应以约定的期限届满之日视为权利被侵害之日，以此基础上计算三年诉讼时效。同时，应当兼顾劳动合同终止日在诉讼时效确定中的作用。

2. 重视发明人离职后奖酬的支付

如第一章所述，职务发明及其产生的专利权在职工离职以后仍然

[①] 参见王凌红《职务发明奖酬纠纷的诉讼时效》，《知识产权》2015年第5期。
[②] 参见《民法总则》第188条。

能够发挥为企业带来经济效益的作用。① 前述唐某与嘉陵工业股份公司的职务发明报酬案，就涉及作为原告的技术人员有权获得其离职后原用人单位继续实施职务发明所获利润而产生的报酬的法律问题。② 实践中，一项专利从研发到投入生产，往往要经过从早期阶段到开发阶段，再到发达阶段，最后达到成熟阶段。③ 由于其研发的时间较长，导致一些职务发明人在职务发明正式投入市场之前就已离职。大部分的企业并未对离职后的发明人规定相应的奖酬补偿或者是继续支付实施或者许可专利所带来的收益，甚至有些企业规定发明人离职后就不可再继续享有获得职务发明奖酬的权利。因此，我国法律有必要对职务发明人离职后的奖酬的支付进行规定。明确职务发明人在离职后，亦有获得报酬权。对怠于支付离职后奖酬的企业，发明人可以诉诸法院，主张其权利。通过此举既可维护职务发明人离职后的权利，又可以促使职务发明人在职期间进行更多的职务发明创新。从企业知识产权管理层面而言，对于技术人员离职后的职务发明奖酬也应当纳入知识产权研发和实施成本，否则将对企业经营造成较大的法律和商业风险。

3. 加强行政机关的监督作用

按照职务发明奖酬所遵循的意思自治与"约定优先"原则，发明人可与单位以契约的形式确定奖酬的数额、支付方式等。在劳动力市

---

① 参见本书第三章。
② 参见重庆市第一中级人民法院民事判决书（2008）渝一中法民初字第52号和重庆市高级人民法院民事判决书（2008）渝高法民终字第246号。该案中，原告唐开平在诉讼请求中，要求被告嘉陵公司支付在原告起诉以后的2008年1月至5月期间实施专利所获得的利润而产生的职务发明奖酬，并获得了一审、二审法院的支持。而法院的判决也将判令被告支付的报酬所对应的时间限定在2008年5月以前，意味着此后的职务发明奖酬可以另行起诉解决。
③ ［美］韦斯顿·安森编：《知识产权价值评估基础》，李艳译，知识产权出版社2009年版，第81页。

场化不足的情况下,发明人受谈判地位劣势的影响,在与单位约定职务发明奖酬时,难以在一个真正公平的环境下达成职务发明奖酬的契约,因而应对其契约的订立程序进行有效的监督,以便能使发明人的权益得到切实的维护。有学者曾提到,程序正义实质上即为民主的一种。[1] 只有在保证程序正义实现的情况下,实质正义才会如期而至。现在我们无法判断职务发明人与单位之间约定奖酬时是否完全在平等的基础上,但为了避免不平等情形,有必要对其进行规制。一方面,应加强对单位内部奖酬制度的检查。单位内部的职务发明奖酬制度须报行政机关进行备案,行政机关在接受备案时应对奖酬标准进行合理性审查,对于不具合理性的奖酬制度应责令相关单位在一定时间内予以及时改正,未及时改正的单位需要受到一定处罚。其次,对奖酬的发放予以不定期抽查。对未及时发放奖酬的单位,应给予相应处罚或者将抽查的结果纳入单位知识产权的考评范围。如此,真正发挥行政机关对单位的监督作用,促进科技发明对社会经济发展的推动作用。

---

[1] 姜素红:《程序正义及其价值分析》,《湘潭大学学报》(哲学社会科学版) 2005 年第 1 期。

结 论

总结本书研究内容，对于职务发明奖酬制度应当从理论和实践两个方面加以完善。在理论层面，考虑到职务发明领域的交易成本较高，因此法律介入的正当性在于保障发明人报酬权益，并节约和克服交易成本的负面影响。应当贯彻当事人意思自治的原则，并降低因信息不对称和谈判地位不平等带来的主客观方面的交易成本，从而恢复被扭曲的市场机制。立法应当扮演制度创新的"引导者"而非"堵截者"，不能过度地设置职务发明报酬制度的运行框架，应当鼓励企业积极寻求符合自身经营特点的激励策略，实现职务发明经济利益的合理分配。在约定不明确或没有约定的情形下赋予发明人抽象职务发明奖酬请求权，以平衡单位和发明人的职务发明利益，实现社会正义的矫正。

在实践层面，应当坚持以合理性原则为主体，并包含约定优先原则和法定保障原则在内的职务发明奖酬法律原则体系。可以考虑将"合理的报酬"改为"充分的报酬"，从而实现对发明人报酬利益保护的进一步倾斜。应当明确支付职务发明报酬的义务主体，并且体现高校职务发明奖酬的特殊性。要保障研发人员和转化人员的报酬请求权。鼓励单位和发明人将职务发明专利作价入股并设立新公司，同时对股权报酬问题进行明确规定。要防止单位实施关联交易损害发明人所享有的报酬利益，同时兼顾单位对职务发明专利的自由处分权。有必要在《专利法》等法律法规中加以明确规定，或者由行政部门发布实施指南，也可以通过司法判决先行探索。在职务发明报酬纠纷举证责任问题上，应当在综合考虑当事人举证能力及防止当事人机会主义诉讼行为的基础上合理设定举证规则。

2016年5月，中共中央印发的《国家创新驱动发展战略纲要》中强调了科技创新是提高社会生产力和综合国力的战略支撑。修改中的《专利法》及制定中的《条例送审稿》对职务发明奖酬标准予以适当调整，可见我国对职务发明人利益的保护态度及对职务发明奖酬标准的重视程度。有必要通过司法实践促使职务发明奖酬制度的完善，激发发明人及单位从事技术研发及实施转化的积极性，实现知识产权强国目标。

参考文献

一　中文著作

林诚二：《民法债编各论》（中），中国人民大学出版社2007年版。

刘春田：《知识产权法》（第四版），高等教育出版社2010年版。

罗东川：《职务发明权属与奖酬纠纷典型案例精选与注解》，法律出版社2015年版。

彭礼堂：《公共利益论域中的知识产权限制》，知识产权出版社2008年版。

汤维建：《民事诉讼法学》，北京大学出版社2008年版。

王保树、崔勤之：《中国公司法原理》，社会科学文献出版社2006年版。

王军：《美国合同法》，对外经济贸易大学出版社2004年版。

王泽鉴：《债法原理》（第一册），中国政法大学出版社2001年版。

尹新天：《中国专利法详解》，知识产权出版社2011年版。

张玲:《日本专利法的历史考察及制度分析》,人民出版社 2010 年版。

张晓都:《专利民事诉讼法律问题与审判实践》,法律出版社 2014 年版。

二　中文论文

安晨曦:《举证责任倒置:一个迷思概念的省思——以知识产权侵权诉讼的举证责任分配为中心》,《湖北社会科学》2015 年第 11 期。

安迪言:《我国职务发明奖酬制度缺乏科学性和可操作性》,《电子知识产权》2009 年第 11 期。

[美] 约翰·巴德、迪瓦希什·海沃:《雇佣关系:人力资源管理的基础》,《中国人力资源开发》2011 年第 9 期。

曹新明:《我国著作权归属模式的立法完善》,《法学》2011 年第 6 期。

柴金艳:《基于价值链的企业知识产权竞争优势培育——以华为公司的知识产权管理为例》,《科技进步与对策》2009 年第 22 期。

常喆:《约定优先原则、合理性原则与最低保障原则的关系——对〈职务发明条例〉草案发明人报酬有关规定的理解与思考》,《电子知识产权》2013 年第 6 期。

陈驰:《法国的雇员发明制度及其对我国的启示》,《江西社会科学》2008 年第 2 期。

陈静:《知识产权资本化的条件与价值评估》,《学术界》2015 年第 8 期。

陈敏莉：《劳动法视角下的职务发明制度考量——以〈职务发明条例草案〉为对象》，《科技进步与对策》2013年第20期。

邓尧：《论商业秘密民事诉讼的举证责任分配》，《华南农业大学学报》（社会科学版）2007年第4期。

丁伟：《高通公司的知识产权战略及对中国的启示》，《中国科技论坛》2008年第11期。

冯晓青：《知识产权法的公平正义价值取向》，《电子知识产权》2006年第7期。

冯玉军：《法经济学范式研究及其理论阐释》，《法制与社会发展》2004年第1期。

顾毓波：《我国职务发明制度存在的问题及完善进路》，《知识产权》2016年第4期。

郭秀明：《以无形资产投资入股的纳税处理》，《商业会计》2008年第19期。

国家知识产权局条法司：《关于职务发明创造奖酬制度的完善》，《电子知识产权》2010年第4期。

何敏：《新"人本理念"与职务发明专利制度的完善》，《法学》2012年第9期。

何敏：《职务发明财产权利归属正义》，《法学研究》2007年第5期。

何暄：《举证责任转移的适用条件问题研究——从知识产权民事诉讼举证责任分配原则谈起》，《电子知识产权》2015年第12期。

和育东、杨正宇：《中美职务发明限制约定优先原则的比较及启示》，《苏州大学学报》（法学版）2014年第4期。

胡学军：《具体举证责任视角下举证妨碍理论与制度的重构》，《证据科学》2013年第6期。

胡学军：《我国民事证明责任分配理论重述》，《法学》2016 年第 5 期。

黄东东、李仪：《职务发明设计人报酬性质探析》，《法学杂志》2007 年第 6 期。

贾丽萍：《浅议职务发明法律法规之协调及制度优化》，《中国发明与专利》2016 年第 2 期。

简资修：《〈经济解释〉：法律的经济学教本》，《中国法律评论》2016 年第 3 期。

姜素红：《程序正义及其价值分析》，《湘潭大学学报》（哲学社会科学版）2005 年第 1 期。

蒋大兴：《股东优先购买权行使中被忽略的价格形成机制》，《法学》2012 年第 6 期。

蒋舸：《职务发明奖酬管制的理论困境与现实出路》，《中国法学》2016 年第 3 期

李慧：《对股利分配请求权保护制度的探析——主要以有限责任有公司为研究对象》，《研究生法学》2010 年第 2 期。

李慧惠、孟璞：《职务发明奖酬之约定优先原则探讨》，《中国专利与商标》2016 年第 1 期。

李京：《跨国公司技术研发趋势与我国企业的对策》，《国际经济合作》2004 年第 1 期。

李树培：《我国企业技术自主创新动力不足：原因与对策的博弈分析》，《南开经济研究》2009 年第 3 期。

李小敏：《关联方交易的特点及披露原则》，《同济大学学报》（社会科学版）2003 年第 2 期。

李友根：《论职务发明制度的理论基础》，《南京大学法律评论》2000

年第 2 期。

李正图：《委托—代理关系：制度、信任与效率》，《学术月刊》2014 年第 5 期。

凌宗亮：《职务发明奖酬实现的程序困境及司法应对》，国家知识产权局条法司《专利研究（2013）》，知识产权出版社 2015 年版。

刘国新、陈珊珊：《企业知识产权组合策略》，《现代管理科学》2005 年第 10 期。

刘国赞：《论职务发明之相当对价请求权——以日本诉讼实务为中心》，《智慧财产月刊》2008 年第 7 期。

刘强：《机会主义行为规制与知识产权制度完善》，《知识产权》2013 年第 5 期。

刘强、马德帅：《机会主义知识产权诉讼行为及其法律控制——美国法的经验和启示》，《湖南大学学报》（社会科学版）2014 年第 3 期。

刘向妹、刘群英：《职务发明报酬制度的国际比较及建议》，《知识产权》2006 年第 2 期。

刘晓：《证明妨碍规则在确定知识产权损害赔偿中的适用》，《知识产权》2017 年第 2 期。

刘晓：《知识产权损害赔偿中证明妨碍规则的成本收益分析》，《证据科学》2016 年第 5 期。

罗莉：《论惩罚性赔偿在知识产权法中的引进及实施》，《法学》2014 年第 4 期。

马健：《科研组织的委托—代理分析：现状及其问题》，《科技管理研究》2005 年第 3 期。

穆随心：《我国劳动法"倾斜保护原则"：辨识、内涵及理据》，《学术界》2012 年第 12 期。

欧元捷：《论"事实真伪不明"命题的抛弃》，《政治与法律》2016 年第 11 期。

彭耀进：《荷兰职务发明奖酬制度及其借鉴意义》，《福建江夏学院学报》2017 年第 4 期。

钱孟姗：《日本〈特许法〉职务发明规定的讨论与修改》，《知识产权》2004 年第 5 期。

强志强：《我国企业职务发明奖酬制度实施情况调查研究》，国家知识产权局条法司《专利法研究（2011）》，知识产权出版社 2012 年版。

阮开欣：《解读美国专利侵权损害赔偿计算中的合理许可费方法》，《中国发明与专利》2012 年第 7 期。

时建中：《论关联企业的识别与债权人法律救济》，《政法论坛》2003 年第 5 期。

史浩明、张鹏：《优先购买权制度的法律技术分析》，《法学》2008 年第 9 期。

宋河发、沙开清、刘峰：《创新驱动发展与知识产权强国建设的知识产权政策体系研究》，《知识产权》2016 年第 2 期。

宋河发：《激励知识产权创造运用和创新的增值税优惠政策研究》，《知识产权》2016 年第 12 期。

宋建宝：《举证妨碍制度在专利侵权案件中的具体适用》，《人民司法》2015 年第 1 期。

孙惠民：《职务发明专利报酬计算标准问题探讨》，《科学中国人》2013 年第 4 期。

孙洁丽：《创新驱动发展时代企业知识产权评估方法研究》，《闽西职业技术学院学报》2016 年第 4 期。

唐素琴、刘昌恒：《职务发明奖酬给付义务单位及其相关问题探讨——从张伟锋诉3M中国有限公司案件谈起》，《电子知识产权》2015年第7期。

唐素琴、岳琳：《对〈职务发明条例（草案）〉相关疑问的思考》，《电子知识产权》2013年第3期。

唐素琴、朱达、何坤忆：《对〈职务发明条例（送审稿）〉中相关问题的思考》，国家知识产权局条法司《专利法研究（2013）》，知识产权出版社2015年版。

陶鑫良、张冬梅：《"中央集权"IP管理模式下职务发明报酬若干问题探讨从张伟锋诉3M职务发明报酬诉讼案谈起》，《电子知识产权》2015年第7期。

陶鑫良：《职务发明性质之约定和职务发明报酬及奖励——我国专利法第四次修订中有关职务发明若干问题的讨论》，《知识产权》2016年第3期。

万小丽、张传杰：《职务发明收益分配比例的经济学分析》，《科学研究》2009年第4期。

王汇、王扬平：《关于职务发明约定奖酬制度中合理性的思考》，《中国发明与专利》2015年第12期。

王丽：《〈职务发明条例（送审稿）〉评析及完善建议》，《邵阳学院学报》2015年第6期。

王利明：《公司的有限责任制度的若干问题》（下），《政法论坛》1994年第3期。

王凌红：《职务发明奖酬纠纷的诉讼时效》，《知识产权》2015年第5期。

王清：《〈职务发明条例〉：必要之善抑或非必要之恶?》，《政法论丛》

2014 年第 4 期。

王瑞龙：《知识产权共有的约定优先原则》，《政法论丛》2014 年第 5 期。

王歆：《知识产权评估制度》，《文史博览》（理论）2016 年第 2 期。

王重远：《美国职务发明制度演进及其对我国的启示》，《安徽大学学报》（哲学社会科学版）2012 年第 1 期。

吴汉东：《知识产权侵权诉讼中的过错责任推定与赔偿数额认定——以举证责任规则为视角》，《法学评论》2014 年第 5 期。

吴汉东：《知识产权损害赔偿的市场价值基础与司法裁判规则》，《中外法学》2016 年第 6 期。

吴卫东：《劳动者的劳动报酬问题初探》，《内蒙古社会科学》2003 年第 2 期。

武彦、李建军：《日本职务发明利益补偿机制的创新理念和保障机制》，《自然辩证法通讯》2009 年第 2 期。

夏佩娟：《东芝一发明者获巨额补偿——职务发明补偿问题引发更多关注》，《中国发明与专利》2006 年第 9 期。

肖冰：《日本与德国职务发明报酬制度的立法比较及其借鉴》，《电子知识产权》2012 年第 4 期。

肖冰：《职务发明奖酬制度的困境解读与理论反思》，《厦门大学法律评论》2016 年第 1 期。

肖冰：《职务发明奖酬制度公平的价值取向及立法完善》，《湖南工业大学学报》（社会科学版）2012 年第 3 期。

徐盛辉、陈响：《关于职务发明奖励报酬的建议》，《中国发明与专利》2016 年第 11 期。

徐卓斌：《3M 公司职务发明报酬纠纷案评析》，《科技与法律》2015

年第 4 期。

许尚豪：《证明责任理论的证据语境批判》，《政治与法律》2016 年第 11 期。

闫文军：《我国职务发明奖励报酬纠纷分析研究》，国家知识产权局条法司《专利法研究（2008）》，知识产权出版社 2009 年版。

阎天：《劳动者保守商业秘密的法定义务辨析》，《北京社会科学》2016 年第 1 期。

杨筱：《德国雇员发明制度研究》，《学习月刊》2010 年第 18 期。

杨正宇：《美国对职务发明适用约定优先原则的限制——兼评〈职务发明条例草案（送审稿）〉第十八条第二款》，《电子知识产权》2014 年第 9 期。

俞风雷：《日本职务发明的贡献度问题研究》，《知识产权》2015 年第 6 期。

虞政平：《法人独立责任质疑》，《中国法学》2001 年第 1 期。

苑泽明、李海英等：《知识产权质押融资价值评估：收益分成率研究》，《科学学研究》2016 年第 6 期。

张华松：《知识产权司法鉴定之价值评估》，《中国司法鉴定》2017 年第 1 期。

张晓玲：《论职务发明人的报酬》，《科技与法律》2006 年第 3 期。

张志铭、于浩：《现代法治释义》，《政法论丛》2015 年第 1 期。

宗任：《职务发明的权利归属和报酬问题研究》，《知识产权》2014 年第 10 期。

赵昌华：《促进企业自主知识产权成果产业化的税收政策建议》，《中国税务》2008 年第 7 期。

周龙杰：《论抽象股利分配请求权及其救济》，《烟台大学学报》（哲学社会科学版）2013年第2期。

朱慈蕴：《公司法人格否认：从法条跃入实践》，《清华法学》2007年第2期。

朱一青：《知识产权跨境交易反避税法律原则研究》，《福建金融管理干部学院学报》2016年第3期。

左玉茹、罗丹：《职务发明条例帮了谁的忙，添了谁的乱》，《电子知识产权》2013年第1期。

三　中文译著

[美] 韦斯顿·安森：《知识产权价值评估基础》，李艳译，知识产权出版社2009年版。

[美] Brian A. Blum：《合同法》，张新娟译，中国方正出版社2004年版。

[美] E. 博登海默：《法理学——法律哲学与法律方法》，邓正来译，中国政法大学出版社2004年版。

[美] 理查德·A. 波斯纳：《法律的经济分析》，蒋兆康、林毅夫译，中国大百科全书出版社1997年版。

[澳] 彼得·德霍斯：《知识产权哲学》，周林译，北京商务印书馆2008年版。

[美] Jay Dratler, Jr：《知识产权许可》，王春燕等译，清华大学出版社2003年版。

[美] 杰弗里·费里尔、[美] 迈克尔·纳文：《美国合同法精解》，

陈彦明译，北京大学出版社 2009 年版。

［美］莫顿·J. 霍维茨：《美国法的变迁 1780—1860》，谢鸿飞译，中国政法大学出版社 2005 年版。

［德］C. W. 卡纳里斯：《德国商法》，杨继译，法律出版社 2006 年版。

［德］卡尔·拉伦茨：《法学方法论》，陈爱娥译，商务印书馆 2003 年版。

［德］莱奥·罗森贝克：《证明责任论——以德国民法典和民事诉讼法典为基础撰写》（第四版），庄敬华译，中国法制出版社 2002 年版。

［英］亚当·斯密：《国富论》，杨敬年译，陕西人民出版社 2006 年版。

［日］田村善之：《日本知识产权法》，周超、李雨峰等译，知识产权出版社 2011 年版。

四 英文论文

George A. Akerlof, "The Market for 'Lemons': Quality Uncertainty and the Market Mechanism", The Quarterly Journal of Economics, Vol. 84, No. 3, 1970: 488 – 500.

Ronald Coase, "The Nature of the Firm", *Economica*, Vol. 4, No. 16, 1937: 386 – 405.

Ian Ayres & Robert Gertner, "Filling Gaps in Incomplete Contracts: An Economic Theory of Default Rules", *The Yale Law Journal*, Vol. 99,

No. 1, 1989: 87 – 130.

F. Ederer & G. Manso, "Is Pay for Performance Detrimental to Innovation?" *Management Science*, Vol. 59, No. 7, 2013: 1496 – 1513.

Jesse Giummo, "German Employee Inventors' Compensation Records: A Window into the Returns to Patented Inventions", *Research Policy*, Vol. 39, No. 7, Sept. 2010: 969 – 984.

Dietmar Harhoff and Karin Hoisl, "Institutionalized incentives for ingenuity patent value and the German employees' inventions Act", *Research Policy*, Vol. 36, No. 8, 2007: 1143 – 1162.

Jean E. Healy, "The Application of Japanese Article 35 regarding Reasonable Compensation for Patents by Employed Inventors in Syuji Nakamura v. NichiaCorporation", *Pace International Law Review*, Vol. 17, No. 2, 2005: 387 – 412.

Michael A. Heller, "The Tragedy of the Anticommons: Property in the Transition from Marx to Markets", *Harvard Law Review*, Vol. 111, No. 3, 1998: 621 – 688.

Bengt Holmström, Paul Milgrom, "Multitask Principal-Agent Analyses: Incentive Contracts, Asset Ownership, and Job Design", *Journal of Law, Economics, and Organization*.

Robert P. Merges, "The Law and Economics of Employee Invention", *Harvard Journal of Law & Technology*, Vol. 13, No. 1, 1999: 1 – 54.

F. Narin, A. Breitzman, "Inventive productivity", *Research Policy*, Vol. 24, No. 4, 1995: 507 – 519.

Morag Peberdy and Alain Strowel, "Employee's Rights to Compensation for Inventions: a European perspective", *Life Sciences*, No. 10, 2009:

63 - 70.

Julia Schonbohm, Pascal R. Kremp, "Employee Inventions and Copyrights", J. Kirchner et al. (eds.), *Key Aspects of German Employment and Labour Law*, Springer-Verlag Berlin Heideberg, 2010: 117 - 124.

S. Shellenbarger, "Better Ideas Through Failure—Companies Reward Employee Mistakes to Spur Innovation, Get Back Their Edge", *Wall Street Journal*: 2011 - 9 - 27, D. 1.

Sanna Wolk, "Remuneration for employee inventors-is there a common European ground?: A Comparison of National Laws on Compensation of Inventors in Germany, France, Spain, Sweden and the United Kingdom", *International Review of Intellectual Property and Competition Law (IIC)*, Vol. 42, No. 3, 2011: 272 - 298.

五 英文著作

Oliver E. Williamson, *Markets and Hierarchies, Analysis and Antitrust Implications: A Study in the Economics of Internal Organization*, Free Press, 1975.

Wayne Morrison, *Blackstone's Commentaries on the Laws of England (Volume 2)*, Cavendish Publishing Limited, 2001.

Bryan A. Garner (ed.), *Black's Law Dictionary (Eighth Edition)*, Eagan, Minnesota: West Publishing, 2004.

作者已发表之相关论文

1. 刘强：《抽象职务发明奖酬请求权研究》，载《知识产权》（CSSCI）2017年第8期。

2. 刘强：《企业知识产权薪酬的法律制度研究》，载《知识产权》（CSSCI）2011年第6期。

3. 刘强、徐芃：《职务发明奖酬合理性原则研究——以日本专利法为借鉴》，载《中南大学学报》（社会科学版）（CSSCI）2017年第5期。

4. 刘强、汪永贵：《职务发明报酬纠纷举证责任问题研究》，载《湖南大学学报》（社会科学版）（CSSCI）2018年第2期。

5. 刘强、罗凯中：《高校职务发明法律问题研究》，载《电子知识产权》（CSSCI扩展版）2017年第1期。

6. 刘强：《英国职务发明奖酬制度的发展及其对我国的借鉴》，载国家知识产权局条约法规司主编《专利法研究（2012）》，知识产权出版社2013年版。

7. 刘强、彭南勇：《职务发明奖酬义务主体研究》，载《科技与法律》2016年第5期。

8. 刘强、蒋芷翌：《美国职务发明报酬充分对价研究——兼论对我国专利法的借鉴意义》，载《福建江夏学院学报》2017 年第 4 期。

9. 刘强、顾翠芳：《职务发明股权报酬制度研究》，载《净月学刊》2017 年第 5 期。

10. 刘强、陈卉：《职务发明奖酬司法实证研究》，载《科技与法律》2017 年第 3 期。

11. 刘强、姚梦媛：《职务发明报酬数额影响因素研究》，载《南京理工大学学报》（社会科学版）2017 年第 6 期。

12. 刘强、郑日晟：《职务发明报酬法律规制正当性研究》，载《贵州师范大学学报》（社会科学版）2018 年第 1 期。

13. 叶燕谟、刘强：《关联交易中职务发明报酬问题及其规制》，载《福建江夏学院学报》2017 年第 2 期。

14. 沈伟、刘强：《职务发明奖酬制度约定优先原则研究——兼评〈职务发明条例草案（送审稿）〉相关规定》，载《邵阳学院学报》（社会科学版）2017 年第 2 期。

后 记

在本书即将付梓之际，向近年来对我开展中国法学会部级法学研究课题《职务发明奖酬法律问题研究》研究工作进行了指导、帮助的各位专家、同人表示衷心感谢！感谢中南大学党委副书记蒋建湘教授，法学院党委王新平书记，法学院院长陈云良教授，法学院何炼红教授、蒋言斌教授，以及法学院的全体同事们。

感谢中国社会科学出版社为本书出版提供的大力支持。感谢《知识产权》《中南大学学报》（社会科学版）、《湖南大学学报》（社会科学版）、《电子知识产权》《科技与法律》《专利法研究》《福建江夏学院学报》等学术刊物给予本书阶段性成果发表的机会。

感谢我指导的沈伟、陈卉、汪永贵、顾翠芳、叶燕谟、罗凯中、郑日晟、蒋芷翌、姚梦媛、徐芃、彭南勇等同学在资料搜集和翻译中提供的协助。

感谢我的家人，父母、岳父母、爱人王乐、一对儿女亮亮及堂堂，家人的关心和照顾让我可以全身心投入研究工作当中。

刘　强

二〇一八年八月

于长沙岳麓山下